岩波文庫

34-022-1

危機の二十年

――1919-1939――

E. H. カー著

井上　茂訳

岩波書店

THE TWENTY YEARS' CRISIS 1919–1939
An Introduction to the Study of International Relations

by Edward Hallett Carr

This Japanese edition published 1996
by Iwanami Shoten, Publishers, Tokyo
by arrangement with
Curtis Brown Group Ltd, London.

これからの平和を
担う人びとへ

「哲学者は、その構想する国家のための構想上の法を立てる。したがって、かれらの説くところはたいそう高度のものだから、天空の星のように高いだけ与える光はかよわい。」

F・ベイコン『学問の進歩について』

「人の力が進む道と人の知がたどる道とは接していて同じ道ともなる。そうであるのに、抽象的な事柄にこだわり考えこむ根深い悪習があることを考慮すると、より確実な学問への道は、実際にかかわる基礎から始め、そこで彫り起こした実地の面を刻印として思考に捺し構想を立ててゆく道程である。」

F・ベイコン『ノヴム・オルガヌム』

一九八一年版への序

ひと世代を経ているが、第二版の序文に書き加えることはない。その一九四五年にすでに『危機の二十年』は、一時期についての一著作であるとしており、そのような書物として今も残っているのである。しかし、本書は、当時どちらかといえばむしろ未知の水域を航海しようとするものであった。それに、その観察は歴史の上では短いある時期の型にはめこまれてはいたが(これは当時の一般の観察がそうであった)、しかし、観察そのものは、その型よりも広い関心と意味とを保持していると思う。一九四五年版の序文のおわりに述べているナショナリズムの考察は、超大国の敵対関係という予見されなかった事態の発生によって条件が加わることになったが、全体として誤っていない。

E・H・カー

一九八〇年八月一日

第二版への序

『危機の二十年』再版の申し出に著者としては、直ちに応諾することはできなかった。一九三九年の夏に書き終えた国際政治の著作が、いかに厳しく予言を排したとはいえ、その時期の痕跡を、内容に、用語に、使用したテンスに、とりわけ「大戦」とか「大戦後」などの言葉遣いにとどめていないはずはないからである。それに、一部の読者には一応の説明を加えなければ、これらの言葉が一九一四―一八年の大戦にかかわることであるのがわからなくなっている。さらに、改訂にとりかかって、すぐわかったことは、その後の事態の進展によって、なんらかの影響をうけている本文のくだりを書き直そうとすると改訂ぐらいではだめであって、全く新しい著述にすべきであるということであった。したがって、この改訂版は、あえて、古い革袋に新酒を入れるような、気のきかない無益な企てとなっていることであろう。ただ本来、『危機の二十年』は、二つの戦争の間の時期について、その時期がまさに終ろうとしていたときに書かれた一つの研究として残るものであり、そのような著作として扱われ、それを取柄に読まれるのでなければならない。こう思い当って、ただつぎのことをなすにとどめた。元の文章が書かれてからかなりの時が経過している現在では読者に誤解をあたえたり理解が困難であるような語句を書き変えること、すでに誤解をまねいている文章は修正すること、時の経過とともに立ち消えたり全く異なる展開を示すにいたっている当時の論議にかかわる二、三の節を削ること、である。

他面、内容は全く変えていない。前に表明した意見をそのままにすることは今の自分としてはできないという理由だけで、表現を修正することはしたくなかった。それゆえ、元の版で述べている見解からその後いくらか逸れていると考える二つの主要な点を、ここで明らかにしておきたい。

第一に、『危機の二十年』は、一九一九年から一九三九年にわたって英語諸国家において国際政治についての学究および一般の思考のほとんどが明らかにおちいっていた危険な欠陥――力の要因をほとんど無視していること――にどう対処するかをよく考えようとして書かれたのであった。今日では、この欠陥は将来の処理・解決にかかわる事項の論議に時には現われるが、かなり克服されている。したがって、『危機の二十年』のいくつかの節は、一九三九年当時のようには、今日もはや必要とも適切とも思えない強い調子で一方的に述べていることになる。

第二に、本書は、全体として、なんのためらいも不安も感じることなく、現在の大小の国民国家を国際社会の構成単位とみなしている。もっとも、最後の章ではその後の事態に応じて将来の国際社会の政治的経済的単位の規模についていくらか考察はしている。そこでの結論——小規模の独立国民国家が衰弱し、あるいは衰弱しかかっていること、多様多数の国民国家が構成単位の資格をもつ基盤の上に活動的な国際機構が建てられるはずはないことなどは、現在も偏見のない観察者に積極的に訴え得るものと思われる。この点に関する著者の現在の考えは、*Nationalism and After* として公刊した小冊子に示されている。以上のように、わたくしとしては、一段とつよい自覚に立って唯一の実際的な道をとり、本書を実質的に一九三九年に完了したままにしておくことができる次第である。

一九四五年一一月一五日

E・H・カー

第一版への序

本書は、はじめ、一九三七年に案を立てて執筆にかかり、一九三九年七月のなかごろには印刷にまわしていた。その校正にかかっていたとき、一九三九年九月三日の戦争が勃発したのであった。この事態を考慮して、いくらか語句の修正をほどこして本文に織りこんでも、そう意義のあることとは思われなかった。この書物の執筆中は、戦争の暗影がすでに世界をおおっていたのであるが、戦闘そのものは回避されるのではないかという希望は、まだ全くは失われていなかったのである。そのような時期であったので、本文は、その時のままにしておく方がむしろよいと考えた。したがって、本文に出てくる「大戦」とか「大戦前」「大戦後」などの語句は、当然、一九一四―一八年の大戦をさすものと読者には承知していただくことにする。

戦争への怒りの激情が高まると、この破局を単に一握りの人たちの野望と傲慢とのせいにしてしまって、それ以上の解明を追求しなくなってしまうのが、このような受難に宿命的なことのようである。しかし、戦争の猛威が荒れ狂っているときこそ、この悲惨な事態の直接の個人的な原因をさぐるよりも、むしろ根底にひそみ深い意味をもつ原因の分析に努力を向けることが実際には重要である。もし、平和が世界にかえってくるとするなら、そして実際にそのような場合には、ヴェルサイユ条約から二十年と二カ月を経ただけの今、第二の大戦争にヨーロッパをまきこんでいる決裂事態が示唆し教えているものを真剣に熟考しなければならない。ドイツの国家社会主義の支配者たちを打倒しても、国家社会主義の出現を可能ならしめた諸条件には触れないままの処理・解決では、一九一九年のそれと同じ、短命で悲劇的な結果をもたらすおそれは十分にある。この二つの大戦の期間にみなぎっていた「二十年の危機」ほど、将来の平和建設を担当する人たちによって勉強されなければならない歴史上の時期はないであろう。つぎの平和会議は、もしそれが前の平和会議の大失敗を繰り返すべきでないなら、国境線を引くことなどよりも、もっと基本的な問題ととりくまなければならないのである。この信念に立って、わたくしは、来るべき平和の建設に当る人たちに、本書をあえてささげさせていただく。

わたくしが、援助を得、示唆をうけた既刊の文献は多数あるが、とりわけ、次の二書は、国際関係を特にとりあつかったものではないが、政治の基本的問題について啓発され、負うところが多大であった。カール・マンハイム博士の『イデオロギーとユートピア』およびラインホールド・ニーバー博士の『道徳的人間と非道徳的社会』が、それである。ピーター・ドラッカー氏の『経済人の終焉』は、わたくしの原稿が完結した後に手にすることができたのであるが、いくつもの冴えた見通しが読みとられ、現下の危機について強い刺激を与え示唆を含む診断が述べられている。国際関係のさまざまな局面について多くのすぐれた歴史的および記述的労作が、最近二十年の間にあらわれており、わたくしが負うところのあったものを注に入れたが、それらは参考文献目録に代ることになる。しかし、わたくしの見たかぎりでは、それらはいずれも、現下の国際的危機のより深い諸原因を分析しようとしたものではなかったようである。

個々の方々に、わたくしが負うているところは、もっと広範囲にわたる。とくに三人の友人に、わたくしは深い感謝を、ここで述べておきたく思う。わたくしの原稿の全部に目をとおしたうえ、それぞれに批判の労をとってもらったが、その批評はわたくしの見解と一致するしないを問わず、みなひとしくわたくしには貴重な刺激をあたえるものであり、その示唆にいたっては、本書が価値をもつとすれば、大部分をそれに負うほどのものである。友人の名は、チャールズ・マニング(ロンドン・スクール・オヴ・エコノミックス・アンド・ポリティカル・サイエンスの国際関係論教授)、デニス・ルース(オックスフォードのオール・ソウルズ・カレッジのフェローでアバリストゥイスのウェールズ大学国際政治学講師)、そして三人目は彼が公の地位にあるためにここに名をあげることができないのが遺憾である。過去三年にわたって、わたくしは、ナショナリズムの問題の研究にあたったロイヤル・インスティテュート・オヴ・インターナショナル・アフェアーズの研究グループの一員であるが、その研究の成果は、やがて公にされることになっている。* この研究グループが行っている調査研究の方向は、わたくしが本書でたどっている方向と、時にはふれ合い、時には交差したりしている。この研究グループの人たちおよびこの仕事に寄与していただいた方々が、われわれの長期にわたった討議において、本書に対して数えきれない貴重な助成を無意識にせよ行ってくれたのである。以上の方々に対して、そして、いろいろな形で意識的にせよ無意識にせよ、本書を準備するうえに、援助と激励をあたえられた方々に対して、心からの感謝をささげる。

一九三九年九月三〇日

E・H・カー

* Nationalism : A Study by a Group of Members of the Royal Institute of International Affairs (Oxford University Press).

目　次

第四部　法と変革

結　論

第一部　国際政治学

第一章　新しい学問のはじまり

国際政治学は、いま揺籃期にある。一九一四年まで、国際関係のとりあつかいは、それを専門の職務とする人びとがもっぱらかかわることであった。民主主義諸国にあっても、対外政策は、政党政治の外にあるとするのが伝統であった。したがって、代議機関にしても、外交官のとらえにくい行動にいちいち制約を加えるなどできることではないとされていた。世論とのかかわりでも、イギリスでそれが外交方面にむかって起るのは、この国が従来から利害関係をもってきた地域に戦争が勃発するときとか、潜在敵国に対する優位を失わないために必要な艦船の保有量が瞬時でも下まわるようなことのある場合などに限られていた。ヨーロッパ大陸では、徴兵の問題があり他国からの侵略がつねに不安の種であったために、国際問題については常にイギリスよりも広く人びとの関心をひいてはいた。しかし、その関心にしても主として労働運動の形をとって示されたのであり、それが時によって戦争否定の理論めいた論議を生む程度であった。アメリカ合衆国では、条約は大統領が「上院の助言によりその同意を得て」締結するという独特の条項が憲法にある。しかし、その合衆国の対外関係というのは地域的にきわめて限られた範囲のものであり、それを超えてより広く働きかける意味合いを、この異例の規定にもたせることは無理であろう。むしろ、活気のある展開がみられる外交の実際面が確実な情報価値をもっていたのである。ところが、大学においても広く知識層のあいだでも、時の国際事情についての組織立った研究は行われなかった。戦争は軍人の仕事だというのが、まだたいていの人の考えであった。これにならって、国際政治は外交官の仕事であるというわけであった。国際的な事態のとりあつかいを、外交専門職だけの責務としないことはもとより、かれらがどのようなことをしているかについて真剣に組織的な関心を向けることさえ、一般には行われる気風はなかった。

一九一四―一八年の戦争は、戦争が職業軍人だけにかかわる事態だとする考え方を捨てさせ、それに並行して国際政治は職業外交官にまかせておけばよいという考えをも消し去った。国際政治を広く一般のものにという運動が、英語国家において、秘密条約反対の世論をゆり起すことからはじまった。秘密条約が戦争原因の一つであるということが、充分な確証のないままに世論の攻撃の的になった。しかし、この非難は、政府のとった訝しいやり方に対してよりも、国民のあいだの無関心な態度にこそ向けられるべきであった。そのような条約が結ばれたということは、だれにもわかっていたはずだからである。だが、一九一四年の戦争以前は、それらの条約について、(1)訝る人はまれであったのであり、まして抗議ができるなどと考える人はいなかったのである。それにしても、秘密条約反対に世論をゆり起した動きは、きわめて重視されることである。それは、国際政治を一般の人びとのものにしようという要請の最初の現われであり、新しい学問が生れる告知であった。

第一節　政治学における目的と分析

国際政治学は、このように、一般の人びとの求めるところとして生れることになった。それは目的があって、それに仕えるべく生みだされたのであり、その点では他の学問の例にならうものであった。学問のこのような生れ方は、一見、論理的でないように思えるかもしれない。というのも、われわれはまず、事実を集め分類し分析することからはじめ、つぎに、それらから推論し結論を出すということになるからである。そのような手続きをとれば、どのような目的をたててそれらの事実をとりあつかい、そこでの結論を出そうとしているかを立証することも容易となるはずである。ところが、人間の心というのは、そのように論理的な順序をふんではたらかないようである。人の心は、この順序をいわば後向きにすすむ。論理的には分析の後に現われてくるはずの目的が、逆に、分析の初動として働きかけ、分析のすすめられる方向をも決定づける。エンゲルスは、「もし社会が技術的要請というものを擁しているなら、そのことは十の大学が果すよりも大きい刺激を科学の進歩にあたえることができる」と述べている(2)。現存する最古の幾何学の書物には、「具体的な問題を解くために考えられた多くの実際的な法則――〈丸い果物をはかるための法則〉〈土地を割りふる法則〉〈鵞鳥と牛がたべるだけの飼料の算定法〉など――が定立されている(3)」。カントは言っている、「教師の語るままを全部が全部聴きとろうとする生徒の態度ではなくて、自分の方からこれと思う問いを出して証人に応答させる裁判官の姿勢で(4)」理性は自然に向かわなければならない、と。現代の社会学者もつぎのように述べている、「体系化の方法をどのようにとるか、問題のとりあつかいでどのような部分に重点をおくか、疑問とし解決しようとする課題をどのような形で設定するか、それらのことに、わだかまりなく人間の心でとりくみ、そのようなかかわり方で、ある程度まで決定もするのでなければ、星や岩石や原子についてさえ研究することはできない(5)」と。健康を増進しようという意図が医学を生むことになり、橋を造るという目標が工学を生み出すことになる。政治団体の病弊を治療しようという強い願望が、政治の研究を刺激して政治学をおこすことになった。われわれが意識するとしないとにかかわりなく、目標を立てることが、考えるという行為の条件となる。思惟のための思惟などということは、蓄財のための蓄財のように、異常であり空しいことである。「願望は思考の父である」というのは、正常な人間思惟の根元を的確に表明している言葉である。

自然科学について、このように言えるなら、それは政治学にとって、はるかに深く細かい意味であてはまることである。自然科学の場合は、事実についての研究とそれらの事実を問題にする目的とが区別されて、そのことが理論的に正しいと考えられるだけでなく、実際上もつねにそれらを分けて取り扱われている。癌の原因についての研究者は、この病を根絶する目的で研究をはじめたはずである。ところで、その目的は、厳密な意味ではもともと調査研究とはかかわりなく立てられるのであり、調査とは分離できることである。そして研究者の出す結論は、事実についての的確な報告以外のものではないはずである。その結論は、事実をその在るがままのものとは別のことにするわけにはゆかない。事実は、それについて人がどう考えるかということとはかかわりのない存在だからである。他方、人間の行動についての学問である政治学においては、そのような意味での事実は存在しないのである。政治の研究者も、政治団体のもつ病弊を治療しようという願望から研究をはじめて、その病の原因のなかに、通常、人間が一定の方式で一定の条件に反応するという事実が伏在することを知る。しかし、この事実は、人間の身体が一定の薬品に一定のしかたで反応するという事実と対比できるものではない。政治学での事実は、変革しようとすれば変革のできる事実である。研究者が当初、心のなかに抱いていた政治変革のねがいが、その研究の進展とともに、多数の人びとに等しく持たれるものとなるなら、願望は実現されることになる。そうなると、自然科学の場合とちがって、目的は研究行為と無関係でなく、研究と分離できないのであり、それ自体が事実のひとつとなっているのである。理論のうえでは、事実を確証する研究者の役割と、行動の正しい進路を熟考する実践者の役割との間に、なお一線を引くことはもとよりできよう。しかし、実際面では、一方の役割は他方のそれのなかに、感知できないほどに投影されているのである。目標を立てることと分析を行うこととが、一つの研究過程の重要な構成要因を成すのである。

この点について、すこし例をあげて説明しよう。マルクスが『資本論』を書きはじめたとき、ちょうど癌の原因の研究者がこの病の絶滅を期して研究に入るように、資本主義体制を打倒する意図のもとに取り組んだのである。しかし、資本主義にかかわる事実は、癌についての事実とちがって、この体制に対する人びとの態度と無関係ではない。マルクスの分析は、この人びとの態度を変えようとして行われたのであり、実際にその態度を変革したのであった。事実を分析する手続きをとるなかで、マルクスはその事実を変革した。学究としてのマルクスと、思想の推進者としてのマルクスとを分けて考えるのは、無用無益な区別だてである。一九三二年の夏、財政専門家たちがイギリス政府に五パーセントの戦時公債を三パーセント半に切り下げることが可能だと勧告したが、それはもとより一定の事実分析にもとづいてのことであった。ところで、その実施を成功にみちびいた諸事実のなかに、この進言が行われたという事実が広く財界に知られたということも含まれるのである。そこでは、分析と目的とが混じり合っており分ちがたいのである。政治的事実の場合も、それを構成するのは政治を専攻する学究やそれに近い研究者の思考だけではない。新聞の政治面を読む人、政治的集会に出る人、隣人と政治を論じ合う人、みなそれなりに政治を学び勉強しているのである。したがって、そのような一人ひとりが抱くことになる判断が、政治の諸事態を展開させる一つ一つの要因となってゆく(どこでもそうだというわけではないが、民主主義国家では特に言えることである)。このことについて批評家から、それはまちがっているとまで言わなくても、時代に合わない見解であるとして、批判が出ることは予想できる。そのような批判には、その当否はともかく、癌の原因にかかわる書物についてと同様の批判は本書には意味をなさない、とこたえることになろう。すべて政治にかかわる判断は、判断の対象である事実を修正するうえに助けとなる。政治にかかわる思考は、それ自体が政治的行為の一つの現われである。政治学は、何が存在するかについての学であるだけでなく、何が存在すべきかにかかわる学問でもある。

第二節　ユートピアニズムの果す役割

もし目的が思考に先行して、思考の道筋をきめることになるなら、人間の心が新しい分野で働きはじめる場合に願望とか目標がつよく前面に出て、そこでの事実や手続きを分析しようとするゆき方を抑えこみ、この方向に伸びる芽さえ摘みとる形で事がはこばれることになろう。ホッブハウスは、「原始の人びと」の特性として「ある考えが客観的に正しいということと、考えたようにあってほしいと願うこととが区別されない」ことをあげている。(6)このことは、政治学の初期の段階でも同じで、これを「ユートピア的」段階とよぶことができよう。この段階での研究者は、そこでの「事実」に注目したり、その原因・結果の分析に留意することはほとんどなく、かれらがめざしている目標を達成するために描いた設計――その簡明で完璧であることのゆえにかれらがみな引きこまれてゆく企画――の仕上げにもっぱら心をうちこむ。やがて、この企画が挫折して、願望や目標だけでは、めざす目的を達成することができないことをさとる。そのときにはじめて、かれらはやむなく分析に助けを求めることになる。こうして、その研究は、幼稚でユートピア的な時期から抜け出て一個の学として名のりをあげることのできる在り方になってゆく。ギンズバーク教授は「社会学の場合、綿密な帰納的考究にもとづくことのない大ざっぱな一般論がおこなわれていたが、このことへの反動という形を経ておこったのが、この学問である」と述べている(7)。

自然科学の分野でさえ、この道程に当てはまる実例を見出すことはやさしい。中世において金は一般に認められていた交換の媒介物であった。だが、経済関係がまだ十分に発達していなかったために、この媒体への需要量はかぎられたものであった。一四、一五世紀の新たな経済条件から貨幣取引の広範な体制がうまれ、金の供給量が新体制の目標にこたえ得ないことが明白になった。そこで当時の事態にさとい人たちは、ありふれた金属を金に変えることができはしないかという実験をやりはじめた。このいわゆる錬金術師の考え方は、まさに目的中心のそれである。かれらは、鉛の属性が果して金に変じうるものであるかを、じっくり研究するようなことはやっておれなかったのであり、かれらにとって目的が絶対であり、金がつくられねばならなかったのである。したがって、そのための手段や資料などは、目的あってのことでしかなかった。そのように夢みられていた企てが失敗に帰したとき、はじめて、「事実」――物質の本性――の検討にかれらの思考をむける気になったのである。それにしても、鉛から金をつくるという当初のユートピア的な目的はおよそ達成されるはずのないことではあったが、この原始的な野心から近代の自然科学は進化してきているのである。

別の事例を、主題にもっと関係の深い分野からとりあげよう。

政治学が生まれる歴史上最初の胎動があったのは、紀元前五、四世紀ごろのことであった。それは、中国とギリシアとで、それぞれに起きている。そこでの孔子にせよプラトンにせよ、それぞれの時と処での政治の在り方に強く深く動かされるところがあったのは事実である。しかし、その制度の本性について分析を試みることはついになかった。それが真実である。かれらは、それぞれに政治の弊害について慨嘆をしているけれども、その根本原因を解明しようとはしなかった。錬金術師と同様に、かれらも想像力に富んだ解決策をとなえることで十分としていたのであり、生活環境に起きている事実とのかかわりでは全く平板な、にべもない否定の論法をとっているのである。(8) そして、かれらによって主唱されている新しい政治秩序というのは、当時の状況での現実から遠くかけはなれていることは、金と鉛とのちがいと同じであった。

一八世紀にはいると、西欧では貿易がきわめて重要となり、それにつれて多くの制約がわずらわしいほど政府の権威のもとに課せられ、それが重商主義の理論によって正当化された。そのような規制への抵抗が、普遍的な自由貿易をもとめる構想の形をとってあらわれた。この場合の希求念願などから、フランスでは重農主義者たちが、イギリスにあってはアダム・スミスが、政治経済学というものを生み出すことになる。この新しい学問は、主として、現に実在するものを否定することのうえに、そして、経済人という想定上の存在の行動など実証性のない一般化を基盤にして構成されたのである。この学問は、経済の実際面では、いくつかのきわめて有用で重要な成果をあげてはいる。しかし、経済理論としては、そのユートピア的性格を長く持ちつづけたのであった。そして今日でも、「古典派経済学者」のなかには、普遍的な自由貿易――いまだかつて存在したことのない想定上の状態――をもって、経済学の正常な自明原理とみなし、すべての実在をこのユートピア的原型からはみ出ているものとする人びとがいる。(9)

一九世紀の初頭、産業革命が新しい社会問題を生み出したので、西欧での人間の思考はこの問題に取り組むことになる。最初に立ち向かったのは、後に「ユートピア社会主義者」の名でよばれる人びとであった。フランスのサン・シモン、フーリエ、イギリスのロバート・オーエンである。これらの人たちは、階級利害とか階級意識などの性質についても、その利害や意識がひきおこす階級闘争の本質についても、分析を行うことはしていない。かれらは、人間の行動について実証をぬきにして思考してゆくだけであり、しかも、その推論の余勢をかって、理想社会の形成を夢みた設計をえがきあげる。そこでは、あらゆる階層の人びとが、かれらの労働の成果を必要に応じて分ちあい友好に共同生活を営むことになるというのである。エンゲルスが批判しているように、これらの人たちにとって「社会主義は絶対の真理と理性および正義の表現であり、それが知られさえすれば、その力によって全世界を征服することができるもの(10)」であった。かれらユートピア社会主義者の果した役割が評価され得るのは、人びとにこの社会問題を意識させ、それと取り組むことの必要性を感得させたことである。しかし、かれら自らが提示した問題への解答は、この問題を生んだ諸条件となんら論理的関連のないものであった。重ねて言えば、それは分析の結果から導きだされたものではなくて、願望から生まれたものであったのである。

このような気運のなかで描きだされた設計が実際の用をなさなかったのは当然であろう。実験室のなかで金をつくることができないように、プラトンの理想国家にせよ、普遍的な自由貿易の世界にせよ、フーリエの共産団体にせよ、そのなかではだれも実生活をいとなむことはできないのである。だが、それにもかかわらず、孔子やプラトンを政治学の祖として、アダム・スミスを経済学の創始者として、フーリエやオーエンを社会主義の創唱者として、重んじることは正しい。目的への熱意にみちた初期の段階こそ、人間の思考がはじまる本質的な基盤である。願望は思考の父である。目的論が分析に先行するのである。

国際政治学の目的論的な面は、当初から際立っていた。この学問は、広大にわたった悲惨な戦争に源をもつのである。そして、この新しい学問にまずたずさわった人たちに、強く迫って心をとらえ揺り動かした目的というのは、国際的政治体にひそむ上述の持病が再発するのを未然に防ぐことであった。戦争を防止しようという熱意にあふれた欲求が、この学へのはじめの進路と方向とをすべて決定したのである。他の発達途上にある学問とおなじに、国際政治学は、いまなお、いちじるしくかつあらわにユートピア的なままである。この学問の現状は、願望が思考にまさり、概括が観察を抑えている発達初期の段階にあり、現に生起している事実や活用すべき手段についての批判的な分析はほとんど試みられていない。この段階では、達成されるべき目的に、もっぱら関心が集中される。その目的重視のつよさは、手段についての分析的批判が行われても、それらがほとんど有害無益として退けられてしまう体たらくである。ウィルソン大統領が平和会議に出席する途中、彼の立てた国際連盟案の成否について側近からたずねられたとき、「もし、このプランが実現されないようなら、実現されるように案を立て直さねばならない」[11]とのみこたえたのであった。国際警察隊や「集団保障」その他の国際秩序のための企画を首唱した人たちが述べた批判へのこたえ方も、自己の提示したプランが、どのように実際のはたらきをし、なぜそうであるかについて、自分の考えを明確に解明する形をとるものではなかった。このプランが実現されなければ悲惨な結果をもたらすことになるので実現されなければならないのだとか、自分の提示したプランに代る妙案があるというなら出してほしいなどという言い方でしかなかった[12]。これではまさに、錬金術師やユートピア社会主義者が、かれらの見解を疑う人から、鉛を金に変えることができるのか、人間は模型社会のなかで実生活をいとなむことができるのかと問われて、返したと思われるこたえ方であろう。そこでは、思考ということが低くみなされているのである。一九一九年から一九三九年にかけての国際政治について語られ述べられた多くのことは、経済学者マーシャルが別の事柄に向けたのと同じ非難を受けても仕方がないものであった。マーシャルは、「軽率なユートピア的企画を考えだす神経質な無責任さ」を「チェスの白駒も黒駒も一人で動かして、どんな難局も手ばやく片づける無茶な指し手の野放図さ」に対比している。(13) そのような知的欠陥を大目にみても、なおつぎのことは言いうる。この間二十年のはじめのころは、国際政治上の黒駒がきわめてまずい指し手ににぎられていたために、ゲームの難局のほんとうのところが、いかに鋭い頭脳の持ち主にもつかめない有様であったということである。それが、一九三一年以後の一連の事態によって、ただ願望一途では国際政治学を構築する基盤として適切でないことが明らかになり、はじめて国際問題についての真剣で批判的分析的な思考に入ってゆくことができるようになったのである。

第三節　リアリズムのあたえる衝撃

どのような学問も、全能を自負することのない謙譲の域に入り、めざすことへの願望と実在するものについての分析とを区別することのできる、きびしくつつましい在りようをとりうるまでは、学の名をうけるに値しないのである。政治学にあっては、この分離がとうてい完全ではあり得ないことから、学の名称を与えるのははばかられるとする人びともいる。しかし、自然科学でも政治学でも、願望にみちた初期の段階につづいて冷厳緻密な分析の段階にいたる時点がやがて来るのである。ただ、自然科学と政治学とでのちがいは、政治学が全面的にはユートピアニズムから脱却しえないということである。さらに政治学者の場合は自然科学者よりも長い期間をユートピア的発達段階で低迷することになる。これは、きわめて当然のことである。鉛を金に変えるというのは、世界中の人がみな熱望しても起きることではないが、「世界国家」とか「集団保障」などというのは、すべての人が真剣に希求するなら(それも「世界国家」「集団保障」などそれぞれの言葉をみなが同じ意味で用いているなら)その希求は達成されやすいであろう。したがって、すべての人にそれを希求させることが自分の仕事であると考えて国際政治の研究をはじめる人がいても、その志向はわからないことはない。その彼がこの道だけをたどるだけでは何の進展もなさそうだと気づくまでには時を要するのである。彼の政治的ユートピアのみが大きくなって政治的現実がそれについてゆかず背丈が合わないのでは、彼の願望は最低限の成功もおぼつかないことが、彼にわかるまでには時を経なければならない。だが、このことを理解し得たとき、彼は学問の特質である現実についての冷静厳密な分析に入ってゆくことになるのである。その場合、彼が分析することになる事実のなかに、「世界国家」とか「集団保障」を希求する人がいかに僅少であるかの事実、さらにそれらの人たちの間でもそれらの事柄について全く異なって両立しない意味でさえ考えられている事実の含まれることを知るであろう。こうして、目的だけでは成果を上げ得ないことが彼に見えてきて、現実の分析こそが研究の核心であることをさとらされる段階にたどりつくことになる。

願望に対して思考があたえる衝撃は、学問の発達過程においては、研究当初に夢みられた設計が挫折することにつづいて起きるのであり、この過程でのすぐれてユートピア的な時期の終りを明示する現象で、一般にはリアリズムと呼ばれている。それは、初期の段階にいだかれた願望に対する反動であることから、どうしても批判的でシニカルな様相をおびることになる。思考の分野では、リアリズムは事実の認識とその原因結果の分析とに力点をおく。そこでは、目的の役割は重くみられないで、思考のはたらきは事態の生起――思考が影響をあたえることも変革することもできない事実――を研究することであることが明に暗に強調される。行動の分野においては、リアリズムは、現に活動している諸勢力の抵抗しがたい強さとか実際の諸動向の必然性を重視し、それらの勢力や動向を容認して自らも順応してゆくことが最も賢明な態度であると主張する。このような姿勢は、それが「客観的」思考であるとしてとられるとしても、結局は思考そのものの枯渇となり行動の空しさとなるのがおちであろう。しかし、それにしても、リアリズムが、ユートピアニズムの繁茂するさまを抑える矯正のはたらきとして必要とされる段階があるのであり、同じように他の時点ではユートピアニズムが、リアリズムのもたらす不毛な結果を防ぐために呼び出されなければならないのである。未成年の思考は、どうしても目的にむかって走りがちとなり、いきおい際立ってユートピア的となる。とはいえ、目的を全くしりぞける思考は、老齢の思考である。成年の思考は、目的を観察および分析と化合させる。こう考えると、ユートピアとリアリティとは、政治学のもつ二つの様相である。健全な政治思考と健全な政治生活とは、ユートピアとリアリティとがともに適切な在りようをとるところにのみ見出されることになる。

（1）フランス＝ロシア同盟について当代の一史家は、これをひたかくしに進めていた当局の秘密主義に対してフランス急進論者の一部から抗議が出たのを伝えて、「議会も世論も、この完全に沈黙をまもっての行為に寛容であったし、条約の内容・範囲について全く関知しないでよしとしていた」と述べている(Michon, *L'Alliance Franco-Russe*, p. 75)。一八九八年フランス下院でアノトーが、条約の諸条件を明らかにすることは「絶対に不可能」であると述べて拍手をうけている(*ibid.*, p. 82)。

（2）シドニー・フック『カール・マルクス理解のために』Sidney Hook, *Towards the Understanding of Karl Marx*, p. 279 における引用。

（3）リュエフ『自然科学から社会科学へ』J. Rueff, *From the Physical to the Social Sciences* (Engl. transl.), p. 27.

（4）カント『純粋理性批判』(Everyman ed.), p. 11.

（5）マッキーヴァー『共同社会』MacIver, *Community*, p. 56.

(6)　ホッブハウス『発達と目的』L. T. Hobhouse, *Development and Purpose*, p. 100.

(7)　ギンズバーク『社会学』M. Ginsberg, *Sociology*, p. 25.

(8)　「プラトンとプロティヌス、モアとカンパネラは、かれらの想定した社会を、現実の共同生活体に欠落しているのを感じとって強く求めたものを資材にして構築したのであった。『理想国家』『ユートピア』『太陽都市』などは、それぞれの著者がその経験から対決することになるにいたった事態への抗議であった」(アクトン『自由の歴史』Acton, *History of Freedom*, p. 270)。

(9)　「自由主義政治経済学はユートピアの好例の一つとしてあげることができる。そこではすべてが、完璧な競争の法則下にたつ商業関係諸典型にはまることになる社会が想定された。今日では、そのような理想社会はプラトンのそれと同じに実現の困難なことを人びとは知っている」(ソレル『暴力論』Sorel, *Réflexions sur la violence*, p. 47)。これは、ロビンス教授の自由放任経済学についての周知の弁護論と比較すべきである――「非個性的諸準則の体系――その内部では、どのような自然発生の関係が起きようと、それらは相互に利し合うような動きをとる――というものを通じての人間行為の整合という考えは、個々の行為あるいは行為の個々の型を中央の企画当局によって指示規制するという考え方とひとしく、少なくとも精妙であり意欲的である。それはおそらく精神的に健全な社会のために必要とされる諸要件に少なからず調和するものであろう」(*Economic Planning and International Order*, p. 229)。そうなると、プラトンの理想国家の構成も既存のいかなる国家のそれと少なくとも同じ程度に精妙で意欲的であり精神的諸要請をみたすものであると言っても、上述の見解とひとしく真実で意義があるということになろう。

(10)　エンゲルス『空想より科学へ』(Engl. transl.), p. 26.

(11) ベイカー『ウッドロー・ウィルソンと世界の和解』R. S. Baker, *Woodrow Wilson and World Settlement*, i. p. 93.

(12) 一七七五年のリスボンの震災の際、耐震丸薬を売ってまわった男についての昔話はよく知られているが、それに付随した小ばなしは忘れられている——そんな丸薬ではものの役に立つまいと言われて、かの行商人は「ならば、そちらは丸薬のかわりに何にするというのかね」と言い返したという(L. B. Namier, *In the Margin of History*, p. 20)。

(13) *Economic Journal* (1907), xvii. p. 9.

第二章　ユートピアとリアリティ

ユートピアとリアリティとの対立――つねに均衡を保とうとしながら、なお揺れて、けっして完全には平衡を保つことのない秤のすがた――は、多くの思考形式にあらわれる基本的な対立である。思考の二つのはこび方――何があるべきかを考えることに深入りして、何があったか・何があるかを無視してしまいがちなそれと、何があったか・何があるかということから何があるべきかを導きだしてゆくそれとが、あらゆる政治問題に対する姿勢を二つに分けることになる。アルベール・ソレルが言っているように、「それは、世界が自分たちの政策に順応するようになると考える人びとと、自分たちの政策を世界の現実に適応するように立てようとする人びととの間の終ることのない論争である」(1)。国際政治の現下の危機を検討する前に、この対立についてさらに詳述しておく必要があると思う。

第一節　自由意志と決定論

ユートピアとリアリティとの対立は、いくつかの面で「自由意志」と「決定論」との対立としてみることができる。ユートピアンは、どうしても主意主義の考え方をとることになり、現実を徹底して否定することになりがちで、目前の実在に代えて自らの描くユートピアを意志のはたらきでうち建てることが可能であると信じている。リアリストの方は、あらかじめ決定されていて自分に変革する力のない現実の展開過程について、それを分析対象とする。リアリストにとって、世界を変革するには哲学は――ヘーゲルの『法の哲学』序文の周知の言葉をかりれば――つねに「生れてくるのが遅すぎる」のである。哲学によっては、ふるい秩序は「若返らせることはできないのであり、ただ認識できるだけ」である。ユートピアンは、未来に眼をむけて、創造的な自然さで思考する。リアリストは、過去に根をもとめて、因果関係をとおして思考する。だが、およそ健全な人間の行為、したがって健全な思考はすべて、ユートピアとリアリティとの平衡、自由意志と決定論とのそれを保持するものであるはずである。徹底したリアリストは、事態の因果的生起を全く無条件に受け入れるために、現実が変革できることを認めようがなくなるのである。根っからのユートピアンは、因果的生起を否認することで、かれが変革をつよく求めている現実を知りその変革手順をつかむつてを見失ってしまうことになる。ユートピアンに特有の欠点はその主張の一本調子なところであり、リアリストに固有の欠陥はその思考が何も生まないことである。(2)

第二節　理論と実際

ユートピアとリアリティとの対立は、また理論と実際との対立と符合する。ユートピアンは、政治理論を、政治の実際が従うべき規範であるとする。リアリストは、政治理論を、政治の実際のいわば成文化されたものとみなす。理論と実際との関連は、近年とくに政治思考の中心問題の一つとなっている。ユートピアンとリアリストとがともに、この関連性をゆがめているからである。ユートピアンは、目的と事実との相互依存をみとめているつもりで実は、目的をそれが唯一の関係事実であるかのように取り扱い、願望をあらわす提案であるのにそれをつねに叙実形式で述べている。アメリカの独立宣言は「すべての人間は平等に造られ」たとしており、リトヴィノフ氏は「平和は不可分である」と言明し、[3]ノーマン・エンジェル卿は「人類を、たたかう独立国家に生物学的に分割すること」は「科学的愚行」であると語る。[4]だが、合衆国にあっても、すべての人が生まれながら平等であるとは言えないことであり、ソヴィエト連邦は隣国では交戦中であっても平和を保っていられたことなど、だれもが承知していることである。それに、人を喰う虎をさして「科学的愚行」だとする動物学者など考えられないことである。上述のような言明はみな、[5]事実の表明であるかに思わせるが、実は政治綱領上の項目なのである。そして、ユートピアンは、そのような「事実」を夢みる世界に住み、それとは全く反対の事実が見られる現実の世界から遊離しているのである。リアリストは、ユートピアンの提案が事実ではなくて憧れを述べるものであるから願望の言葉で表明されても叙実形式をとるべきものでないことを、わけなく見ぬく。リアリストはさらに、願望と考えられるユートピアンの諸命題は演繹的なそれではなくて、ユートピアンには到底つかむことのできないような形で現実の世界に根をもっている命題であることを立証しようとする。そこで、リアリストからすればこうなる。「人間は平等である」というのは、特権階層の水準まで自分たちを高めようとする非特権階層のイデオロギーであり、「平和は不可分である」というのは、攻撃を受けそうな事態にさらされている国家が、それほどの窮地にない他の諸国にも自国への攻撃が関係するという原理を立てようとして唱えているイデオロギーである(6)。主権国家の「愚行」というのは、他国の主権が自国の優越的な地位を保持するうえに障害となると考える強大国のイデオロギーである。このようにして、ユートピアの理論が立っているかくされた基盤を明るみに出すことは、本格的な政治学と言えるものを構築するためには欠くことのできない準備作業である。ところが、リアリストは、政治理論にはなんらの演繹的な性質ももたせまいとして、そしてそれらの理論が実際のなかに根ざすものであることを立証しようとして、むしろかんたんに決定論におちこむ。それによれば、理論というのは、条件づけられ予め決定されている目的に理屈をつけて説明するものにほかならないのだから、全く余計なことで事態の過程を変更する力などは持っていないということとになる。

このように、一方のユートピアンは、目的をそれだけが究極の事実であるとするのであり、他方のリアリストは、目的をただ他の諸事実から機械的に産みだされるだけのものとするところまでゆきつくのである。われわれが、人間の意志や願望のこのような機械視を理解できないことであり受け容れられないとするなら、われわれとしてはつぎのように認識しなければならない。理論というのは、実際から発展して実際へと進展してゆくのであるから、その展開過程においてそれ独自の変化変容の機能を果すものだということである。政治過程は、リアリストが信じているように、機械的な因果法則に律せられて継起する現象のなかにそっくりはめこまれているのではないし、また、ユートピアンが思いこんでいるように、賢明達識な人たちの意識の展開とされる理論的真理が実際にむけて適用されることのなかにおさまっているものでもない。政治学は、理論と実際とが相互依存の関係にあることの認識のうえに築かれなければならないのであり、このことはユートピアとリアリティとを組み合わせることではじめて達成されうるのである。

第三節　知識人と官僚

政治における理論と実際との対立は、「知識人」と「官僚」(7)との対照において具体的に表現される。知識人は演繹的な筋にそって思考することに慣れており、官僚は経験にもとづいて考えてゆく訓育をうけている。そのような思考方式の自然ななりゆきとして、知識人は、実際を理論にしたがわせようとする人たちのなかへいつのまにか入ってゆくことになる。というのも、自分たちの考えが外からの力で制約されることには耐えられないのが知識人であり、むしろいわゆる行動人の動機づけとなる理論をあたえる導き手として自分を考えたいのである。そのうえ、過去二百年にわたって大方の知識人は、数学および自然科学に強い影響を受けており、その色彩の濃い見解の持ち主である。一般原則を確立し、それに照らして特定の場合を検討することが、たいていの知識人の考えている学問の不可欠な基盤であり、出発点である。

この点において、一般原則を強調するユートピアニズムは、すぐれて知識人的な政治への取り組みようを表現するものと言えよう。政界において知識人の完璧な近代的典型とされるウッドロー・ウィルソンは、「基本的なことを述べるのにすぐれていて……幅の広い簡明な原則にもとづいて自己の考えを訴えるのであり、細かい方策などにかかずらうことは避けるというのが、かれの政治のやり方であった」(8)。「民族自決」「自由貿易」「集団保障」などという一般原則とされるもの(それらは、リアリストによって、それぞれ特定の条件および利害関係の特定の言い廻しにほかならないことが難なく見てとられることになる)が、絶対的な基準として立てられ、政策はこの基準にどれほど合致しているか逸れているかによって、そのよしあしを判断されることになる。近年では、知識人がどのユートピア的運動にも指導をとるようになって、ユートピアニズムによる政治の進展への寄与は、そのほとんどが知識人の功績にされそうなほどである。しかし、ユートピアニズムにみとめられる特徴的な弱点は、また政治的知識人のもつ特徴的な弱点でもあることから、目前の現実がつかみきれないというユートピアニズムの欠陥が、知識人にも現われて、その基準とするものが現実に根ざしているという事実を理解し得ないのである。ドイツの政治において知識人が演じた役割を、マイネッケがつぎのように述べている。「かれらは、その政治的願望として、純粋と独立との精神、哲学的理想主義の精神、利害の具体的打算を超越する精神などをあげはしたが……国家の実生活にかかわる現実的利害についての感覚が欠けていたために、かれらは格調の高い主張から常軌を逸した言動へ急降下していったのである[9]」。

よく言われることであるが、知識人の場合は、経済的利害を共通にすることで結ばれている集団ほどに、自らの考え方を直接に条件づけられることがないので、大衆に超然としていることができるとされている。だが、すでに一九〇五年のことになるが、レーニンは「インテリゲンチャを階級の外に立ち得るものとみる時代おくれの考え方」を攻撃しているのである[10]。この見解は、近年になってマンハイム博士のつぎのような論述でよみがえらされている。インテリゲンチャは「相対的にどの階級にも属さない」存在であり「社会的に無所属」で、「社会生活のなかに浸透している利害関係はすべて自らに内包している」のであり、そのゆえに比較的に高度の不偏性と客観性に達しうるのである、と。[11] たしかに、ある意味ではこのことは正しい。しかし、そのようなインテリゲンチャの特性から、なんらかの利点が現われるとしても、その同じ特性にひそんでいる無力さ――政治生活において決定的な要因となる姿勢をとることができる大衆から遊離している事実――のゆえに、その利点は相殺されることがやがてわかるであろう。そのような知識人の近年の状況は、かれら自身の指導力――幻想であり錯覚であるが――を最も強く意識しているらしい地域でも、ちょうどつぎのような士官の立場に似ているのである。それは、平時には自分によく仕えてくれているのだが、事態が深刻になるといつ脱走するかわからない部下の上に立っているような在りようである。

ドイツその他のヨーロッパ諸国に制定された一九一九年の民主的な諸憲法は、知識人が身を挺してつくりあげたもので、理論的に高い完成度を示す内容であった。しかし、ひとたび危機に直面すると、それらの憲法はいずれも民衆の忠誠を最後までつなぎとめることができなかったために、ほとんどの国で破棄されるか破棄同然のものになってしまった。合衆国では、知識人が国際連盟の設立に大きな役割を果した。かれらの多くは、その後もひきつづいて連盟を支持する姿勢をとってきている。だが、アメリカの民衆は、知識人の指導にしたがっていたかに見えたのに、危機が迫った瞬間に逃げてしまった。イギリスにおいても、知識人は身を挺し力をつくして国際連盟の宣伝活動をおこない、圧倒的な新聞雑誌の支援をとりつけた。ところが、国際連盟の規約が国民大衆に実際上かかわりのある行為をもとめていると思われたとき、政府はどの内閣の場合も何の措置もとらなかった。このことに知識人は抗議したのであったが、この国では目立った反応をよびおこすまでにはいたらなかった。

つぎに他方の官僚であるが、かれらが政治に接してゆく姿勢は根底から経験的なそれである。個々の特定の問題を「その事項の特性に拠って」とりあつかい、原理原則をたてることは控え、一定の意識にたつ推論からでなく長年の経験にもとづいて生れる直覚的な手順によって妥当な方向に導かれるゆき方をとる。国際連盟総会のフランス代表であった高官は「一般的な場合というものはない、あるのは特定の場合である」と述べている。[12] 理論を嫌うことで、官僚は行動人に似ている。「まず行うことだ、そうすれば見えてくる」というのはフランスの一将軍だけのモットーではないのである。イギリスの行政がすぐれているのは、ある点で、官僚的な性能がイギリス政治の経験主義的伝統に容易に適応してゆくことにもとづいている。完璧な公共の奉仕者というのは、成文の憲法や厳格な諸規則から距離をおいて先例・直覚・正義感などにもとづいて行動する人物として一般の人びとの心に描かれているイギリス的政治家にこそ当てはまる。この経験主義は、それ自体特定のものの見方を前提としているのは当然であり、イギリスの政治生活をつらぬく保守的性格を反映するものである。官僚は、この社会の他のいかなる階層よりもおそらくより明確に、現行の秩序に拘束され伝統を保持し先例を「安定した」行動基準として受けとめることを義務づけられている。したがって、官僚制はややもすれば、お偉方のとる厳格で実質のない形式主義におちこみやすく、いかに知識があっても局外者には手に負えない独特の手順を秘教相伝のものとして堅持する。「経験は学問よりも価値がある」は、官僚的モットーの典型である。「知識や学問に通じることは人を政治に賢明ならしめるものではない」として一般にもたれていた偏見を衝いたのはブライスである[13]。官僚は、出される提案を斥けようとする場合、それを「アカデミック」だと呼ぶ。理論でなく実際が、知的明晰さでなく官僚的鍛錬が、政治的知恵の学校である。官僚は、政治を政治自体における目的とする傾向がある。マキアヴェリもベイコンも官僚であったことは書きとめておくに値することである。

上述のような知識人型の思考と官僚型のそれとの基本的な対立は、つねにそしていたるところにひそんでいるが、過去半世紀にそれが表てに現われたのは、ほとんど予期されなかった方面——労働運動においてであった。一八七〇年代に書かれたもののなかでエンゲルスは、つぎの事実についてドイツの労働者たちをたたえている。かれらは「世界の最も理論的な民族に属するのであり、ドイツのいわゆる〈教育を受けた〉階層には今や失われてしまった理論的感覚をかれらが保持するようになっている」事実をあげて、エンゲルスは、このよろこばしい状態を「イギリスの労働運動の進展をおくらせている一原因である理論への無関心」に対置しているのである[14]。その後四十年を経て、他のドイツの論者がエンゲルスの観察を裏書している[15]。このようにドイツではマルクス学説の理論的分析が指導的な社会民主党員の主要関心事となったのであった。ただ、この知的な面の一方的な展開が党を結局は崩壊させる重大な要因となったことは、党を見守っていた多くの人が信じるところである。

イギリスの労働運動は、二、三年前までは理論をまったく避けていた。現在、知識層と労働組合との両翼の間の調和がうまくいっていないのが、労働党を低迷させている原因だとされる。労働組合員は、知識人を運動の実際に経験をもたないユートピア的理論家ときめつけがちである。知識人は、組合指導者を官僚的杓子定規と非難する。ソヴィエト・ロシアのボルシェヴィキ党で頻発している内訌も、いろいろの問題があるなかで一面では、ブハーリン、カーメネフ、ラデック、トロツキーなどに代表される「党のインテリゲンチャ」と、レーニン、スヴェルドロフ(一九一九年の死去まで)、スターリンらに代表される「党の機関」との間の抗争として説明できるのである。(16)

知識人と官僚との対立は、対外関係の分野において二つの大戦間の二十年のあいだにイギリスでとくに際立った現象の形をとった。第一次大戦のさなか、ユートピア的知識人の組織であった「民主的統制連合」が、この戦争の原因を、すべての国で対外関係が職業外交官によって統制されていることにあるとする見解を発表してその普及に努めたのであった。ウッドロー・ウィルソンも、国際的な争点の解決が「自国の利害にとりわけ敏感な外交官や政治家たちによってすすめられるのではなくて、関係事項を研究しており利害や感情に動かされることのない学究——地理学・民族学・経済学の専門家たち——によって」おこなわれるなら、平和は確保されるだろうと、確信を語っているのである。[17] 官僚とくに外交官には国際連盟関係の人びとのなかでも長く猜疑の眼がむけられていた。各国の外務当局の反動主義から国際問題を解放することによって、国際連盟は問題解決のために大きく寄与することになるはずだと考えられたのである。平和会議の総会に連盟規約草案を提出したウィルソンは、「国際連盟の審議機関がそれぞれの政府を代表する役人たちの組織でしかないとするなら、世界の人びとは、役人が例によって仕事一途からおちいる誤りをここでは繰り返すはずはないとは到底信じないだろう、という感懐」を述べている。[18] その後もイギリスの下院ではセシル卿がさらに厳しい言葉を投げかけたのである。「プロシア人がドイツ国内だけに閉じこめられることはないという平和会議の結論に、私なりの経験から到達したと思っている。官僚層の全般的な傾向と伝統というもののあるが……。かれらの間では何事であれそれは正しいかと考える傾向があるという結論も、諸氏は回避をされないはずである[19]」。

国際連盟の第二回総会においてセシル卿は、かの「官僚層」に対抗して、連盟が代表すると考えられている「世論」の支援をつよく求めた。[20] そしてこのような訴えは、その後も十年間ほどはよく聞かれたのであった。

他方で、官僚側もまた、集団保障とか世界秩序とか一般軍縮などについての信念にこりかたまった知識人たちが伝道者流の熱中した言動をとることに不信感をつのらせていた。官僚にとっては、そのような構想は、実際上の経験から遊離した理論のからまわりの産物としか受けとれなかった。軍備縮小問題は、知識人と官僚との見解のちがいを理解するうえに恰好な問題であった。知識人にとって、その一般原理は単純明快であり、ともすると言われがちな原理の適用に伴う難点の指摘は「専門家たち」によるいやがらせにつきることであった。(21)他方、その専門家の側では、一般原理などというのは意味のないものでユートピア的想定であり、軍備が縮小され得るものかどうか、され得るとしてもそれは、個々の場合ごとに「その事項の特性に拠って」決定されるべき「実際」問題であるとしたのであった。

第四節　左派と右派

ユートピアとリアリティとの対立、および、理論と実際との対立は、さらに、急進と保守との対立、左派と右派との対立となって現われる。もっとも、このようなラベルをつけたりつけられた政党・団体が、そのとおりの基本的性格をつねに示すとするのは早計であろう。ただ、急進派はどうしてもユートピアンとなり、保守派はリアリストである。知識人や理論家は「左」の方へひかれ、官僚や実務家は「右」へひきつけられるというのがともに自然であろう。そこで、「右」は理論に弱く着想に不得手なことが苦の種となる。他方、「左」に特徴的な弱点が理論を実際にうつす力がないことに示される。ところが、「左」の側はこの力不足を官僚攻撃の理由にしがちである。しかし、それはもともと「左」の人たちのユートピア的性格に固有のものだったのである。「〈左〉側は理性(Vernunft)をもち、〈右〉側は知性(Verstand)をもつ」と、ナチ哲学者のメーレル・ファン・デン・ブルックは述べている。[22] エドモンド・バークの時代以降、イギリスの保守主義者たちは、政治の実際が政治理論からの論理的操作によって導きだされるなどということを、つよく否定してきている。「三段論法にもっぱら従うなどは、底のない淵への近道をとるにひとしい」と、ボールドウィン卿は語っている。[23] これは、生硬な論理的思考をさけることを、自ら実行し他にも勧めている言葉である。チャーチル氏も「学理上の煩瑣な論理」がイギリスの有権者に訴えるところがあるなど信じられないことであると言っている。[24] 対外政策への異なる姿勢について、きわめて明快な解明がイギリス下院での労働党からの批判にこたえたN・チェンバレンによって行われている。

貴下らは、対外政策ということを、どのような意味で言っておられるのか。貴下らが堅実で一般的な提案を主張されるのは結構なことである。対外政策とは平和を保持することだと言われることもよろしかろう。また、対外政策はイギリスの利益を守ることだと述べられ、さらにそれはまた、悪に対して正をまもるために貴下らの有しておられる力を用いることだとされるのも、貴下らに正と悪とを区別することが可能であるかぎり言明されることができる。そのような一般的原理を主張することは諸氏にできることであるが、しかし、それは政策というものではない。さよう、貴下らにして政策を立てようとされるなら、貴下らなりに特定の情勢をとりあげたうえで、何を行い何を行わないことがそれらの情勢に対処するに適切であるかを熟考したうえで行われなければならない。それが私の言う政策である。対外関係での情勢および条件は日々変化してやまないのであり、さらに貴下らの立てる政策が生起する情勢にことごとく適応できるものであろうとするなら、政策というのは一回かぎりで述べつくせるものでないことはきわめて明白なはずである。(25)

「左」——左派が知的優位に立つことはほとんど疑いのないところである。「左」だけで、政治行動の諸原理を考えつき政治家たちがめざす理想を作り上げることはできる。しかし、「左」は、現実と緊密に接することから得られる実地の経験に事欠くのである。一九一九年以後の大英帝国ではきわめて不幸なことに、「左」はほんの僅かな期間しか政権の座になく、行政の実際についての経験をほとんど持たずじまいで、ますます理論一本槍の政党になってしまった。他方、「右」は、それとは反対に、野に在った時期はきわめて短く、実際の不備を理論で補わざるを得ないとする機会などはなかったのである。ソヴィエト・ロシアでは、権力を掌握した側が、革命の起点についての記憶をうすめてゆくにつれて、実際におされて理論をしだいに軽視していった。どの社会の歴史も示すように、「左」の政党も政治家たちも、政権の座につくことで現実に接するようになると、かれらの「理論一本槍の」ユートピアニズムを捨てて、「右」傾してゆく。しかし、いままでの「左」のラベルはつけたままでいるので、政治用語の混乱を増大させるのである。

第五節　倫理と政治

最も重要なこととして、ユートピアとリアリティとの対立は、政治と倫理との関係について異なる考え方をとることに根ざしている。価値の世界と自然の世界との対照は、目的と事実との二分法をとったことにすでに示唆されているが、人間の意識にそして政治思考に深く刻みこまれているのである。ユートピアンは、政治とは独立のものとして倫理基準を立て、それに政治を従わせようとする。リアリストは、事実の価値のほかに基準となる価値を認めることは論理的にできないのである。リアリストからすれば、ユートピアンの立てる絶対的基準というのは、社会秩序に条件づけられ規定されるものであり、したがって政治的な基準なのである。道義というのは相対的でしかありえず、普遍的なものではない。倫理は政治とのかかわりで意味が明らかにされるものであり、政治の外に倫理規範をもとめようとするのでは挫折感を味わうのがおちである。最高の現実と最高の福利との一体化は、キリスト教が教理の独創的な発揮によって成しとげるのであるが、その同じ一体性をリアリストは、現実を容認し理解を示すことしか福利はあり得ないとする考え方をとることで達成するわけである。

以上のような、ユートピアとリアリティとの対立に含まれている事柄は、国際政治における現代の危機についてさらに考究することによって明確に姿を現わすであろう。

（1）Ａ・ソレル『ヨーロッパとフランス革命』A. Sorel, *L'Europe et la Révolution Française*, p. 474.

（2）心理学者は、つぎのような分類をする――これは度を越すと危険な表現法となるが――、ユングの「内攻性 introverted」「外攻性 extraverted」という心理型の分類（Jung, *Psychological Types*）、あるいはウィリアム・ジェイムズの、合理主義者―経験主義者、主知主義者―感覚主義者、観念論者―唯物論者、楽天主義者―悲観主義者、宗教的―非宗教的、自由意志論者―宿命論者、一元論者―多元論者、独断論者―懐疑論者という対当関係（W. James, *Pragmatism*）。

（3）「国際連盟・第一六回総会」*League of Nations : Sixteenth Assembly*, p. 72.

（4）エンジェル『大いなる幻想』Angell, *The Great Illusion*, p. 138.

（5）同様に、マルクスの剰余価値理論は、同情的な批評家の言葉をかりても、「経済的真理という意義よりも、むしろ、政治的社会的スローガンの意義」をもっている（M. Beer, *The Life and Teaching of Karl Marx*, p. 129）。

（6）ソヴィエト政府は、むしろ他の諸国の方が自国よりも攻撃にさらされているらしいことをみてとって、一九三九年五月には、リトヴィノフ氏を免じ、平和の不可分性を論じることをやめさせた。

（7）「官僚」という言葉は、この場合、政策の指示にかかわる実務の要員を含むものと考えられる。

知識の持ち主がだれでも知識人であるわけでないのと同様に、政治機構の中に在るからといって官僚であるのではないことは言うまでもないであろう。それにもかかわらず、大まかに「官僚」と「知識人」とをそれぞれに特徴づけているそれぞれの思考形式がみとめられる。

(8) R・S・ベイカー『ウッドロー・ウィルソン』R. S. Baker, *Woodrow Wilson: Life and Letters*, iii. p. 90.

(9) マイネッケ『国家と個性』Meinecke, *Staat und Persönlichkeit*, p. 136.

(10) レーニン、ロシア版全集(第二版)第七巻、七二頁。

(11) マンハイム『イデオロギーとユートピア』Mannheim, *Ideology and Utopia*, pp. 137-40.

(12) *League of Nations: Fifteenth Assembly*, Sixth Committee, p. 62.

(13) ブライス『近代民主政治』Bryce, *Modern Democracies*, i. p. 89.

(14) レーニン、ロシア版全集(第二版)第四巻、三八一頁における引用文。

(15) 「われわれは、世界における最も理論的な労働運動をもつ」(F・ナウマン『中央ヨーロッパ』F. Naumann, *Central Europe*, Engl. transl., p. 121)。

(16) この解釈は、一九三一年に発行されたミルスキーの『レーニン』Mirsky, *Lenin* (pp. 111, 117-18)にみられるものであるが、その後つづいて起こった事態から、さらに確証されている。分裂は、党の初期にまで遡るものであった。一九〇四年、レーニンは党の知識層を彼らが訓練と組織とを閑却視するということで攻撃していたし、知識層の方はレーニンの官僚的やり口を非難していたのであった(レーニン、ロシア版全集(第二版)第六巻、三〇九―一一頁)。

(17) R・S・ベイカー『ウッドロー・ウィルソンと世界の和解』R. S. Baker, *Woodrow Wilson and*

World Settlement, i. p. 112.

(18)　H・テンパーレイ編『平和会議の歴史』*History of the Peace Conference*, ed. H. Temperley, iii. p. 62.

(19)　下院・一九一九年七月二一日——*Official Report*, col. 993.

(20)　*League of Nations : Second Assembly*, Third Committee, p. 281.

(21)　ベルギーの社会主義者 De Brouckère は言う、「ちょっとした善意があれば、僅かな時間で解決されるような専門事項なのに、その中に迷い込んでしまっている専門家のために、人民が彼らの平和への希望をうばわれるとしたら、それは耐えられないことである」(婦人国際協会の平和および軍縮委員会——Circular of May 15, 1932)。同じころ、セシル卿が同じ意味のことを伝えている。「問題が専門家に委ねられたとしたならば、なにごともなされなかったであろう。たしかに、専門家たちはきわめて有能で良心的で高い教養のある紳士であるが、しかし、それらのことはまさに彼らの受けた調教を見せているのである」と(*Manchester Guardian*, May 18, 1932)。

(22)　メーレル・ファン・デン・ブルック『第三帝国』Moeller van den Bruck, *Das Dritte Reich* (3rd ed.), p. 257.

(23)　ボールドウィン『英国論』Baldwin, *On England*, p. 153.

(24)　Winston Churchill, *Step by Step*, p. 147.

(25)　下院・一九三七年一〇月二一日、N・チェンバレン『平和のための戦い』N. Chamberlain, *The Struggle for Peace*, p. 33 に再録。

第二部　国際的危機

第三章　ユートピア的背景

第一節　ユートピアニズムの基盤

近代のユートピア政治思想の流れは、中世の体制、神の権威に支えられた普遍的な倫理秩序と普遍的な政治秩序とを前提とする体制が崩壊するあたりにまで遡って、その源をたどらなければならない。ルネッサンス期のリアリストたちが、倫理の優位に対する最初の果敢な攻撃をかけたのであり、倫理は政治の手段であるとする政治観を展開して、道義の裁定者としての教会の権威に代えて国家の権威をおしたてたのである。この挑戦に対するユートピア派の応戦は、楽なものではなかった。教会の権威にせよ、世俗のそれにせよ、一切の外部の権威に支配されない倫理基準が求められたからである。これは、個々の人間理性を究極の源とする永続的な「自然法」の理論によってこたえられた。自然法は、はじめギリシア人によって提示されたように、何が道徳的に正しいかについての人間の心の直覚であった。「それは、永遠のもの、それが、いつの日からあったのか、だれも知らない」と、ソポクレスはアンティゴネーに語らせている。ストア学派や中世のスコラ学派の神学者たちも、自然法を理性と同一視している。そして、一七世紀および一八世紀になって、この自然法と理性との同一視が、新しい特殊な形をとって復活する。科学の分野では、自然の諸法則は、物質の本性について観察された諸事実からの推理によって演繹された。それが手軽に類推されて、ニュートンの諸原理が倫理問題に適用されることになる。道徳的な自然法則が、学問的に確立され得るということになり、人間性について想定される諸事実から理性による演繹が、道義の源泉として、啓示や直覚にとって代るのである。理性こそ、何が普遍的に妥当する道徳法則であるかを決定し得るものであった。そして、ひとたびこれらの法則が決定されると、ちょうど物質が物理的自然法則に従うように、人間はこの道徳法則に順応することになるという推定が立てられた。理性に導かれる啓発が、至福への王道となった。

一八世紀までに、近代ユートピア思想の主要な方向がはっきりと立てられた。人間の良心を道徳問題についての最終法廷としたことで、この思想は根本的に個人主義であった。この思想はフランスでは世俗的な伝統と結びついたが、イギリスでは福音派の伝統と結合するにいたった。人間の良心を理性の声と同一視することでは、この思想は本質的に理性主義であった(1)。しかし、この思想は、なお重要な発展過程をとらなければならなかった。産業革命によって、思想上の指導的地位がフランスからイギリスへ移ったとき、一九世紀のユートピアニズムにその特徴的な形態をあたえたのは、ジェレミイ・ベンサムであった。ベンサムは、人間性の基本的な特徴は楽しさを求め苦しみを避けることであるとの根本原理から出発して、このことから、〈the greatest happiness of the greatest number〉(「最大多数の最大幸福」)という、かの有名な公式で善であるもの(the good)を定義する理性的倫理を導き出した。よく言われることであるが、自然法が前の世代に対して果した絶対的な倫理基準としての機能を、「最大多数の最大幸福」が果すことになるのである。ベンサムは、この絶対的基準を確信していて、「人間の数だけの正邪の基準」があるとする見解を、「無政府的」なものとしてしりぞけた。(2) 実際に「最大多数の最大幸福」は、自然法の内容についての一九世紀の定義であった。

ベンサムの果したことは二重の意味で重要であった。第一に、彼は善であるものを幸福と同一視することによって、道徳的自然法則の内容がひとたび理性的に決定されると、人間はそれに必ず従うという一八世紀の理性主義者がとった「科学的」推定を、たくみに裏書したのであった。第二に、この理論の理性主義的および個人主義的な面は保持しつつ、さらにその地盤をひろげることに成功したのである。一八世紀のよそおいのままの理性説は、いちじるしく知性的であり貴族的であった。この理論につらなる政治理論は、哲学者の開明専制主義の立場であって、哲学者であってはじめて善を見出すだけの理性の力が期待されうるというのであった。しかし、幸福があらゆることの基準となったつぎの時代に必要なことは、個人がどこに自己の幸福を見出すかという一事につきた。善であるもの(the good)は——一八世紀の人びとが主張したように——理性によってのみ見出されるのではなく、それは——一九世紀の人びとがつけ加えたことなのだが——難解な哲学的思索の問題としてよりも、むしろ単純な常識の問題としてとらえられるものであった。ベンサムは世論による救済の理論をつくりあげた最初の思想家であった。共同体の構成員は、「彼らの集団としての資格の力において、一種の司法部ないし法廷を構成すると考えられよう——それを、世論の法廷と呼んでよいだろう」[3]。世論がまちがいのないものであることを主張して、最も完璧な議論を展開したのは、ベンサム門下のジェイムズ・ミルであった。

> 理性をそなえた人にはすべて、論証を比較考量して、その優れたものに導かれ決意するという習性がある。種々様々の結論が、それぞれ論証をそえて、甲乙のない配慮と熟練とをもって提示されるとき、いくらか惑わされる人も出ようが、最大多数の人びとが正しいと判断し、ともかく最も強い論証性のゆえに最も大きく人の心に受けとめられる道徳的確実性がそこには存する[4]。

これが、政治制度としてのデモクラシーを弁護できる唯一の議論だというのではない。しかし、この議論が、明白にあるいは暗に、一九世紀のほとんどの自由主義者によって容認されていたことは事実であった。世論は理性的な態度で訴えられた問題について正しい判断を下すことを期待できるという信念は、この正しい判断にしたがって世論が動くであろうという考え方と相まって、自由主義の信条の本質的な基盤をなすものである。イギリスにおいて、一八世紀の後半および一九世紀は、大衆的説教の時代であり、政治的雄弁の時代であった。理性の声によって、人びとはよびさまされて、自己の不徳な魂を救うことができたのであり、また政治的啓発と進歩の道をたどることができたのであった。一九世紀の楽天主義は、つぎのような三重の確信にもとづくものであった。善であるもの(the good)を追求することは正しい理性のはたらきによることである、知識の普及とともに、やがてだれもがこの重要な課題について正しく理性をはたらかすことができるようになるであろう、この問題について正しく理性をはたらかした人は必ず正しく行動するであろう、というのである。

これらの原理が国際問題に適用されると、だいたいにおいて、以上に述べたところと同じ型にはまるのである。国際連盟のような機構についての最も早い構想を提示したサン・ピエールは、「彼の考案が理性的であることを確信していたので、もしこれが公正に考究されるなら、主要な国家は採択せざるを得ないはずであるとつよく信じていた」(5)。ルソーとカントとはともに、つぎの趣旨の論述を残している。戦争は君主が自身の利益のために行うのであって、人民のためにするのではないのだから、共和政体のもとでは戦争は起らないはずである、と。この意味において、ルソーとカントとは、世論がもし力を発揮しうるなら、それは戦争を防止することができるという見解に先鞭をつけているのである。一九世紀に入ると、この見解は西欧において広く承認されるところとなった。同時にそれは、正しい道徳的信念を保持することも正しい行動を実践することも、論証の手続きによって確実に実現されうるとする理論に固有の際立って理性主義的な色彩を帯びるにいたった。これほどあからさまに知性の優位を主張した時代はかつてなかった。コントはつぎのように明言している、「社会現象の主要なコースを本質的に決定するのは、知的進化である(6)」と。有名な『文明史』を一八五七年から一八六一年の間に公にしたバックルは、率直につぎのように断言している、戦争を嫌悪することは、「知性的な民族に特有の教養感覚である」と。バックルは、イギリスの思想家として当然のことであるが、イギリスの当面の敵が根っからの好戦的性格をもつという考え方に立って、説得的な事例をあげて言う、「ロシアは好戦的な国である。住民が道徳的でないからではなくて、知性的でないためである。欠陥は頭にあるのであって、心にあるのではない(7)」と。教育の普及が国際的平和をもたらすであろうとする見解は、バックルと同時代の人々やその後継者たちがひとしくいだいていたところであった。その最後の代表的人物が、ノーマン・エンジェル卿であって、彼は『大いなる幻想』その他の著書を通じて、戦争がなにびとにも決して利益をもたらすものではないことを、世界に確信させようとした。ノーマン卿は、この点を論破されることのない議論によって確証できるなら、戦争は起るはずがないと考えた。戦争はただ「理解の不足」にもとづくことであった。戦争は利益のあるものという幻想が頭から洗いおとされるなら、心はみずからを守りうるはずである。一九一三年一〇月にはじめて発行された月刊誌『戦争と平和』の巻頭言には、つぎのように述べられている。「十字軍の世界および異端者焼殺の世界は……間違った意図の世界ではなくて、間違った思考の世界であった……われわれは、理解に欠けていた点をあらためて、その世界からのがれ出た。われわれは、同様の仕方で、政治的戦争というか武装した平和の世界から抜け出ることになるはずである(8)」と。理性は、国際的無政府状態の不条理を証明することができたのであった。したがって、知識の拡大とともに、相当な人びとが理性をはたらかして、この不条理を確認することで、これを消滅させることになるはずであった。

第二節　植え替えられたベンサム主義

一九世紀のおわらないうちに、ベンサムの理性主義の考え方に対して、重要な疑問が、すでに諸方面から投げかけられていた。正しい行動をおしすすめてゆくうえに理性が働くことだけを信じる考えは、心理学者たちから攻撃された。徳行と啓発された利己との同一視が、哲学者の癇にふれた。世論はあやまりのないものであるとの信念が人をひきつける力をもっていたのは、世論を教養があり判断力をもつ人たちの見識であるとする初期の功利主義者の立てた仮説にもとづいてのことであった。やがて、世論とは大衆の意見であるということになり、自分を教養があり聡明であると考えている人たちにとっては、この信念の魅力はうすくなっていた。すでに一八五九年に、J・S・ミルは、彼の『自由論』の中で、「多数の専制」を何よりも危惧したのであった。一九〇〇年以後は、イギリスにおいても、ヨーロッパの他の諸国においても、慎重な政治思想家で、ベンサム的な考え方を無条件に容認した人は、ちょっと見出せない。ところが、歴史の皮肉というのであろうか、このなかば無視された一九世紀の考え方が、二〇世紀の二〇年代および三〇年代になって、国際政治という特殊な分野に再びあらわれ、そこで新しいユートピア的殿堂の礎石となるにいたったのである。それは、一九一四年以後、人びとの精神が、自然に、新しいユートピアを求めてゆき、かの一九世紀の平和と安全との堅固な基盤と見えたものに向って手さぐりでとって返していった事実からもうなずけるであろう。しかし、もっと決定的な要因となったのは、なおまだヴィクトリア朝の全盛期で心になごむベンサム的信条へのヴィクトリア朝流の信頼が最高潮にあったときに、合衆国から受けた影響であった。一世紀前にベンサムが一八世紀の理性説をとりあげて、それを次の時代の要請に対応するよう再構成したが、ここにきてブライト〔John Bright 1811-1889イギリスの自由主義的政治家〕やグラッドストーン〔W. E. Gladstone 1809-1898イギリスの首相〕らの熱烈な讃美者ウッドロー・ウィルソンが、一九世紀の理性主義的信仰を処女地にもひとしい国際政治の土壌に移し植えるべくヨーロッパにたずさえて来て、これに前以上の生気をあたえようとしたのであった。二つの世界大戦の間に生まれた国際政治についての周知の諸理論はほとんどすべて、一九世紀の自由主義思想がアメリカという鏡にうつった反映であった。

　限られた諸国家においてではあるが、一九世紀の自由民主主義は、輝かしい成功をおさめた。それは、このデモクラシーの諸前提が、これらの諸国家の到達していた発展段階と合致したからの成功であった。当時の多数の思索から、この時代の指導的な人物はかれらの求めるところに適応する理論体系を選び出し、意識的にせよ無意識にせよ、自己の実践をその理論にあわせ、あるいは理論を自己の実践にそぐわせていった。功利主義と自由放任《レッセ・フェール》とは、産業および商業の発展に役立ち、交互にこの発展を導いていった。しかし、一九世紀の自由民主主義について、その時代およびその関係諸国の経済的発展段階に特有な諸力の均衡の上にきずかれたものとはみないで、これを他の諸関係において適用されても同様の結果を生みうる一定の演繹的な理性的諸原理にもとづくものであるとするのは、本質的にユートピア的な考え方であった。ウィルソンに動かされて、第一次大戦後の世界が奉じたのは、この見解であった。自由民主主義の諸理論が、一九世紀における西欧の国々とは、その発展段階においても実際の要請についても全く異なる時期と国々とに、全く知的な手順で植え替えられたのである。そこに必然的にあらわれた結果は、不毛と幻滅とであった。理性主義は、ユートピアをつくりだすことはできるが、ユートピアを現実のものとすることはできない。一九一九年の平和確立によって世界中にひろまった自由民主主義は、抽象的理論の所産であって、大地に根をおろしたものではなく、すぐに萎縮してしまったのである。

第三節　理性主義と国際連盟

国際政治にかかわるこの一面的な主知主義の影響をうけた機構のうち、最も重要なものは、国際連盟であった。国際連盟は、「ロック的自由主義の諸原理を国際秩序のための機関を設立するうえに適用しよう」と努めるものであった。(9) スマッツ将軍はつぎのようにみた、「国際連盟規約は……われわれ人間の進歩によって達せられた最大の成果の一つである自由民主主義社会への見通しを、世界的な問題の中にもちこんだものにほかならない(10)」と。しかし、民主的な理性主義を国家的領域から国際的領域へこのように移し植えることは、予想以上の困難をともなった。経験主義者は、具体的な事態をその個々の特性にもとづいてとりあつかう。理性主義者はこれを抽象的な一般原則に委ねる。およそ社会秩序というのは、広範囲にわたる標準化したがって抽象化を意味するものであるから、共同体の成員がおのおのちがった準則をとることはゆるされない。このような標準化は、ある普遍的な型に多少の差はあれ適応してくれる数百万の人びとから成る共同体では、比較的容易に行われるであろう。しかし、領土の広さ、国力、さらに政治・経済・文化の発展などにおいて、かなり異なっている六十にものぼる国々に、この標準を適用するなら、それはつきることのない紛糾の種となろう。国際連盟は、理性的な基盤を標準として、これにもとづいて国際的政治問題を処理しようとする最初の大規模な試みであるから、とりわけ、このような困難に当面するおそれがあった。

国際連盟の創唱者たちのなかには政治的経験も政治的知性もそなえた人たちもいたから、

抽象的な完璧ということの危険性を実際には承知していたはずである。一九一九年に出た連盟規約に関するイギリスの公式註解にはつぎのようにある、「現在の政治的事実を容認することが、委員会の活動の拠るべき原則の一つである」[11]と。このように政治的現実を考慮に入れようとすることこそ、連盟規約を、それまでの世界組織についての紙上の設計とは異なるものとした。さらに、それは国際警察隊とかブリアン＝ケロッグ協定とかヨーロッパ合衆国などという全くユートピア的な計画とも趣を異にしていた。ただ、この連盟規約がもつ長所にも、いくらかの理論的欠陥はあった。全加盟国を平等に遇するという趣旨であったが、大国には連盟理事会における恒久的多数〔大国は常任理事国として理事会の過半数をつねに占めた〕を保障した。[12]規約は、戦争を全く禁止しようとするのではなく、ただ戦争に訴えることが合法的であるとされる場合を限定しようとするものであった。規約違反に対して制裁を加えるという加盟国に課せられた義務は、曖昧なものであることをまぬがれなかった。この曖昧さは、一九二一年の総会で行われた一連の「解釈的」決議によって、目立たないだけさらにひどくなった。規約第一〇条の領土保障についての融通性のない規定は、一九二三年の総会でほとんど全会一致を獲得した決議によって緩和された。こうしてしばらくの間の連盟は、あたかもユートピアとリアリティとの実際的な妥協を達成し、国際政治の有効な手段となるかにみえた。

　不幸なことに、最も影響力のあるヨーロッパの政治家たちが、国際連盟の命運がきまる形成期の間を通じて、この機構への配慮をなおざりにしていたのであった。抽象的な理性主義が支配的となり、さらに一九二二年ごろからは、ジュネーヴの風潮がユートピア的方向に強く進んだ。[13] 鋭敏な批評家が述べたように、「ジュネーヴにあっても各国の外務省においても、諸事件について、さらに都合のよいことには諸情勢について入念に分類された一種の索引カードがそなえてあって、その事件が起り情勢が現われると、連盟理事会のメンバーや外務大臣は、容易に、それと認めた事件や情勢について、索引を繰り、適切な対策が記してある綴り込みに教えられるというしくみになっている[14]」ことが信じられるほどであった。機構を完備し、手続きの標準を定め、あらゆる戦争に対して絶対的拒否権を行使することによって連盟規約中の「穴」をふさぎ、制裁の適用を「自動的」なものとするなどに多大の努力がはらわれた。相互援助条約草案、ジュネーヴ議定書、一般条約、ブリアン＝ケロッグ協定を連盟規約の中に入れてしまおうとする計画、および「侵略者の定義」などは、すべて理性主義化への危険途上に立つ里程標であった。ジュネーヴにおいてこの時期に用意されたこれらのユートピア風料理が、重立った関係国政府のほとんどにとって、口にあわないものであったという事実こそ、理論と実際とが、しだいに分離しつつある徴候であった。

連盟関係で一般にやりとりされる言葉にも、抽象的な概括をえらんで、具体的なものをつとめて回避しようとする傾向にすすみつつあることがうかがわれた。相互援助条約草案が世界の他の部分の参加をまたないでヨーロッパにおいて実施できるような手はずが望まれたとき、この条約が「諸大陸によって」実施せられるという一条項——ヨーロッパ以外の大陸にとっては道化芝居じみたものでしかない但し書――が挿入せられたのであった。連盟規約上の用語が、実際に使用されるようになり、ジュネーヴ駐在の代表者やあらゆる他の地の連盟支持者たちの通貨として役立ったが、同時にそれがたえず繰り返されているうちにやがて現実から全く浮いてしまったのであった。一九三二年にチャーチル氏はつぎのように言っている、「政治家たちが用いている言葉の性質と多数の国家で現実に起こっている事態との間に、今日ほど大きい溝があった時代は過去になかった」と。[15]一九三五年のフランス＝ソヴィエト相互援助条約〔これを機にナチ・ドイツは自衛のためと称してラインラントに進撃〕は、ドイツに対する防禦同盟であったが、それは一般的に適用される文書と読めるように起草されており、「集団保障」原理の輝かしい例証であるとされた。イギリス下院の一議員は、一九三六年六月における制裁に関する討議において、イタリアと一戦を試みようとするのかと問われて、「侵略国に対し連盟規約を強行することから当然に生じるあらゆる結果」に対処する覚悟であると答えている。[16]以上あげたように、言葉の上で事がゆがめられたという事実が、抽象的理性の世界と政治的現実の世界とを、しばしば区別できなくしたのであった。バートランド・ラッセル氏は「形而上学者は、未開人のように、言葉と事柄との間に魔術的連関を心に描く傾向がある」と言っている。[17]ジュネーヴの形而上学者たちは、戦争を禁止しようという巧妙な字句の集りが、戦争そのものを防止する障壁ではないことを、容易に信じられなかったのである。一九二四年の総会に、ジュネーヴ議定書を提案したベネシュ氏は言った、「われわれの目的は、戦争を不可能ならしめること、戦争の息の根をとめ戦争を根絶することにある。このためには、われわれは一つの組織をつくらねばならない(18)」と。議定書がそこにいう「組織」であった。このような思いあがった態度は、復讐の女神を立ち上がらせるのがおちであった。すでに連盟関係者のなかで、救済策が完備された索引カードに求められるとされたり、国際政治の無軌道な流れを一九世紀の自由民主主義の原理に貫かれた論理的には隙のない一連の抽象的公式の中に導き入れることができるなどと信じられるようになっていたとき、実行力のある政治的機関としての国際連盟の終末が見えてきていたのであった。

第四節　世論の理想化

世論への自由民主主義的な信念を、国際的分野に移し植えようとした試みには、なんらこれという幸運もひらけなかった。そのうえこの分野で、それは二重の誤信となった。世論への一九世紀の信仰は、つぎの二つの信条を含んでいたからである。第一に(そして民主主義国家では、これはいくつかの条件つきで真実であるが)、世論は結局は勝つべきものであるということであり、第二に(ベンサム派の見解であったが)、世論はつねに正しい、ということである。これら二つの信条はかならずしも明確に区別されないのであるが、それらをともに、国際政治の分野では無批判に再生させることになったのである。

国際社会において世論を一つの力としてよびおこそうとする最初の試みは、アメリカ合衆国において行われた。一九〇九年に大統領タフトは、国際紛争のために強制仲裁を必要とするとして、合衆国と他の諸大国との間の条約締結の提案を行った。これに対して仲裁裁判所の判決はどのように執行されるのかという質問が出されたが、タフトはきわめて気軽にこの問題をとりあつかった。彼は、合衆国のような民主国家では判決を強制すればかならず特殊のむつかしい問題が起るということに気づかず、この面に関して彼が「まったく無関心」であることを自ら明言した。「われわれが事件を裁判所へ持ち込み、裁判所の厳粛な宣告で判決が下されれば、国際的世論の非難を問題にしない国はないから、その判決には大部分の国家は従うであろう」[19]というわけである。世論は、民主主義国家におけるように、勝つべきものとされているのであり、さらに、世論はベンサム派が言ったように「つねに正しい側につくもの」と期待されているのである。しかし合衆国上院は、大統領の提案をしりぞけたので、「国際的世論」をためしてみる機会は得られなかった。四年の後、ウィルソンの最初の国務長官ブライアンが、さらに一歩すすんだ条約案をもって登場した。ブライアン案では、仲裁 arbitration は調停 conciliation ということになっていた。この条約の最も新規で重要な特徴は、当事国は紛争がはじまって十二カ月を経過しないうちは戦争に訴えてはならないという条項にあった。激しているときには、人は理性の声に耳を貸そうとはしないであろう、というのがブライアン条約の立場であったようである。そこで、時をずらせると、激情はしずまり、理性が国際的世論の形を借りてその強制力をとりもどすであろう、というわけである。このような条約が実際に、合衆国と他の強国との間にいくつか結ばれた――そのあるものは、皮肉にも第一次大戦の勃発時に結ばれているのである。一九一四年の一〇月、ウィルソンはこれらの条約について語った、「その心髄は、すべて紛争が起った場合、およそ何らの手も打たないままで一年間は、問題をあかるみにさらしておくことにある。わたくしの見とおしでは、問題を一年間も明るみに出しておけば、そのうちに、何らかの手を打つという必要もなくなるだろうと思われる、また、事態が判明すれば、どちらが正しくて、どちらがあやまっているのかがはっきりしてくると思う[20]」と。

人民の声を通して表明される理性の強制力を信じるということは、とりわけウィルソンの性格に合うことであった。ウィルソンが、ニュー・ジャージー州知事候補として一九一〇年に政界に打って出たとき、彼の選挙運動は政治ボスに対抗して、「人民」に訴えるという建前に立った。そのばあい彼は、相当数の人びとに向って話しかけることができるなら人びとは自分についてくるであろう、という神秘的な信念を披瀝している。選挙戦の結果は、彼に、自己の口を通して語られる理性の声の力をますます確信させることになった。彼は、全能の世論に従ってはたらく理性の説得力によって、行政にあたろうとした。「ボスたちが阻んだとしても人民に訴えることだけはすべきであった。……人民は、高いもの、正しいもの、真実のものを求めていた[21]」。

アメリカの参戦は、民衆の判断を正しいとするウィルソンの信念を修正させることにはならなかった。ウィルソンは、将来の平和の諸条件について論じた演説で、つぎのようにその方針をあきらかにした。

この大戦の特異性はつぎの点にある。一方で政治家は彼らの目的を明確にしようとしてあれこれ工夫をしているようで、時には彼らの立場や観点を変えるかにみえるときもあるが、他方、政治家に教えられ導かれるべき大衆の考えは、しだいにくもりが払われてゆき、政治家たちが得ようとして戦いつつあるものが何であるかをしだいに確実につかみつつあるということである。諸国家それぞれの目的はしだいに背後に退いてしまった。そして啓発された人類の共通の目的が、それら諸国家の目的にとって代った。素朴な人びとの助言は、わるずれのした実務家のよりもすべての面で単純率直であり、まとまったものとなってきた。実務家の方はなおまだ自分たちが権力競技をやり、大きな賭をやっているという気持からぬけきらないのである。これらのことが今回の戦争を人民の戦争であって政治家のそれではないと私が述べる理由である。政治家たちは、このはっきりと示された共通の考えに従わなければならない。そうでなければ破滅するしかないのである。(22)

「講和会議が人類の意見にしたがって準備され、会議の指導的人物たちの意志というよりもむしろ人民の意志を表明すべく開かれるのでなければ、われわれは、いまいちど世界の崩壊にまき込まれなければならないだろう」、とウィルソンはパリへの途上で語った。[23]

このような考えが、講和会議の動きに際立った役割を果したのであった。イタリア代表が、フューメ〔アドリア海北東岸の港〕およびアドリア海岸を執拗に要求する態度を示したときにも、ウィルソンは、イタリアの「指導者たち」に対抗してもイタリアの「国民」に向って訴えることができるなら、（ニュー・ジャージーの選挙の際のように）相当な国民に対して十分に語ることができるなら理性の声はまちがいなく勝利を得ると確信していた。イタリア国民へのコミュニケ、そしてイタリア代表のパリ引揚げは、この確信のもたらしたものであった。軍備縮小の問題が同じ精神でとりあつかわれた。ひとたび敵国の軍備を強制的に縮小せしめた以上、連合国の軍縮も、世論を通して語られる理性の声に信頼して、それを期待できるというのである。ウィルソンもロイド・ジョージ氏も、ともに「ドイツの軍隊が制限されるとするなら、フランスはこの先蹤に従わなければならないだろう、フランスがあのような条件のもとで膨大な軍隊を維持することはできないはずだと感じていた」。[24] そこで、だれかが話をさえぎって、いったいいかなる強制によってフランスは軍備を縮小することになるのかとたずねたとするなら、それはただ、世論の理性的な力に求めるしかほかにないというわけであった。とりわけ重要であるのは、国際連盟という考えが全体として、はじめから、世論は勝利を得べきものである、世論は理性の声である、という一対の信念とかたく結ばれていたことである。「公に結ばれた公の約束」が規準とされるなら、素朴な一般の人びとは、その規準が最高の道義である理性の要求と合致する内容であると見て安心できたのである。新しい秩序は、政府間の「自国本位と妥協との産物である約束」の上にきずかれるものではなくて、「世界のいたるところにいる素朴な一般の人びと、何らの特権ももたず、きわめて簡単明瞭に正邪の判断を下す人びとの考えを基盤とするものでなければならない[25]」。新しい秩序は、「人類の組織された意見によって支えられ」なければならないのであった。[26]

物的制裁という厄介な問題には、アメリカ側はしぶしぶに近づいていったのであって、そのことはイギリスもほとんど同様であった。タフト同様、アングロ＝サクソンの世論は、問題のこの面について「ほとんど無関心」であった。というのも、制裁の必要性を認めることは、それ自体、理性的な世論の効能を強調するユートピア的理論の資格を傷つけるものだったからである。国際連盟の全会一致の決定が無視されるなどというのは考えられないことであった。たとえ運わるく全会一致の決定が得られなかったとしても、「多数決による報告が発表されるだろう。そうすると……これは、世界の世論という重さをもつものとされることになろう[27]」と、パリにおける会議中セシル卿は言った。イギリスの連盟規約の公式註解もこれと同じ見解を示していた。

国際連盟は、結局、その加盟国家の自由な同意に依存する立場をまもらなければならない。この考えは、連盟規約のほとんどの条項に明示されている。このことにかかわる最大のかつ最も有効な制裁は、文明世界の世論でなければならない。もし将来の諸国民が一般に利己的で強欲で好戦的であるとするならば、どのような手段や機関によっても、彼らを抑制することはできないであろう。平和的な協力を容易にし、したがってそれを慣習的なものにまでするような機関を設立すること、そして、世論を形成する慣習の影響力を信頼すること、これのみがなされ得ることである。

制裁についての規定は、なかば弁解的に、そして慰めの添え書きの形で片づけられたのであった。

圧力をかける上のさして重要でないものは、和解手続きに規定されている公の機関にはとりあげられないであろう。国際的な紛争の起因となった不明瞭な争点が明るみにさらされて、それによって真相を知らされた世論が形成されることになるのである[28]。

イギリス下院がヴェルサイユ条約の批准を討議した際、セシル卿は連盟規約の主な説明者であった。——彼はつぎのように下院で説明した——

およそのところ、なにか超国家的な存在にたよろうという企図があるわけではない。連盟理事会ないし総会の決議を遂行するのに実力にたよろうとする考えがあるわけでもない。そのようなことは、現在の情勢下ではほとんど実行不可能なことである。われわれが依存するのは世論である。……そして、もしわれわれがこのことについてあやまっているとするならば、その場合、およそすべての事柄があやまっていることになる[29]。

一九二三年の英帝国会議で連盟問題を述べたセシル卿は、つぎのように説明した、「その方法は、強制的統治の方法……ではない。それは同意の方法であり、その執行手段は実力ではなくして世論である」[30]と。こうして、第一回の連盟総会が開かれたとき、イギリス代表としてセシル卿は演壇から同じ哲学を述べた。

まことに、国際連盟の用いうる最も有力な武器は、経済的なそれではなく、軍事的なそれでもない。また、そのほかいかなる物質的な力をもつ武器でもさらさらないのが真実である。われわれが有する最も強力な武器はまさに、世論という武器である。[31]

どちらかといえば懐疑的で純粋さの感じられないバルフォアですら、一九二一年のワシントン協定に制裁が欠けているのを説明して、つぎのように言っている、「この恩寵の年に、われわれがワシントンでとった集団的行動から、いずれかの国家が今後故意に離れてゆくなら、その国は世界中の非難の矢面に立つことになろう」[32]と。そして、このような非難が効果を発揮するだろうというのが、自由民主主義の前提の一つであった。しかし、世論がきわめて重要な武器であるとする議論は、両刃をそなえている。一九三二年、満洲の危機に際し、豊かな才能の人ジョン・サイモン卿は、この武器をいかなる他の行動も不必要であることを説明するのに用いた。彼はつぎのように下院で言った、「世論が、すなわち世界の意見が十分に合致して断乎たる道徳的非難を表明するなら、制裁ということは必要でなくなる」[33]と。ベンサム流の考え方とウィルソン流の考え方との前提を認めるなら、この解答は論駁できないものであった。もし世論が日本を抑制することができなかったとするなら、その場合は——セシル卿が一九一九年に言ったように――「およそすべての事柄があやまっている」のだからである。

第五節 ユートピアニズムの強敵

国際政治の領域においてユートピアニズムへの強敵がむしろ突然に現われた。一九三〇年の九月、コロンビア大学の総長ニコラス・マレイ・バトラー博士は、「つぎの世代にはコブデン〔Richard Cobden 1804-1865 イギリスの政治家・政治経済学者、自由貿易および平和の主唱者〕の唱えた原則と見解とに対して尊重の念が高まりつづけ、それらの原則を政府の政策の上に実現させようとする一段と広範囲な努力が着実に重ねられてゆくだろうという否定しがたい予言」をおこなっている。[34] 一九三一年の九月一〇日、セシル卿は国際連盟総会でつぎのように語った、「戦争が現在におけるほど起りそうにない時期は、世界の歴史においてなかったといえよう」[35]と。だが一九三一年の九月一八日、日本が満洲で戦端を開いた。そしてつぎの月には、自由貿易の原則を固守しつづけていた最後の重要国家が、一般的関税を採用する方向に第一歩をすすめたのである。

この時を契機とするその後の事態の急激な継起は、およそ慎重な思索者にとって、現実からの遊離がしだいにあらわになりつつある諸前提についての再検討を迫るものであった。満洲の危機は、タフトや彼につづくきわめて多数の人びとがよびかけた「国際的世論の非難」

が一茎の傷める葦でしかなかったことを教えるものであった。合衆国にとっては、このような結論を出すことは全く不本意であった。一九三二年に、アメリカの国務長官はなお慎重に「世論の制裁は、世界の最も強力な制裁の一つとすることができるものである」[36]と主張している。一九三八年の九月には、大統領ルーズヴェルトが、合衆国政府は「世論の道義的力」を信ずるという立場から、チェコ＝スロヴァキアの危機に介入する方針をたてた。[37]さらに一九三九年の四月、コーデル・ハル氏は「世論、すなわち平和のための最も強力なものが、ますますつよく世界中にのびひろがりつつある」という確信を発表した。[38]しかし、国際的な危機の脅威に直接にさらされていた国々においては、そのような気やすめな考えはもはや多くの支持を得られなかった。そしてアメリカの政治家たちがこの考え方を持ちつづけていることとは、アメリカがより強力な武器に訴えるのをいやがっているしるしだとみなされた。すでに一九三二年に、チャーチル氏は、この使い古した信条を保持することに対して、「辛抱づよい底ぬけのおひとよし」として、国際連盟協会〔The League of Nations Union 一九一五年イギリスに The League of Nations Society が設立され、連盟国間の紛議を、仲裁裁判または調停理事会の審議により解決しようとした。一九一八年に The League of Nations Association が成立した。両者を合して、この連合会が生れた〕をなじった。[39]まもなく、かつては連盟の「物的」武器をそれほど重要でないと強調していた知識人のグループが、国際秩序の必要な礎石として経済的および軍事的制裁を声を大に主張しはじめた。ドイツがオーストリアを併合したとき、セシル卿は憤然として、首相は「物的強制力を行使することを不可としているが、連盟が〈制裁〉を行うなどもってのほかで、道義的説得力を示すにとどまるべきだとする[40]」のかとつめよった。しかしチェンバレン首相としては、彼が事実そのような考えをもっていたとしても、それはかつてのセシル卿の言葉から自分が学んだものなのだと応答すれば足りるとしたであろう。

　これに加えて、懐疑主義の立場から、世論は勝つにきまっているという前提にだけでなく、世論は確かに正しいものであるという前提にも攻撃が行われたのであった。平和会議において、政治家たちは彼らの要求事項について、彼らが代表していることになっている世論よりも、理性的で中正と考える態度をとることが時にはあった。ウィルソンその人ですら、理性は「世界中いたるところの純真な人びと」に訴えることによって勝利を得ることになるはずだという彼のいつもの題目と、まさしく矛盾する議論を、一度用いたのであった――もちろん、全く真面目にである。平和会議の国際連盟委員会において、日本代表が人種平等の問題を提起したが、ウィルソン大統領はつぎのような反問を投げた。「この静かな部屋の中で、人種平等について理非を論じてみても、部屋の外に出てしまえば、問題にならないであろうのに、どうしてそんなことを[41]」と。その後の歴史には、このような現象の例が多くみられた。ジュネーヴおよびその他の地の政治家たちは、自分たちは理性的であることをつねに心掛けているのだが、なにぶん自国の世論が容赦のないものであるから、と弁明するのが彼らの常套手段となっていた。もっとも、このような弁解は、時にはかこつけであり、駈引きのたくみな術策でもあったが、その底には、しばしば現実《リアリティ》の堅牢な地盤があってのことである。

世論の勢威は、この動向に応じて凋落した。国際連盟協会の著名な支持者が先年書いたものに「調停者、仲裁者、警察官、裁判官などが、あるいは憤慨しあるいは喝采を送っている群衆に取り囲まれていたところで何のたすけにもならない」と述べている。(42) ウッドロー・ウィルソンのいわゆる「世界中の純真な人びと」、「啓発された人類が共通にもっている目的」を代弁する人びとが、ともかく、支離滅裂な無益な騒ぎをやる秩序のない衆愚におちいってしまったのである。国際的な事態において、世論は、無力であるとともにしばしば頑迷であることは否定できないようである。しかし、一九一九年の諸前提が、つぎつぎに崩れ去りつつあった際にも、ユートピア派の指導的知識人は彼らの銃をはなさなかった。そしてイギリスとアメリカとにおいては、――フランスではそれほどでもなかったが――理論と実際との間隙がおどろくほど大きいものとなっていた。書斎で国際問題を研究している人びとの間では、政治分野においても経済分野においても、いかなる政策が遂行さるべきであるかについては一致していた。だが、多数の国家の政府は、この助言に対して、ある意味では全く正反対の行動をとり、しかもその行動への世論の確認を選挙場裡でうけるという有様であった。

第六節　診断の問題

このような破局にあっては、明確な説明はおよそ求むべくもない。共産主義インターナシヨナルのすぐれた一史家はつぎのように言っている。その組織の歴史において、「あらゆる失敗――客観的失敗でなく、リアリティがユートピアを伴い得なかったこと――は、すべて裏切りのためである」[43]と。この原理は、ひろく適用されるものであり、人間性の深い根源にふれている。失意のユートピアンによって、多くの国の政治家が国際秩序の破壊者としてさらしものにされてきた。この単純な擬人論的説明の背後を探ろうとしたユートピア派の二、三の人たちは、問題について二つの診断をひき出して、そのいずれをとるかに悩んだ。人類がその国際関係において理性の善とするものに到達し得ないことが明らかとすれば、それは、人類があまりに愚かであるために、この善を理解することができないでいるゆえか、それとも、あまりに邪悪であるために、この善を求めようとしなかったのか、と。ジンマーン教授は、愚鈍とする説をとって、バックルとノーマン・エンジェル卿との議論をほとんど一語一語くり返している。

われわれの進路によこたわる障害は……道徳の分野にあるものではなくて、知識のそれに属するのである。……人びとが世界社会的な意識をもつように教育されることができないのは、人びとが友好的でないためではない。それは彼らが――正直に言うなら「われわれ」が――保守的な気質と限られた理知とをもつ存在だからである。

一つの世界秩序をうちたてようとする試みがいままで失敗したのは、「誇りや野心や貪欲」のためではなくて、「混乱した思考」のゆえである[44]、というのである。他方、トインビー教授は、挫折の原因を人間性の邪悪さにあるとする。「国際問題調査」年報の一冊のなかで、彼は、イタリアの「積極的で強引かつ侵略的な自己本位」、イギリスとフランスの「消極的で弱気かつ臆病な自己本位」、全体としての西欧キリスト教圏の「さもしい」犯罪などをそれぞれ非難し、さらには、アビシニアをのぞく国際連盟諸国家の「貪欲」ないし「臆病」を(そのいずれを各国がえらぶかは自由であるとして)非難し、同時にアメリカ人の態度について「むしろ、あげ足とりでつむじ曲り」にほかならないとしている。(45) 論者のなかには、愚鈍と邪悪とをあわせたもののせいにした人もいた。国際問題にかかわる大方の批評は、ユートピア的処方箋にしたがうことを拒否するリアリティを、いつも嘲弄することによって、退屈で効果のない言説になっていた。

これらの説明にうかがわれる単純さは、国際的危機のかもす緊張性と複雑性とに比して、おろかしいほど釣り合いのとれないように思えた。(46) 普通の人がうけた印象は、一九三八年四月におけるアンソニー・イーデン氏の言葉の中に読みとられるが、この方は的を衝いたものであった。

われわれは、襲い来ったがやがて過ぎゆくであろうヨーロッパのある危機の中にまき込まれているのだなどと考えるのはまったく無意味である。われわれがまき込まれているのは、全世界をおおっている人類の危機の中である。われわれは歴史上の偉大なる時期に生きているのであって、この時代のになっている責務と、その後世にあたえる結果とを思うとき、粛然として襟を正さなければならない。巨大な力が野放しになっている――ハリケーンの猛威がである。[47]

トインビー教授が確信するような、とりわけ邪悪な時代にわれわれが生きてきたというわけではない。ジンマーン教授が言うような、とくに愚鈍な時代にわれわれが生きているということでもない。ラウターパハト教授がもっと楽観的に言っているように、われわれが経験しているのが「退化への過渡期」[48]で、われわれの思考がこれに不当に影響されるままになっていてはならないということも、真実とは言えない。われわれがみたのは、国際連盟の失敗ではなくて連盟を活動させ得なかった人びとのおかした誤謬にほかならないという弁解も、無意味な遁辞である。

一九三〇年代の挫折は、われわれに抗しがたく迫るものであったのであり、単に、個人がどうしたとかどうしなかったからということで説明できるものではなかった。その来襲が、それまでの支えとなっていた諸前提を一気に破壊してしまったのである。一九世紀の信念は、その基盤から疑われることになった。愚かなために、あるいは邪悪なために、人びとは正しい原理を適用し得なかったというのではなく、原理そのものがまちがっていたか、適用できないものであったかだ、ということになる。人びとが国際政治について正しく理性をはたらかすなら彼らはまた正しく行動することになろうとか、自己のあるいは自国の利益について正しく理性をはたらかすことが国際的楽園への道であるなどということが真実ではないとわかってくる。一九世紀的自由主義の考え方が、実際には支持され得ないものであるとすれば、国際関係理論家のユートピアが、現実にほとんど影響を与え得なかったのは、おどろくに足りないことである。しかし、それらの考え方が今日もはや支持しえないものであっても、なぜこの考えが一九世紀にあのように広く容認され、あのような輝かしい成果をもたらしたのか、その理由を、われわれとしても明らかにしておくべきであろう。

(1)　これは、過去三世紀のあいだ支配的な存在であり、今なお(その勢力は弱まりつつあるかにみえるとはいえ)英語国家でひろく支持されているユートピアニズムの形態であるが、個人主義と理性主義とがユートピア思想に必ず含まれる属性であると主張することは軽率であろう。ファシズムは、反個人主義的でありかつ非理性的であるユートピアニズムの諸要素を含んでいる。これらの性質は、すでに、レーニン主義の――おそらくはまさにマルクス主義の――ユートピア的な面に潜在していたのである。

(2)　ベンサム、全集第一巻 Bentham, *Works*, ed. Bowring, i. p. 31.

(3)　ベンサム、全集第八巻 *ibid.*, viii. p. 561.

(4)　ジェイムズ・ミル『新聞の自由』James Mill, *The Liberty of the Press*, pp. 22-3.

(5)　J・S・ビュアリイ『進歩の理念』J. S. Bury, *The Idea of Progress*, p. 131.

(6)　コント『実証哲学』Comte, *Cours de Philosophie Positive*, Lecture LXI.

(7)　バックル『文明史』Buckle, *History of Civilisation* (World's Classics ed.), i. pp. 151-2.

(8)　エンジェル『国際政治体制の基盤』Angell, *Foundations of International Polity*, p. 224 におけ

る引用。内在的証拠からして、本文はノーマン・エンジェル卿みずからの筆になるものであることがうかがわれる。

(9) J・P・メイヤー『政治思想』中のR・H・S・クロスマン。R. H. S. Crossman in J. P. Mayer, *Political Thought*, p. 202.

(10) ジュネーヴ、ラジオ＝ネイションズからの新年前夜放送。*The Times*, January 1, 1938.

(11) 国際連盟規約およびその註解、Cmd. 151 (1919), p. 12. その後数年して英政府は言う、「規約の最大の強味は、史上比類のない、したがって、前もって全く予見のできないような将来の偶発事を処理することに関して、規約が理事会および総会にみとめる自由裁量の処置にある」と(*League of Nations : Official Journal*, May, 1928, p. 703)。

(12) 合衆国の離脱のために、このバランスが覆り、四大国が四小国と対立することになった。一九二三年以来時々あったことだが、加盟国のその後の増加のために、小国側が恒久的優位に立つようになった。一段と「代議」性をはっきりさせてきた理事会は、その政治的手段としての機能の有効性を多分に喪失した。現実は、抽象的原理の犠牲となった。一九二二年、はじめて加盟問題が起こったとき、賢明なスイス代表が、この結果を予見していたことを、つけ加えておかねばならない(*League of Nations : Third Assembly*, First Committee, pp. 37-8)。

(13) 奇妙な皮肉で、この展開はアメリカの知識人グループによって大いに助長されたのであった。ヨーロッパの熱心な支持者のなかには、この展開過程にしたがってゆくことによって、アメリカの世論をなだめることになろうと考えたものもいた。知識人の理論と政府の実践との分離は、イギリスでは一九三二年以降に展開したのであるが、アメリカでは一九一九年にはじまっていたのである。

（14）　J・フィッシャー＝ウィリアムス『国際連盟規約に関する若干の見解』J. Fischer-Williams, *Some Aspects of the Covenant of the League of Nations*, p. 238.

（15）　ウィンストン・チャーチル『軍備と連盟規約』Winston Churchill, *Arms and the Covenant*, p. 43.

（16）　トインビー『国際問題調査』Toynbee, *Survey of International Affairs, 1935*, ii. p. 448 における引用文。

（17）　B. Russell in *Atlantic Monthly*, clix. (February, 1937), p. 155.

（18）　*League of Nations : Fifth Assembly*, p. 497.

（19）　W・タフト『合衆国と平和』W. Taft, *The United States and Peace*, p. 150.

（20）　ウッドロー・ウィルソンの公文書――『新民主主義』(R・S・ベイカー編) *The New Democracy*, ed. R. S. Baker, i. p. 206.

（21）　R・S・ベイカー『ウッドロー・ウィルソン』R. S. Baker, *Woodrow Wilson : Life and Letters*, iii. p. 173.

（22）　ウッドロー・ウィルソンの公文書――『戦争と平和』*War and Peace*, ed. R. S. Baker, i. p. 259.

（23）　*Intimate Papers of Colonel House*, ed. C. Seymour, iv. p. 291.

（24）　D・ロイド・ジョージ『条約の真相』D. Lloyd George, *The Truth about the Treaties*, i. p. 187.

（25）　*The Public Papers of Woodrow Wilson : War and Peace*, ed. R. S. Baker, i. p. 133.

（26）　*Ibid*., i. p. 234.

（27）　ミラー『連盟規約の草案』Miller, *The Drafting of the Covenant*, ii. p. 64.

（28）『註解国際連盟規約』*The Covenant of the League of Nations with a Commentary Thereon*, Cmd. 151, pp. 12, 16.

（29）一九一九年七月二一日下院，*Official Report*, cols. 990, 992.

（30）「一九二三年帝国会議」Cmd. 1987, p. 44.

（31）*League of Nations: First Assembly*, p. 395.

（32）ジンマーン『国際連盟と法の支配』Zimmern, *The League of Nations and the Rule of Law*, p. 399 における引用文。

（33）一九三二年三月十二日下院，*Official Report*, col. 923.

（34）N・M・バトラー『平和への道』N. M. Butler, *The Path to Peace*, p. xii.

（35）*League of Nations: Twelfth Assembly*, p. 59.

（36）一九三二年八月八日外交委員会でのスチムソン氏（ニューヨーク・タイムズ，一九三二年八月九日）。

（37）「この政府が信じるように，世論の道徳的力を信頼して……」(Sumner Welles in *State Department Press Releases*, October 8, 1938, p. 237)。

（38）タイムズ，一九三九年四月一八日。

（39）ウィンストン・チャーチル『軍備と連盟規約』*Arms and the Covenant*, p. 36.

（40）*Daily Telegraph*, March 24, 1938.

（41）ミラー『連盟規約の草案』ii. p. 701.

（42）Lord Allen of Hurtwood, *The Times*, May 30, 1938.

(43)　F・ボルケナウ『共産主義インターナショナール』F. Borkenau, *The Communist International*, p. 179.

(44)　『中立と集団保障』*Neutrality and Collective Security* (Harris Foundation Lectures : Chicago, 1936), pp. 8, 18.

(45)　*Survey of International Affairs, 1935*, ii. pp. 2, 89, 96, 219-20, 480.

(46)　現代の一論者が一八世紀フランスの理性主義者について、「彼らの皮相さは単純な問題をひどく誇張することにある」と述べているのと同様である(セイバイン『政治理論史』Sabine, *A History of Political Theory*, p. 551)。

(47)　アンソニー・イーデン『外交問題』Anthony Eden, *Foreign Affairs*, p. 275.

(48)　*International Affairs*, xvii. (September-October 1938), p. 712.

第四章　利益の調和

第一節　ユートピアンによる合成

人びとが一定の行動規準に従わないかぎり、政治社会は国家としても国際的な社会としても存立できない。問題は、なぜ人はそのような規準に従わねばならないのかであり、これが政治哲学の基本問題である。この問題は、民主制においても他の統治形態のもとにおいても、また国際政治であれ国内政治であれ、いずれにあっても根づよく現われる。その理由は、たとえば、〈the greatest good of the greatest number〉(「最大多数の最大福利」)というような方式によれば、自分たちの最大福利を追求できない少数者としては、多数者の福利のためにつくられた規準になぜ従わねばならないのか、理解できないわけだからである。おおまかにいって、この問題に対する答は、二つの部類に分けられる。それは、政治を倫理の機能とみる人びとと、倫理を政治の機能とみなす人びととの間の前章で述べた対立に対応する。

政治に対する倫理の優位を主張する人たちはつぎのように言うであろう。自分たちよりも多数の他の人びとのために、あるいは何らかのことで自分たちよりも受けるべきものを持つ他の人びとのために、自分自身の利益を犠牲にして全体としての共同体のために服従することは、個人の義務である。私利に見出される「善であるもの(good)」は、私利よりも高い目的に対する忠誠と自己犠牲とにふくまれる「善であるもの(good)」にはゆずるべきである。義務とは、正しいことについてのある種の直覚にもとづいているのであって、理性的に論議することで明証できるものではない、と。他方、倫理に対する政治の優位を主張する人びとは、つぎのように言うであろう。支配者は強者だから支配するのであり、被支配者は弱者だから服従するのである、と。この原理は、民主制にも他の統治形態にと同様にそのまま適用することができる。多数は強者であるから支配し、少数は弱者だから従うのである。よく言われることだが、デモクラシーは頭数を割る代りに頭数をかぞえる。しかし、この代りにというのは都合のよい言葉であって、二つの方法の原理は同じである。それゆえ、リアリストは、直覚論者とちがって、なぜ個人が服従すべきかの問題に対しては、完全に理性的な答え方をするのである。個人が服従しなければならないのは、そうしなければ強者が彼を無理にも服従させるだろうからである。それに強制のもたらす結果は、自発的服従の結果より嫌悪されるのである。義務というのは、こうして、力は正義であると認める分別にもとづいた一種のもっともらしい倫理から導きだされる、と。

これら二つの答に対してはともに異論の余地がある。人間の理性が達成した数多くの偉大なものを現にみている近代人としては、理性と義務とが衝突する場合があると信じる気にはなれない。他方、いつの時代の人びとも、義務の理性的な基盤を単純に強者の正義とみる見解には満足できなかった。一八、一九世紀のユートピアニズムの最大の強みの一つであったのは、これら二つの異議に対して同時に立ち向かうことに一見成功したことにあった。倫理の優位を認める立場から出発するユートピアンは、当然に、性質上は倫理的で強者の正義とはかかわりのない義務の存在を信じる。しかし、そのユートピアンはまた、リアリストの立場とはちがった立場からではあるが、共同体のためにつくられた規準に個人が服従すべき義務は理性の立場から正当化されうるとし、さらにまた、最大多数の最大福利は、その最大多数に含まれていない人びとにとっても理性的な目的であると納得することもできたのである。このような合成をユートピアンはつぎのように主張することによって成しとげる。個人の最高の利益と共同体の最高の利益とは自然に合致するものである。個人は自己の利益を追求することにおいて共同体のそれを追求するのであり、共同体の利益を増進することにおいて自分自身のそれを増進するというのである。これが、有名な利益調和の理論である。それは、道徳法則が正しい理性のはたらきによって確立されるという基本的前提からの必然的な論理的帰結である。利益がなんらかの形で最終的には分れることを認めるのは、この基本的前提にとって致命的となろう。したがって、なにか利益の衝突のようなものが起これば、それは計算ちがいの結果だと説明されるしかないのであった。バークは、〔政治行動の正しい原理としての〕便宜主義を定義するのに、「共同体にとって良いことで善であるもの(good)であり、共同体における各個人にとっても良いことで善であるもの」として、暗に上述の両利益合致の理論を認めている。(1) この理論は、一八世紀の理性主義者たちからベンサムに、そしてベンサムからヴィクトリア期のモラリストたちへと手渡された。功利主義哲学者たちは、他人に良いことで善であるもの(good〔福利〕)を増進することが、自動的に自分自身の良いことで善であるもの(good〔福利〕)を増進することになると論じることによって、道義を正当化することができた。正直は最良最善の政策である。もし人びとがあるいは国家が、よこしまな行動に出るとしたら、それは、バックルやノーマン・エンジェル卿やジンマーン教授が考えるように、彼らが知性を欠き、先見の明のない、混乱した頭脳の持ち主だからということになるのである。

第二節　自由放任《レッセ・フェール》の楽園

利益調和の理論が一般化したことは、主として、アダム・スミスが創始した自由放任主義の政治経済学派に帰せられることであった。この学派は、経済問題について国家の統制を漸次に除去してゆくことをめざした。この政策を正当づけるために、まずつぎのような理論を展開した。個人には、外部からの統制を受けなくても、共同体の利益を増進しうることを期待される。それはまさに、共同体の利益が個人自身の利益と合致するからである。このことを論証するのが、『国富論』の主題であった。共同体は、地代によって生活する人びと、賃銀により生活する人びと、および利潤によって生活する人びとに分けられる。そして、「これら三大階級」の利益は、「社会の一般利益と密接不可分に関連して」いる。(2)その調和は、もし当事者たちが、それを意識していないなら、決して現実のものにはならない。個人は、「公益をすすめようと意図するわけでなく、また何程それにあずかっているかを知っているわけでもない。……もっぱら彼自身の利得を大ならしめんとするものである。かくすることによって、彼は、他の場合にもそうであるように、見えざる手に導かれて、彼の思い設けない目的を達するに役に立つのである」。(3)見えざる手、アダム・スミスはおそらく比喩のつもりで言ったのだろうが、それはヴィクトリア期の敬虔な精神には不可解な表現ではなかった。一九世紀のなかば頃、キリスト教知識宣伝協会が発行した一冊子には、つぎのように述べられている。「神の摂理の賢慮と恵み深い手はずによって、人びとがひたすら自分自身の利得を追求する時にも、それが公共のために最大の貢献をすることになるのをみるというのはふしぎなことである」(4)と。同じころ、イギリスの一僧侶が『キリスト教の現世の利益解説』という書物を書いた。利益の調和は、道義のために堅実な理性的地盤をあたえたのである。隣人を愛することは、自己を愛するうえのきわめて啓発された方法であるということになった。近くは一九三〇年にヘンリー・フォード氏が書いている、「われわれは現在、およそ経済的に正しいことは、また道徳的に正しい、ということを知っている。よき経済とよき道徳との間に矛盾があるはずはない」と。[5]

利益の一般的で基本的な調和という仮説は、一見きわめて逆説的であるので、慎重に検討されなければならない。アダム・スミスが、この推定を述べた形式は、一八世紀の経済構造には的確にあてはまるものであった。それは、無制限な機動性と適応性とをもつ生産と交換とを最大限度に拡大することに利益を見出しながら富の分配問題には無関心な、小生産者と商人との社会を考えていたのである。それらの条件は、生産がまだ高度に特殊化されていず、生産のための固定設備に投資することを必要としなかった時代には、実際に充たされた。また、富の最大限の生産よりも富の適当な分配に自分たちの利益を見出す階層が、まだとるに足りない勢力しかもっていなかった時代には、それでよかった。ところが、ふしぎな符合というか、『国富論』が公刊された年は、またワットが蒸気機関を発明した年でもあった。こうして、自由放任の理論が古典的な形で叙述されつつあったまさにその時に、この理論の立つ前提はこの発明で覆されることになる。高度に特殊化された機動性のない巨大産業と、生産によりも分配に、より多くの利害関係をもつ多数の強力なプロレタリアートとが、やがて生み出されることになるからである。ひとたび、産業資本主義と階級組織とが社会構造として認められるようになると、利益調和の理論は新しい意義をもつにいたり、後述するように、自分たちの利益を全体としての共同体の利益と同一視する立場を強調することによって、自己の優位を確保することに腐心する最も有力な団体のイデオロギーとなった。[6]

しかし、このような変化が実際に行われたのは、そしてまたこの理論が存続し得たのは、ただ一つの環境に対してのことでしかなかった。利益調和の信念が存続したのは、『国富論』の公刊と蒸気機関の発明とにつづく百年を特色づけた生産と人口と富との比類のない膨脹によって可能であったのである。この繁栄の伸展にそって、利益調和の理論は三つの異なる方法で一般化された。繁栄にともなって、新しい市場が絶えず利益をもたらしつつあったので、この理論は生産者間の市場獲得の競争を緩和し、公正な分配を何よりも重要視して、めぐまれない階級の人びとをも、この一般的な繁栄に、いくらかはあずからせるまでにしたために、階級問題の台頭をおくらせることになった。さらに、現在および将来の福祉に対する確信感を抱かせることによって、この理論は、人びとを活気づけて、世界は利益の自然的調和というようなきわめて理性的なプランにもとづいて秩序づけられているとの信念をもたせた。「半世紀にわたって、資本主義をあたかもそれが自由なユートピアであるかのように活動させたものは、需要の分野がつぎつぎに拡大されたことであった(7)」。市場が無限に拡大することを暗に前提とするのが、利益調和の想定がよって立つ基盤なのであった。マンハイム博士が述べているように、交通整理は車の数が道路の安全性を損なうほどにならないかぎり不必要なのである(8)。そのときになるまでは、道路利用者間の自然な利益の調和を信じがちなものである。

個人について真実なことは、また国家についても真実であると考えられた。個人が自分自身の福利(the good)を追求することによって、共同体全体の福利(the good)を無意識につくりあげるように、各国家は自国のためをはかることによって人類のためにつくすことになるというのである。普遍的な自由貿易は、各国家の最大限の経済的利益が世界全体の最大限の経済的利益と一致するという理由で正しいとされたのであった。純粋な理論家というよりもむしろ実際的な改革家であったアダム・スミスは、事実、政府は国家の防衛のためにある種の産業を保護しなければならないことを認めているのである。しかし、そのような自由の手加減は、スミスやその一派の人々には、原則に対する些細な例外としか見えなかった。J・S・ミルが言っているように、「自由放任《レッセ・フェール》は……一般原則であるべきである。したがって、これからはずれることはすべて、それがなにか大きな福利のために要求されるのでないかぎり、明らかにあやまっている[9]」と。他の思想家たちは、国家的利益調和の理論を、なお一層広い範囲に適用した。一八世紀後期の一論者はつぎのように見ている、「一国家の真の利益が、人類の一般的な利益と対立したことはかつてなかった。したがって、博愛と愛国心とが矛盾した義務を人に課すなどということはありえない[10]」と。イギリスのヘーゲル主義者T・H・グリーンは、イギリスの一九世紀自由主義を取り入れて、師のヘーゲルの説に混和したのであったが、つぎのように主張した。「国家がその理念を履行して自国の利益のためにする行動が、一般社会の真の利益ないし権利と衝突するはずはなかった[11]」と。もっとも「真の」という問題のある表現が一八世紀の引用文では、国家の利益につけられていたのが、一九世紀のでは一般社会の利益に移されているのは興味をひく。自由主義的な一九世紀のナショナリズムの哲学を体現していたとも言えるマッツィーニ〔Mazzini 1805-72 イタリア国家統一の思想的指導者〕は、民族間における一種の分業を信じていた。各民族は、それぞれ特有の適性によって適当とされる特定の任務をもち、この任務を遂行することが人類の福祉へのその民族の寄与となるのであった。もし、すべての民族が、この精神で行動するなら、国際的調和はひろくゆきわたったことであろう。経済的な利益の調和に対する信念を強化した無限の伸展性をもつかにみえたその同じ条件が、敵対関係に立つ民族運動の政治的調和をも確信させることとなったのである。マッツィーニの同時代人が、ナショナリズムをよいことだと考えた一つの理由は、民族と認められるものが少なく、したがってそれらの民族にとっては十分な余地があったことにある。ドイツ人、チェコ人、ポーランド人、ウクライナ人、マジャール人、さらに六以上の民族集団が、二、三百マイル四方の土地で押し合っているという状態がまだみられた時代には、各民族がそれぞれのナショナリズムを展開して、国際的な利益の調和に、それぞれ特定の寄与をすることができるということが、比較的に信じられがちであった。たいていの自由主義的論者は、一九一八年にいたるまでずっと、諸民族は、彼らのナショナリズムを伸ばすことによって、国際主義の目的を増進すると信じていた。したがって、平和条約の作成者であるウィルソンら多数の人びとは、民族自決ということに、世界平和の鍵を認めたのであった。さらに最近においても、責任あるアングロ・サクソンの政治家たちが、いまなお、時折

マッツィーニ風の公式を得々と繰り返しているが、たいした反応はないようである。(12)

第三節　政治におけるダーウィニズム

『国富論』の百年祭が、一八七六年に祝われたときには、すでに、さし迫る破局のきざしがみえていた。イギリスをのぞいて、どの国家も、経済的利益の国際的調和を信じるほどの商業上の実力を持っていなかった。イギリス以外で、自由貿易の諸原理が受け容れられていても、それはつねに部分的にであったし、身の入らない、ながつづきしないしかたでしかなかった。アメリカははじめからこれらの原理を容れなかった。一八四〇年ごろ、フリードリッヒ・リストは、長年アメリカにおける産業の発達を研究していたが、ドイツの聴衆にむかってつぎのような理論を説きはじめた。自由貿易は、イギリスのような工業的に優位に立つ国家にとっては正しい政策である、しかし弱小国家がイギリスの抑圧をはらいのけることができるためには保護貿易しかない、と。保護関税を盾にしてうちたてられたドイツとアメリカの工業は、やがて、全世界にわたるイギリス工業の独占に大きな衝撃をあたえていった。海外のイギリス自治領は、母国の製造工業に対抗してみずからをまもるために、彼らがその当時獲得した財政自治権を活用するにいたった。競争の圧力があらゆる方面で増大しつつあった。ナショナリズムが陰険な様相をおびはじめ、しだいに帝国主義におちいっていった。

現実を、諸観念の永遠に繰り返しつづける衝突と同一視するヘーゲルの哲学が、その影響力を拡大していった。ヘーゲルの後にマルクスが立っていた。マルクスは、ヘーゲル的衝突を唯物論的に経済上の利益集団の階級闘争の形で示した。こうして、資本家と労働者との間の利益の調和を信じることを断乎として拒否する労働階級の政党が現われるにいたった。とくに、ダーウィンは、絶えることのない生存競争とその競争条件に適応し得ない者の消滅とによる生物学的な進化の理論を展開し一般にひろめたのであった。

自由放任の哲学が新しい諸条件および新しい思潮をしばらくのあいだ受け容れることができるようにしたのは、この進化論であった。自由競争は、自由放任体制の恩恵の神として、つねに尊ばれた。フランスの経済学者バスティアは意味深くも名づけた『経済的調和』という書物の中で、「進歩を人間大家族の共同の相続財産とするために、これを個人の手から絶えず取りあげる人間主義的な力」として競争を歓迎したのであった。(13) 一九世紀後半の増大してきた圧力のもとに際立ってきたのは、ダーウィンが生物学的自然法則として説いた事柄——弱者を犠牲にしての強者の生存——を経済的分野における競争がそのまま実現したことであった。弱小の生産者や商人は、規模の大きい競争相手のために、しだいに駆逐されつつあった。しかも、このような展開は、進歩と全体としての共同体の福祉とが要請するところであった。自由放任《レッセ・フェール》とは、開かれた分野を意味し、強者の捕獲物を意味した。利益調和の理論は、ほとんど気づかれないような修正をうけていた。共同体の福利(あるいは、人びとが当時口にしがちであったような、種《スペーシズ》の福利）は、なお共同体の個々の成員の福利と同一視されていたが、しかしそれは生存のための闘争に勝ち抜いた個人の福利のことにほかならなかった。人類は、強者から強者へと、途中で弱い者をふるいおとしつつ、進化していった。マルクスが言ったように、「種の発展……したがって個人としてのより高い発展は歴史的過程を通じてはじめて達成されうるが、この過程において個々の人びとは犠牲とされているのである」(14)。このようなことは、ハーバート・スペンサーの学派によっても説かれ、一九世紀の七〇年代八〇年代のイギリスで一般に受け容れられ、経済競争の激化した新時代の理論となった。アダム・スミスのフランスにおける最後の門下であるイヴェ・ギョーは、フランス語の concurrence が「競合」とともに「合致」をも意味する偶然におそらく助けられてであろうか、*La Morale de la Concurrence* という書物を書いた。この進化の原理を国際政治に適用したイギリスの論者のうち、最も有名なのは、バジョットであった。

征服は、その民族の慣習のゆえに戦いにおいて勝利を得るに最もふさわしく鍛えられた民族性に対して、自然が与える報酬である。そして、実質的な諸点ではほとんどこのような戦闘的性格が現実には最もすぐれた性格なのである。戦いにおいて勝を制する性質は、われわれが戦いにおいて勝ちたいとねがう性質である(15)。

同じころ、ロシアの一社会学者は、国際政治を、「社会的有機体の間での生存競争を取り仕切る技術」と定義した(16)。そしてこの理論は一九〇〇年に、著名な一教授によって当時有名となった書物の中できわめて赤裸々に述べられた。

進歩の道には、諸民族の残骸が散らばっている。小径にもいたるところに遅れをとった人種の生贄がみられ、そしてより偉大な完成へのせまい道を見出しえなかったものの犠牲のすがたがみられる。しかし、これらの亡骸《なきがら》は、ほんとうのところ、人類が今日の高い知的生活と深い情緒的生活とへ一段一段と向上し進み得た踏み台だったのである。(17)

ドイツにおいても、同様の見解が、トライチケとヒューストン・ステュアート・チェンバレンとによって唱えられた。不適性国家の消滅による進歩の理論は、不適性個人の消滅による進歩の理論からまさしく導き出されたものと思われた。そして、このような信念は、かならずしも公然とは語られなかったが、一九世紀末期の帝国主義に包含されていたのである。一九世紀後期に、アメリカの一歴史家がこう言っている、「国際関係の基本的問題は、だれがこれらの犠牲者たちを壊滅させるかということであった(18)」と。利益の調和は、「不適性者」であったアフリカ人とアジア人との犠牲の上に達成されたことになる。

一つの点が不幸にも見逃されていた。百年以上もの間、利益調和の理論は道義の理性的地盤となっていたのであった。個人は、共同体の利益が同時に彼自身の利益でもあるという口実で、それに奉仕すべきことを強いられてきた。その地盤がすでに変動していたのである。最終的には、共同体の福利と個人の福利とはやはり同じだとされたのであった。しかし、この終局的な調和は、諸個人の間の生存競争が行われることによって生れるものであって、この競争において敗者の福利のみならず、かれらの存在そのものさえ全く消えうせることになるのであった。このような条件の中での道義が、将来の敗者となるものにとって、理性的にひきつける力をもつはずはなかった。このように、倫理体系全体が弱い仲間の犠牲の上にたてられていたのである。実際には、ほとんどの国家も、かの古典的理論に食い込んで、経済的強者に対して経済的弱者をまもるための社会立法を採用してはいた。だがこの理論自体が、むしろむごい死にかたをしたのであった。一九世紀の七〇年代に、イギリス人にも経済学者にも何の偏見ももっていなかったドストエフスキーがイワン・カラマーゾフにつぎのように語らせている、「永遠の調和」が罪もない人びとの苦難において達せられるものとするなら、そこに到るための代償はあまりにも高価すぎる、と。同じころ、ウィンウッド・リードが『人間の受難』という書物によってイギリスにおいて不快な動揺をおこしたのであったが、それは進化論に含まれている苦難と衰退について多くのことを述べて関心をひいた。九〇年代には、ハクスレイが科学の名において、「宇宙の進行」と「倫理の進行」との間に矛盾があることを明らかにした(19)。さらに、哲学の見地からこの問題に迫ったバルフォアは、つぎのような結論を出していう、「〃利己主義〃と〃利他主義〃、自分自身にとって最高の幸福を追求することと他の人びとにとっての最高の幸福を追求すること、この両者の完全な調和が達成されるとするのは、現世において営んだ行為やつくられた性格があの世にまで持ちこまれるとか、あるいは、この世では可能でないはずの両立しない原理の間の調和・調整があの世ではゆるされる、などというようなことを到底是認しない信念の持ち主には決して受けつけられないことである」と。[20] 自由競争のもつ有利な特質について語られることがしだいに少なくなったのである。一九一四年以前には、国際自由貿易政策がイギリスの有権者やイギリスの経済学者たちによってなおまだ支持されてはいたが、自由放任の哲学の基盤を形成してきた倫理的前提はかつてのままの形ではもはやまともな思索者に対して訴えるものをもってはいなかった。生物学的にまた経済学的に、利益調和の理論をなおも通すためには、窮地に追い込まれざるをえない弱者の利益に目をふさぐか、現世の不均衡を是正するために来世に助けを求めるしかないわけであった。

第四節　国際的調和

一九一四年の戦争以前にすでに時代おくれとなり廃れつつあった諸理論が、アメリカからの刺戟によるところ大であったためとはいえ、どのようなわけで国際関係という特殊な分野に再登場することになったのか、その不可思議な成りゆきにはずっと関心が向けられていた。このことは、自由放任の利益調和説について、とくにそうであったと思われる。アメリカでは、自由放任の歴史が特殊の展開を示していた。一九世紀を通じて、そして二〇世紀にはいると一段と、ヨーロッパの競争に対抗して関税による保護を必要としたアメリカであったが、他面では明らかに無限の潜勢力をもつ国内市場を拡張できる有利な立場にあった。イギリスは、一九一四年までひきつづいて世界貿易を支配してきたものの、国内における負担と重圧の緊迫感がしだいに高まりつつあり、J・S・ミルやそれにつづく経済学者は国際的な自由貿易を固守していたが、国内分野における自由放任の正統説にはしだいにひびが入りつつあった。アメリカにおいて、ケアリーおよび彼の後継者たちが保護関税は是認したが、他の点ではことごとく自由放任という不変の原理を堅持していた。一九一九年以後のヨーロッパでは、利益の自然的調和ということはあり得ないのであり、利益は国家行為によって人為的に調和されねばならないとする計画経済が、ほとんどすべての国家で理論としてはともかく、実際には行われていたのである。アメリカにおいては、この方向に進むことは、国内市場の拡大がまだまだ続いて行われていたために避けられた。利益の自然的調和という考えが、アメリカ人の人生観の中枢を依然として占めていたのである。したがって、とくにこの点において、他の点においてもだが、国際政治に関する当時の諸理論には、アメリカの伝統が深く滲透していたのであった。そのうえ、国際的分野においては、この自然的調和説が容易に受け入れられる特殊な理由があった。国内問題については、もし自然的調和が起こり得ないなら、調和をつくり出すことは明らかに国家の任務である。国際政治に関しては、調和をつくり出す任務を担う組織された力が存在しないのであり、それゆえにこそ、自然的調和を考える傾向がとくに強いのである。しかし、このことは問題をいなしたり、とるにたりないとする口実にはできない。利益の調和を政治行動の目標とすることと、利益の自然的調和が実在すると主張することとは、同じことではない。(21)そして、国際関係の思考において多大の混乱をひき起しているのは、この後者の主張である。

第五節　平和に共通の利益をみる考え方

利益一致の説は、政治的には、つぎのような考え方をとるのが普通であった。すべての国家は平和において一致する利益をもつのであり、平和を攪乱しようとする国家はそれゆえ理性をもたない道義のない国である、と。この見解がアングロ＝サクソン的起源をもっていることははっきりしている。戦争がなにびとにも利益をもたらすものでないことを、英語国家で生活する人類の部分に確信させることは、一九一八年以後は容易なことであった。ところが、この議論をドイツ人に確信させるのはなかなかむつかしかったのである。というのも、ドイツ人は一八六六年と一八七〇年との戦争から莫大な利益を得ており、しかも、最近それ以上の大きい損失を蒙ったのを、一九一四年の戦争のためとするのではなくて、その戦争に負けたという事実のせいにしていたからである。イタリア人もそうである。彼らは戦争を非難するのではなくて、平和の確立にあたって連合国が彼らをあざむいたとして責めているのであった。ポーランド人、チェコ＝スロヴァキア人もそうであった。彼らは戦争をなげくどころでなく、彼らの国家が存立し得たのは戦争のおかげなのであった。フランス人はどうか。彼らはアルザス＝ロレーヌをふたたびフランスのものとした戦争を、心底遺憾に思うはずはなかった。さらにまた、過去においてイギリスとアメリカが行った戦争から得た利得が忘れられない他の諸国の人びとも同じである。しかし、これらの人びとが、国際関係についての当時の支配的な理論の形成に影響をあたえたということは幸いにもなくて、ほとんどの理論は英語国家からしか提供されていなかったのである。イギリスおよびアメリカの論者たちは、つぎのような考えを堅持していた。戦争が無益であることが一九一四―一八年の経験ではっきり示されたことは否定すべくもないし、またこの事実を理論的に捉えることこそ諸国家をして将来における平和を維持させるうえに必要不可欠であるというのであった。したがって、これらの人びとは、この見解を他の諸国が共に持ちえなかったことに失望するとともに真実のところ当惑してしまったのである。

この困惑がさらに増大したのは、アングロ＝サクソンの世界のスローガンを繰り返し唱えることでこの世界を表面上容易に安堵させることができると他の諸国に思わせたことであった。第一次大戦後の十五年の間、すべての大国（おそらくイタリアをのぞいて）は、平和をその国家政策の主要目的の一つとして宣言し、戦争無益の理論に口さきだけの奉仕を繰り返しつとめたのであった。[22] しかし、ずっと以前にレーニンは、平和じたいは意味をもたない目標であることをみてとっており、一九一五年につぎのように書いている、「すべての人が平和一般を支持していることは全くそのとおりである、キッチナー、ジョフル、ヒンデンブルグ、さらに流血の皇帝ニコライなどすらそうである。彼らはみな戦争が終結するのを望んだのだから」[23]と。

平和にこそ共通の利益が存するということは、つぎの事実をおおいかくしている。諸国家のなかには戦わなくてもすむように現状を維持したいとねがうものがあり、現状は変えたいがそのために戦争するのは困るとする国家もあるのが事実である。[24]現状の維持を唱えるにせよ、その変革を叫ぶにせよ、それが全体としての世界の利益となるとする主張は事実に反するはずであった。現状を維持するにせよ変革するにせよ、実際に到達される結論は平和的手段によって達せらるべきであることが、全体としての世界の利益になるとする主張は、一般の同意を得たではあろうが、しかしそれはむしろ意味のない陳腐な言葉のように思える。個々の国家の利益と一致する平和における世界の利益が存在するというユートピア的考えは、あらゆるところで政治家や政治理論家に用いられて、現状の維持を願う国家と現状の変革を欲する国家とが基本的に分れるという好ましくない事実に当面することを避けるのに役立った。[25]こうして、陳腐と虚偽との特殊な組合せが、国際関係に関する政治家たちの発言に特有の病弊となった。「このダニューブ地域一帯においては、真実、だれも対立や嫉妬を欲してはいない。諸国家がそれぞれの独立を維持しようと欲しているが、しかしそれができないならいかなる協同手段にも応ずる用意がある。わたくしは、小協商国《リットウル・アンタント》〔チェコ＝スロヴァキア、ユーゴスラヴィア、ルーマニアが一九二一年に結んだ協商〕やハンガリーやブルガリアのことをとくに考えているのである」と、チェコ＝スロヴァキアの首相は言った(26)。文字通りにこの言葉は真実として通るかもしれない。しかし、だれも欲しなかった対立や嫉妬が一九一九年以後のダニューブ地域の政治のいちじるしい特色であったのだ。そしてすべての国が応じる用意があったはずの協商はできあがらなかった。利害が分れるという事実が、衝突を避けようという一般的な願望を表現する陳腐な言葉によっておおいかくされ、歪曲されていたのである。

第六節　国際的経済調和

経済関係においては、諸利益の一般的な調和を想定することが、むしろ大きな確信をもってなされた。というのは、この分野では自由放任経済学の基本理論が直接に反映されるからである。そして、この理論から生まれるディレンマを最も明確に認識できるのはこの分野である。一九世紀の自由主義者が "the greatest good of the greatest number"（「最大多数の最大福利」）をとなえたとき、彼はそのためには少数者の福利が犠牲にされねばならないだろうと、暗に想定していた。その原理が、国際的な経済関係に同じように適用されたのである。例をあげれば、ロシアやイタリアが関税によって保護するのでなければ工業を興すだけの力がなかった場合——自由放任的自由主義者《リベラル》が論じたように——、これらの国はイギリスとドイツの工業製品を輸入し、小麦やオレンジをイギリスとドイツの市場に供給することで満足しなければならなかった。もし、このことに異議がとなえられて、この政策はロシアとイタリアとを経済的軍事的に隣国に依存しなければならない二流国家にとどまることを運命づけるものだとされるなら、自由放任的自由主義者《リベラル》はこれに対して、これは神の意志であるとこたえ、これが諸利益の一般的な調和の要請するところであると応じたはずである。当代のユートピア的国際主義者の場合は、一九世紀の自由主義者がもっていた利点にはめぐまれていないし、その頑健さも持っていないのである。物質的には弱国が保護工業を興すことに成功したことと、精神的には新しい国際主義が台頭したこととのために、当代のユートピア国際主義者は、利益の調和が経済的不適性の諸国を犠牲として生まれるというような議論をしなくてすむのである。しかし、この前提が崩壊すると、ユートピア国際主義者がうけついだ理論は全く根底から崩れる。したがって、彼は、共通の福利は共同体の個々の成員の福利を何ら犠牲とすることなく達成されうるという信念につきすすまざるをえないのである。そこで、国際的衝突などというのはすべて余計なことであり幻想でしかない、競争者すべての最高の福利である共通の福利を発見することだけが必要であり、それが発見されるのを妨げているのがほかならぬ政治家たちの愚かさである、ということになる。この共通の福利を自分は理解していると確信するユートピアンは、自分ひとりが英知をもつものと思っているわけである。世界中の政治家はだれもかれも、彼らが代表しているはずの人びとの利益を視野に入れていないことは信じられないほどだと評されていた。当時の少なからぬ経済学者をも含めて、イギリスおよびアメリカの論者たちが全く真面目に提示した国際的情景を描写すれば、このようになるのである。

われわれが現代において、経済専門家の理論とそれぞれの国家の経済政策責任者の実践との間に異常な分岐を見出すのは、上述のことが理由となっているのである。この分岐が単純な事実から生ずるものであることは、分析してゆくうちにわかるであろう。経済専門家は自由放任理論に主として支配されており、全体としての世界の経済的利益を仮定して、これが個々の国家の利益と一致すると考えることでよしとする。政治家の方は、自国の具体的な利益を追求し、全体としての世界の利益が自国の利益と一致すると仮定する(もし政治家が、およそ仮定ということをする者ならである)。二つの大戦の間に行われたすべての国際経済会議のほとんどあらゆる声明は、慎重に利益の均衡をはかることによって、すべての国にひとしく有利でどの国にも偏ることのない「解決」ないし「企画」が存在するという上述の仮定に立つ考えによって、効力のないものにされたのであった。

およそ厳密な意味での国家主義的政策(一九二七年、連盟の経済専門家会議での公の表明)は、それを実践している国家にとってのみならず、他国にとっても有害であり、したがって、その政策自体の目的を無にしてしまうものである。そして、もしこの会議によって明らかとなった新しい精神がすみやかに実際的な成果を生むべきだとされるなら、実施のプログラムには種々異なる国家による並行的ないし協調的行動の原理が本質的要因として含まれていなければならない。そうすれば、どの国家が譲歩を求められても、他の諸国もこれに対応する犠牲をはらうのだから埋め合わせがつくと納得できよう。各国家は、提議された方法を、自国の立場の観点からだけでなく、それがこの会議の定めた一般的企画の成功にかかわるということからも受諾できるであろう。(27)

この会議の成りゆきは、満場一致で通したすべての事項が完全に無視されたことであった。このことについて、世界の指導的な政治家たちが犯罪者か狂人であったというような気楽な説明では通らないとすれば、前述した当初の仮定が妥当でなかったのではないかとまず疑うことになる。そのばあい経済的国家主義は、それを実際に行っている国家に必ず損傷をあたえる、とするのは性急すぎるであろう。一九世紀においてドイツとアメリカは「厳密な意味での国家主義的政策」を遂行して、イギリスによる世界貿易の事実上の独占に挑戦できる地位に立つにいたった。一八八〇年に開かれた経済専門家のどの会議も、イギリス、ドイツ、アメリカの諸国にひとしく有利な方法で当時の経済的競争国をなだめるような「並行的ないし協調的行動」のための「一般的企画」を押しすすめることはできなかった。一九二七年に開かれた会議が、各国の利益に有利な「企画」によってその後の経済的競争国をなだめることができたなどと考えるのは、むしろかなりの思い上りであった。一九三〇—三三年の経済的危機についても、経済学者は彼らが直面すべき問題のほんとうの性質を感得してはいなかったのである。一九三三年の世界経済会議のために「議事註釈草案」を用意した専門家たちは「経済発展の進路をあからさまに切断するような国家的自給自足の理想を世界的規模で採用すること」を非難した[28]。経済学者たちは、かれらの言う「経済発展の進路」がある種の国家にとっても全体としての世界にとってすらも有利であるとして、その方向が必然的に別の諸国家に損害をあたえることになって、自衛のために経済的国家主義という武器を使用するにいたらしめたということに思いあたるいとまをもっていなかったようである。一九三八年一月のファン・ゼーランド報告〔Van Zeeland. ベルギー首相・財政家〕は、まず冒頭に「国際貿易体制を形成する方法は、それらを総括的にみて」「自立経済主義の方向」よりも「基本的に好ましい」ものであるかどうかと設問し、それを肯定する解答を示している。しかし、どの国家でも、その歴史のある時期には、そして一般に長い期間にわたって、「自立経済主義」をとったのであった。その「自立経済主義の方向」が、この立場をとる国家に必ず損傷となるという絶対的な意味があるとは信じられない。そのような方向が、たとえ、いずれもよくないがそのうちでは弊害の少ない方だとして、その限りで正しいとされたのであったとしても、ファン・ゼーランド報告の当初の前提はすでに否定されていたのであった。しかし、その後がいけなかった。ファン・ゼーランド氏はつづけてつぎのように述べた、「われわれは、新しい体制がすべての参加者に、彼らが現在立っている立場よりも多大の利点をあたえることができる方法で対処してゆかなければならない[29]」と。これは、経済的ユートピアニズムの最も愚かなあらわれである。一九二七年と一九三三年の報告と同様、この報告は、あらゆる国家を平等に益し、いかなる国家も害しないように適用される経済政策の基本原理が存在すると仮定するものであった。そして、このために、この報告は、前の諸報告と同様に、死文にとどまることになるのである。

経済の実際とはおよそ反するような経済の理論が、利益の調和を想定することによって、二つの大戦間の時代をきわめてつよく支配したので、この時期になされた数多くの国際的な論議の中に、世界の政治家たちを困惑させた現実の問題についての明快な説明を見出すことはむつかしい。このことを最も率直に表明している一例として、一九三一年一月、ヨーロッパ連合委員会の会期中にユーゴスラヴィア外相マリンコヴィッチが行った言明がある。イギリスを代表してアーサー・ヘンダーソンは、オランダ代表コリイン博士につづいて、包括的な関税低減を弁護したのであったが、それは「その性質上、生産と国際的交換とを拡大させることになり、したがってすべての国家がともにあずかる繁栄を増大させ、もってあらゆる国家に利益をもたらすにちがいない(30)」というのであった。つぎに立ったのがマリンコヴィッチで、一九二七年の会議の勧告事項が実行されえなかったことからつぎのような結論を引き出した。かの諸決議を「諸国政府が適用しえなかったきわめて重要な理由があったのだ」として、つぎのようにつづけた。

実際には、経済的考慮とは別個に、政治的および社会的考慮ということも行われるのが事実である。「事柄は自ら正しくなる」とする経済学者の古い学派は、もし何ごとも行われないで、経済的観点からして事態がその自然の過程をたどることをゆるされているなら経済的均衡はおのずから生まれるであろうと論じた。それはおそらくほんとうであろう(わたくしは、この点をとやかくいうつもりはない)。しかし、その均衡は、どのようにして生まれてくるのであろうか？　弱者の犠牲においてである。いまや、諸氏がお気づきのように、七十年以上にもわたって、この経済理論に対する反動が力強く成長しつつある。ヨーロッパおよび世界のすべての社会主義政党の存在は経済問題をこの理論のようにみることに対する反対のあらわれにほかならない。

われわれは関税の障壁を低くし、さらにそれらを破壊さえしなければならない、と聞かされた。ヨーロッパの農業国に関するかぎり、もしこれらの国家が一九二七年に行った約定——一九二七年の声明が約定を含んでいたと認めて——を守ることができ、その政策を正しく遂行することができていたなら、われわれは農業生産物に関しては海外からの競争に耐え得たことであろう。しかし、同時にわれわれはポーランド、ルーマニア、ユーゴスラヴィアなどに、カナダやアルゼンチンと同じ条件——広大な地域に僅かな住民がいて機械やその他の工夫が活用され実施されている状態——をつくりだすべきである。……われわれは、われわれの同胞を射ちころして犠牲とすることはできない。だが、それにしても、彼らは飢えのためにみなごろしにあおうとしている。——これでは同じことになってしまう。

わたくしは、コリイン氏が言及された鍵は存在しないと確信している。経済的社会的生活はあまりにも複雑化しており、およそ一個の公式ぐらいでは解決をゆるすものではない。それは複合した解決策を必要としているのである。われわれは、現に存する多種多様な地理的、政治的、社会的およびその他の諸条件を考えあわさねばならないであろう。(31)

マリンコヴィッチは、つづいて「長期にわたる」利益調和の理論を論破していった。

昨年、わたくしがユーゴスラヴィアの山中に滞在していたとき、ある小さい山村で住民は糧とすべきトウモロコシも小麦もなく、彼らの持ちものである樹木を切り倒して、これを売って得たもので生きてゆくしかない状態であると聞いた。……わたくしはその村に行ってみた。重立った住民を幾人か集めて、わたくしは彼らを説得しようと努力した、ちょうど大工業国がわれわれを説得するように。わたくしは彼らに言った、「君たちは十分に常識をもっているのだ。君たちは自分の森がしだいに小さくなってゆくのがわかるだろう。残った一本を切り倒してしまえば、それから後はどうしようというのか」と。彼らはこたえた、「閣下、そこです、わたくしどもが困っているのは。しかしだからといって、この樹を切り倒すことをやめてしまえば、たった今わたくしどもは一体どうすればよいのでしょう」と。

わたくしは、はっきり申し上げることができる、農業国家はまさしくこれと同じ状態にあるのだと。諸氏は将来の災禍を説いてこれらの国家をおどかすことはできよう。しかしこれらの国家は現在すでに災禍の中で苦しみ悩んでいるのである。[32]

いま一つ非常に率直な議論の例を引用しよう。アメリカの放送網の一つを通じて、一九三七年九月にコロンビア共和国の大統領は、つぎのように述べている。

人間活動のいかなる分野においても、国家間の相互関係におけるほど、危機のもたらす利益がはっきりあらわれる分野はないのであり、とくにアメリカ大陸の諸国間においてそうである。経済関係が厳しいものとなり、時にはすさまじくさえなってきたのが真実であるとするなら、これらの関係が幸せにもより民主的になったということもまたほんとうである。

危機は、国際市場および国際政治を支配している諸国家の精神的経済的二重の帝国主義の圧力に当時まで従服していた多数の国を自由にした。多数の国家は、国際的友誼が信頼するに足りないことを知り、自主的存立をこそ求むべきで、それがはじめは多大の障碍に当面しても、それがむしろ短期間に強大な利益をつくりだすものであることを学んだ。

今日勢力をふるっている専断的な体制がゆるぎはじめると、そこでは国際貿易は弱化しようが、それとともに経済的に強力な国家の数は増大するであろう。

今日の経済的協力は、かつて見られたような世界を指導した工業国家と銀行家とに利用されていた古い型の協力とは非常に異なるのであり、もっと高潔なものである。多数の小国が、彼らの経営活動を外国の利益に従属させることなく行ってゆき確実に繁栄できるようにしたことが、現代の諸国家間の関係をそれまでに比してきわめて風通しのよい平等なものとするはじめとなった。……

この危機が、われわれの文明の高度で高貴な多数の原理を座礁させたことは真実である。しかし、その代りに一種の原始的な生存競争に後もどりしたことで、人びとは、自分たちの幸福が保障されると信じて受け容れていた多数の擬制やかなりの偽善から解放されつつあることもまた真実である。……

国際的な経済的自由はつぎの認識の上にきずかれている。強国が防禦的立場に立ったときは、弱国とまさに同じ行動に出るということ、そして、国家はすべてそれぞれ自国の資源でみずからを守る平等な権利をもっているということである。(33)

コロンビア共和国を代表して行われた主張は多分に誇張されたものであっただろう。しかし、ユーゴスラヴィアとコロンビアとの声明はともに、利益調和の理論への確かな挑戦であった。イギリスおよびアメリカが貿易の障壁を除去することを利益とするからといって、それがまたユーゴスラヴィアやコロンビアの利益でもあると考えるのはまちがっている。国際貿易は弱化するかもしれない。ヨーロッパや世界一般の経済的利益は損害をこうむるかもしれない。しかし、ユーゴスラヴィアやコロンビアの方は、彼らを従属的国家の地位におとしたヨーロッパ的ないし世界的繁栄の体制下に立っているよりは、もっとよくやってゆけることになるだろう。その後、シャハト博士は、「最恵国対外政策の狂熱的な信奉者たち」についてこう語っている、「弱国は、貧しくとも、富裕国の処方箋にしたがうことで苦しむようなことをやめて、彼ら独自の立法によって活路を求めてゆく勇気をもっているということが、かれらにはその擁する巨大な富のゆえに、到底のみこめないのである」と。(34) 自由放任は、資本家と労働者との関係においてと同様に国際関係においても、経済的強者の楽園である。国家的統制は、保護立法の形であれ保護関税の形においてであれ、経済的弱者が求める自己防衛の武器である。利益の衝突は現実にあるのであり不可避の事柄である。したがって、それを偽装しようとする試みによって、問題の性質全体が歪曲されているのである。

第七節　調和の崩壊

このように考えてくると、諸国家の共同体全体の利益とそれを構成する個々の国家の利益とを同一視する前述のような諸利益の調和のうえに、国際的道義を基礎づけようとする試みは、適切でなく誤まりをおかすことになり斥けられなければならない。一九世紀において、この試みが主として成功した原因は、この試みを生んだ経済関係が不断に拡大しつつあったことにもとづいている。この時期はときには僅かの逆行もあり途切れることもあったが、進歩と繁栄を重ねた時代であった。その国際的経済機構は、アメリカの国内経済機構にかなりよく似た様相をおびていた。難題・行き詰りは、住民のいない未開の地域に進出してゆくことによって、たちどころに解決されることができた。したがって、そこでは、安い労働力が豊富に供給されたのであり、政治意識をもつ水準にまではまだ到達していない後進の国が多く存在した。意欲的な個人は移住によって、進取的な民族は植民によって、経済問題を解決しえたのであった。市場の拡張は人口の増大を生み、人口の増大がつぎに市場の拡張を呼んだ。この競争にとりのこされた人びとは、不適格者としてみなされてもしかたがなかった。適格者の間における利益の調和は、個人企業と自由競争とにもとづくことであったが、時流に乗った理論の堅実な基盤となるだけの現実性に近いものであった。かなり難渋したが、この幻想は一九一四年まで生きつづけた。ドイツおよびアメリカとの競争によって、その基盤をおびやかされていたイギリスの繁栄さえ、さらに拡大をつづけた。一九一三年という年は、イギリスの貿易にとって記録すべき年であった。

外見上の利益の調和から包みかくしようのない利益の衝突への移行は、この世紀の変り目ごろに起こったと思われる。それが植民政策においてまず現われたのは十分うなずけることである。イギリス人の心のうちでは、それはなによりも南アフリカにおける諸事件と関連している。チャーチル氏は「これら暴虐な諸時期」をジェイムソンの侵略〔Leander Starr Jameson 英南アフリカ会社管理者。一八九三年ごろから南ア共和国と争う〕からはじまるとしている。(35)北アフリカと極東とにおいては、まだ空席であった適格者のすわりうる僅かな位置を得ようとして、ヨーロッパの諸国が烈しく取り組みあっていた。緊張の頂点であったヨーロッパからアメリカへの個人の移住が未曾有の規模のもとに行われた。ヨーロッパ自体においては、反ユダヤ主義――これは経済的重圧が再発した徴候である――が、ロシア、ドイツおよびフランスにおいて長期にわたって見られなかったのに、再び現われるにいたった。(36)イギリスにおいては、異教徒の無制限な国内移住に反対する運動が一八九〇年代にはじまった。そして、国内移住を統制する最初の法案が一九〇五年に通過した。

この増大しつつあった緊張から起きることになった第一次大戦は、緊張の根本原因を激化させることになって、この緊張を十倍にも悪化させた。ヨーロッパ、アジアおよびアメリカの交戦国および中立国においては、工業生産品と農産物とがいたるところで工夫をこらして増産された。大戦後は、各国はその拡大した生産を維持するために争った。そして、この争いを正当づけるために、国家意識をかきたて燃え立たせようとする努力が行われた。平和条約とくにその経済的条項に、先例のない徴罰事項がみられる一つの理由は、実際家が勝者と敗者との間に利益の基本的な調和が成立するなど信じなかった――五十年ないし百年前には信じていたのだが――ことにある。目標はいまでは競争者――その復活が自己の復興をおびやかすことになる相手――を除くことにあった。ヨーロッパでは、この争いは、新しい諸国家が生まれ新しい経済的開拓分野が現われたために激化した。アジアにおいては、インドと中国とが大規模な製造工業をおこして、ヨーロッパの物資の輸入依存からの脱却をはかった。日本は世界市場においてヨーロッパの製造品より安価に提供される織物やその他の安い商品の輸出国となった。とりわけ重要なことは、それほど経費をかけずに有利な発展や開拓が期待できる余地がもはやどこにもなくなったことである。戦争前の経済的重圧を救っていた幾筋もの移住の大通りはふさがれてしまった。そして、移民の自然な流れにかわって、強いられ追い立てられた亡命者の問題がおこった。(37) 経済的国家主義として知られている複雑な現象が全世界にまき起った。この利益の衝突の基本的な性格は、英語国家における経済思想を支配したかの頑固なユートピアンをのぞいて、だれにも明らかとなっていた。なにびとも他人を害することによって利益を得ることはできないという体のよい一九世紀のきまり文句のうつろさがあらわになった。ユートピアニズムの基礎的前提は崩壊したのであった。

したがって、今日の国際政治においてわれわれが当面しているのは、一世紀半にわたって政治的経済的思想を支配してきた道義の概念が完全に破綻したという事実にほかならない。国際的には、正しく理性をはたらかすことから徳行を導き出すということはもはやできないのである。というのは、各国家が世界全体の最大福利を追求することによって、それぞれ自国の市民の最大福利を追求することになるということも、そしてまた後者によって前者を行うことになるなどということも、もはやまじめには信じられないからである。道義と理性との合成は一九世紀の自由主義が行ったような大ざっぱな形においてはともかく、もはや主張できないことである。現代の国際的危機の内面の意味は、利益調和という概念にもとづいたユートピアニズムの構造の全面的崩壊である。今の世代は、基盤から再建されなければならないであろう。しかし、われわれがそれをなし得るうえに、この廃墟から何を救いあげることができるかを確かめうるためには、われわれは、この崩壊をひきおこした構造の中の瑕疵を検討しなければならない。そのためには、ユートピア的考え方に対するリアリスト側の批判を分析するのが最も適切である。

（1）バーク、全集第五巻 Burke, *Works.* v. p. 407.〔E. Burke, *Administrative and Constitutional Reform* において「便宜の標準」として本文中の定義をする。バークは政治行動の正しい原理として「便宜 expediency」と「効用 utility」とをあげる。〕

（2）アダム・スミス『国富論』Adam Smith, *The Wealth of Nations*, Book I. ch. xi. conclusion.

（3）前掲書第四巻第二章。

（4）J・M・ケインズ『貨幣改革論』J. M. Keynes, *A Tract on Monetary Reform*, p. 7 における引用文。

（5）J・トゥルスロー・アダムズ『アメリカの叙事詩』J. Truslow Adams, *The Epic of America*, p. 400 における引用文。筆者はフォードの著を参照することができなかった。

（6）本書第五章第五節参照。

（7）*Nationalism : A Study by a Group of Members of the Royal Institute of International Affairs*, p. 229.

（8）　K・マンハイム『再建時代における人間と社会』K. Mannheim, *Mensch und Gesellschaft im Zeitalter des Umbaus*, p. 104.

（9）　J・S・ミル『政治経済学原理』J. S. Mill, *Principles of Political Economy*, II. Book V. ch. xi.

（10）　ロミリイ『フランス革命の影響についての考察』Romilly, *Thoughts on the Influence of the French Revolution*, p. 5.

（11）　T・H・グリーン『政治的義務の原理』T. H. Green, *Principles of Political Obligation*, § 166.

（12）　たとえば、イーデン氏は一九三八年に「各国が発展し繁栄し、多種多様な生活に各国それぞれの特殊な寄与をできるかぎり行うことのできるような国際礼譲」を唱えた(Anthony Eden, *Foreign Affairs*, p. 277)。

（13）　バスティア『経済的調和』Bastiat, *Les Harmonies Économiques*, p. 355.

（14）　マルクス『剰余価値理論』Marx, *Theorien über den Mehrwert*, II. i. p. 309.

（15）　バジョット『物理学と政治学』Bagehot, *Physics and Politics* (2nd ed.), p. 215. この文における「物質的 material」とは何をいうのか？　単に「このことと関係のある relevant」の意か？　それとも著者は「物質的」と「道徳的 moral」との間にぎこちない対照を意識してのことであるのか？

（16）　J・ノーヴィコフ『国際政治』J. Novicow, *La Politique Internationale*, p. 242.

（17）　カール・ピアソン『科学の立場からみた国民生活』Karl Pearson, *National Life from the Standpoint of Science*, p. 64.

（18）　W・L・ランガー『帝国主義の外交』W. L. Langer, *The Diplomacy of Imperialism*, ii. p. 797.

（19）　ハクスレイ「ロマネス＝レクチュア」一八九三年、『進化と倫理』Huxley, *Evolution and*

Ethics 八一頁に再録。

(20)　バルフォア『信念の基盤』Balfour, *Foundations of Belief*, p. 27.

(21)　両者の混同は、下院におけるアトリー氏の不意に出した言葉でみごとに説明された。いわく「平和の保持が世界の共通の利益であるということは、まさしく、国際連盟設立の目的であった」と(一九三七年一二月二一日、下院。*Official Report*, col. 1811)。アトリー氏は、諸利益の自然な共同体が存在するということと国際連盟がかかる存在をつくりだすために設けられているということとを区別することができなかったのは明らかである。

(22)　「平和はゆきわたらねばならない、なによりもまず生まれなければならない」(Briand, *League of Nations: Ninth Assembly*, p. 83)、「平和維持はイギリス外交政策の第一目的である」(Eden, *League of Nations: Sixteenth Assembly*, p. 106)、「平和はわれわれが最も欲している宝である」(ヒットラー、一九三七年一月三〇日、ドイツ国会における演説、*The Times*, February 1, 1937)、「ソヴィエト同盟の国際政策の主要目的は平和の保持にある」(『ソヴィエト同盟と平和』*The Soviet Union and Peace* (1929), p. 249 におけるチッチェリン Chicherin)、「日本の目的は、反対の宣伝はあるが、平和である」(松岡「国際連盟・特別総会」*League of Nations: Special Assembly, 1932-33*, iii. p. 73)。平和を支持するイタリアの発言が少ないことは、戦場におけるイタリア軍隊の低評価がこれを説明するものとなろう。ムッソリーニは、平和を選ぶことを強調するならイタリアは戦争を好まないということを認めるものとして解釈されはしないかとおそれたのである。

(23)　レーニン、著作集 Lenin, *Collected Works* (Engl. transl.), xviii. p. 264. スペンサー・ウィルキンソンのつぎの言明と比較されよ、「いかなる場合にも現実の目的は平和でなくて優越である。平和はけっして政策の目的ではないという真理は、いかに繰り返されても度を過ぎることはない。戦争に関連させないで平和を定義することはできないではないか。平和は手段であって、けっして目的ではない」(Spenser Wilkinson, *Government and the War*, p. 121)。

(24) ある聖者が、人びとは彼らの平和の内容をなす事柄について何も知らないと歎くとき、この聖者がほんとうに意味していることは、人びとがこの聖者のいう平和の内容である事柄に十分な注意をはらわないということである(*The Note-Books of Samuel Butler*, ed. Festing-Jones, pp. 211-12)。このことは、かの後代の聖者たち——満足国家群——について当っているようである。

(25) すべての国家は戦争よりも平和をえらぶことに平等の利益をもつ(それはある意味では真実である)ということだけでなく、戦争はどのような事情があっても、勝者にその払った犠牲とみあうだけの利益をもたらすものではけっしてないということも、ときには主張される。この後者の見解は、過去については真実とはいえないであろうが(バートランド・ラッセルが言っているように。Bertrand Russell, *Which Way Peace?*)、それは近代の戦争については真実であると言えよう。もしこれをみとめるなら、この考えは当然、絶対的な平和主義にすすむのである。というのは、この見解が「攻撃的」戦争についてよりも「防禦的」戦争について(両者を区別することが正しいとして)より真実であるとする理由はないからである。

(26) *Daily Telegraph*, August 26, 1938.

(27) *League of Nations*: C. E. I. 44, p. 21.

(28) *League of Nations*: C. 48, M. 18, 1933, ii. p. 6.

(29) 「国際貿易に対する障害の一般的整理を行うことの可能性に関する……報告」Cmd. 5648.

(30) *League of Nations* : C. 144, M. 45, 1931, vii. p. 30.

(31) *Ibid*. p. 31.

(32) *Ibid*. p. 32.

(33) 一九三七年九月一九日における合衆国コロンビア放送による演説。*Talks*, October 1937 に公表。

(34) ドイツ・アカデミー経済委員会での演説、一九三八年一一月二九日。

(35) ウィンストン・チャーチル『世界の危機』Winston Churchill, *World Crisis*, p. 26.

(36) 同じ条件がシオニズム(ユダヤ建国主義)の成長をたすけた。けだし、シオニズムは一九三七年のパレスチナ王室会議が言明しているように、「消極的な面では逃避の信条である」から。Cmd. 5479. p. 13.

(37) 「亡命者の存在は、経済的政治的自由主義が消えてゆく徴候である。亡命者は、自由な移住を実際に止めた経済的孤立主義の副産物である」(J. Hope Simpson, *Refugees : Preliminary Report of a Survey*, p. 193)。

第五章　リアリストからの批判

第一節　リアリズムの基盤

前章でその理由は述べたが、ユートピアニズムよりははるかに後れて、それに対する反動という形で、リアリズムがあらわれる。「正義とは強者の権利である」とするテーゼは、古代ギリシアの世界においてよく知られていたが、それは、政治の理論と実際とのくいちがいに困惑した無力な少数者の抵抗が言葉になったものにほかならない。ローマ帝国下の、そして後にはカソリック教会の支配下では、この問題はほとんど起きる余地はなかった。はじめは帝国の、ついで教会のもたらす政治的な善であることが、道徳的な善であることと一致するとみなされ得たからである。政治の理論と実際とのくいちがいが鋭くなり衝突するようになるのは、中世期体制の崩壊とともにのことであった。マキアヴェルリが、最初の重要な政治的リアリストである。

マキアヴェルリの出発点は、当時の政治思想に一般的なユートピアニズムに対する反抗である。

読みとってくれる人に役立つ事柄を書くことが私の意図するところであるので、対象の想定よりも対象の現実のほんとうの姿を追求してゆくことが私にふさわしいことと考える。というのも、多くの論述は実際に見たこともなく知りえたことでもない共和国や君主国を描き出しているからである。人がいかに生きているかは、いかに生きなければならないかとはかけ離れたことであるから、何がなされるべきかを考えて何が行われるかをなおざりにする者は、生きつづけるよりも破滅にやがておちいることになるのである。

マキアヴェルリの理論にふくまれている三つの核心的な信条は、まさにリアリストの哲学の礎石である。第一に、歴史は原因と結果との連続であり、その過程は知的努力によって分析され理解され得るのであり、(ユートピアンが信じているように)「想定」によって方向づけられるものではない。第二に、理論は(ユートピアンが考えるように)実際をつくり出すものではなく、実際が理論を創るのである。マキアヴェルリの言葉では、「良い意見は、いかなる場合に提示されるにせよ、君主の英知から生れるのであり、その英知は良い助言から生れるものではない」。第三に、政治は(ユートピアンが主張するように)倫理の機能ではなく、倫理が政治の機能である。人びとは「強いられて正直であるようにされている」のである。マキアヴェルリは道義の重要性を認識していたが、実力をもつ権威が存在しないところには効力のある道義が存在するはずはないと考えた。道義は権力の所産ということなのである。[1]

正統派の因習的な意見に対するマキアヴェルリの挑戦がきわめて強硬で活力のあるものであったことは、つぎの事実によって証明されよう。彼の論考が現われて四世紀以上を経た後にも、政治上の対立者に不信を表明するうえの決め手は、その相手をマキアヴェルリの徒だと呼ぶことがつづいている。[2] ベイコンは、マキアヴェルリを「人びとが行わねばならないことをでなく、人々が行う習性をもっていることを、公然と偽善をまじえずに述べた」[3] 人としてたたえた最初の一人であった。それ以後、およそ政治を思考する人は彼を無視することができなくなった。フランスにおけるボーダン、イギリスではホッブス、オランダでのスピノザなどは、この新しい理論と、かの最高の倫理基準とされた「自然法」の概念との間にある折衷をつくろうとしたふしがある。しかし、これら三者はいずれも、実際にはリアリストであった。そして、ニュートンの時代にはじめて政治の自然科学というものの可能性が考えられたのであった。[4] ボーダンとホッブスの仕事は、「倫理を政治から切り離すこと、および、マキアヴェルリが実際上の根拠にもとづいて行ったこの区別を理論的方法によって完成すること」であったとラスキ教授は書いている。[5] ホッブスは「〈正〉および〈不正〉という名辞ができる前に、なんらかの強制権力が存在していなければならない」と述べている。[6] スピノザは、政治の実際家の方が理論家「とりわけ神学者たち」よりも政治の理解に寄与したと確信していた。それは「実際に政治を行っている者は経験という学校に身を置いており、そこではわれわれの実際の必要に関係あること以外は教えない」からである。(7)ヘーゲルに先立って、スピノザは、「人はそれぞれ自己の本性の諸規準に従い、自然の最高の正しさに則って行動をとる」(8)と述べている。こうして、道は決定論へむけて開かれる。倫理は結局のところ、現実《リアリティ》の考究となるのである。

しかし、現代のリアリズムは、一六、一七世紀のそれとは、ある重要な点でちがっている。ユートピアニズムもリアリズムもともに、その哲学の中に一八世紀の進歩に対する信念を受け容れて、これを体質化しているが、その場合リアリズムはユートピアニズムよりも「進歩的」と思われる形式をとるという興味のある幾らか逆説的な結果を伴っている。ユートピアニズムの側では、仮説上は静止のままのものである絶対的な倫理基準を信じながら、そのうえに進歩を信じるという接木《つぎき》を行っているのである。リアリズムの側は、そのような頼みの綱はもたないから、ますます動的となり相対主義へ進んでゆく。こうして進歩は、歴史的発展過程の内面をつらぬくものとなっていった。こうして人類は、それと定義づけられないままの目標か、あるいはそれぞれの哲学者によってさまざまに定義されている目標かに向って前進をつづけていくことになるわけであった。リアリストの「歴史学派」はドイツに生まれ、その発展は、ヘーゲルやマルクスという偉大な人びとを通じておしすすめられた。そして、この西欧のいかなる国も、またいかなる思想部門も、一九世紀の半ばごろから後期にかけて、この歴史学派の影響をうけなかったものはない。したがってこの展開は、マキアヴェルリやホッブスのような思想家によってあたえられた悲観的な色彩をリアリズムからはらいおとすことになったが、他面ではリアリズムの決定論的性格を一段と強く浮彫りにしたのであった。

　歴史における因果関係というのは、歴史が書かれはじめた時以来の古い観念である。しかし、人間にかかわる事柄は、神の摂理につねに導かれ時にはその助けを受けるということが一般に信じられていたかぎり、原因と結果との規則的な関係に基礎づけられた歴史哲学が展開される気配はなかった。ヘーゲルは、規則的な秩序ある発展過程を考えていたが、その推進力を形而上学的な抽象的概念――「時代精神《ツァイトガイスト》」にもとめることで満足していた。しかし、リアリティについての歴史的概念が確立すると、この抽象的な「時代精神」が、なにか具体的な物質的な力にとって代られる今一歩のところまで来ていたのであった。歴史の経済的解釈が、マルクスによって、発明されたわけではなかったが展開され普及されることになる。同じころ、バックルは、人事が「普遍的で一貫した規則性の見事な原理に貫かれている」ことを彼に確信させた歴史の地理学的解釈を展開している。[9] これは、「地政学」という学問の形をとって今よみがえらされているが、その創唱者は地理を指して「政治的至上命令」としている。[10] シュペングラーは、事態が文明の成長と凋落とを支配する準生物学的法則によって決定されることを信じていた。もっと折衷主義の思想家は、歴史を多様な物質的要因の所産として解釈し、団体ないし国家の政策をもってその団体ないし国家の利益を組成しているあらゆる物質的要因の反映であると解釈する。アメリカ国務長官に在任中、ヒューズ氏はつぎのように言った、「対外政策は抽象的概念の上にたてられてはいない。それらは、なにか直接の緊急事態から起きているか歴史的な見通しの上に分明に現われている国家的利害関係の結果なのである」[11]と。およそ現実についてのこのような解釈は、それが時代精神としてであれ、経済ないし地理としてであれ、さらにまた「歴史的見通し」としてであれ、すべてつきつめてゆけば、決定論的となる。マルクス(もっとも彼は行動綱領をもっていながら生硬で堅固な決定論者であったわけでなかったが)は、「不可避の目標を達成すべく鉄の必然性をもって進んでゆく動向」[12]を信じていた。レーニンはつぎのように述べている、「政治は、特定の個人や政党の処方箋などにかかわりなく、政治そのものの客観的論理をもっている」[13]と。一九一八年の一月にレーニンは、「科学的予報」として、ヨーロッパにおける社会主義革命の到来という彼の確信を述べたのであった。[14]

リアリストの「科学的」仮設の上では、現実《リアリティ》は上述のように、歴史的進化の全過程と同一視される。そしてその歴史的進化の法則を検討し明らかにすることが哲学者の仕事である。歴史的過程の外にリアリティが存在するはずはないのである。「歴史を進化および進歩と考えることは、歴史をそのあらゆる段階において必然として認めることを意味し、したがって歴史についての判断に妥当性を認めないことになる」と、クローチェは述べている。[15]倫理的立場から過去を非難することは、意味のないことになる。というのは、ヘーゲルの言葉を借りれば、「哲学は不正にみえる現実的なものを理性的なものに変容する」[16]からである。あったことは正しい。歴史は、歴史上の諸基準による以外に判断されえない。過去に関する判断でわれわれが現在のものと同様に思い出すことのできるものは別として、われわれの歴史的判断が、事柄は実際にあったのとはちがったものになってゆくはずはないという前提からつねに出発するものであることに重要な意義がある。フィッシャーの『ヨーロッパ史』のなかに一九一九年におけるギリシアの小アジア侵出は間違いであったとあるのを読んで、ヴェニゼロスは冷笑して「成功しない企画はすべて間違いなのだ」[17]と言った。もしワト・タイラー〔Wat Tyler 一三八一年イングランドの農民一揆の指導者〕の叛乱が成功していたなら、彼はイギリスの国民的英雄となっていたであろう。もしアメリカ独立戦争が失敗に終っていたなら、合衆国の建国の父たちは狂暴な良心のない熱狂者の一味として歴史の上に僅かにとりあげられるだけであっただろう。一事が成れば万事成る、である。ヘーゲルがシラーから借りた有名な言葉で言えば、「世界史は世界の法廷である」。「力は正義なり Might is right」というよく知られている言葉は、もし「力《マイト》」という語をきわめて限定した意味で用いるなら、わけなく誤って解されてしまう。歴史が権利 rights を、したがって正義 right をつくりだす。最も適性のものが生き残るという理論は、生存者が実際において生存すべき最適者であることを立証するのである。マルクスは、プロレタリアートの勝利を、それが歴史的必然であるという意味においてのみ、正しいと考えていたようである。ルカーチは、プロレタリアートの「正義」をその「歴史的使命」に基礎づけたが、[18]そのばあい彼は、一貫した——軽率ではあったろうが——マルキストであった。ヒットラーもドイツ国民の歴史的使命を確信していたのであった。

第二節　思想の相対性

現代のリアリズムの成果で際立ったのは、歴史過程の決定論的見方を明白に示したこととともに、思想そのものの相対的実用主義的性格を明らかに示したことであった。過去五十年に、歴史学派の諸原理が思想の分析に適用されてきたのは、全くとまでは言えないまでも、主としてマルクスの影響によることである。しかも新しい学問の基礎は主として、「知識社会学」の名のもとにドイツの思想家たちによってきずかれたのであった。リアリストは、こうして、ユートピアニズムの知的理論や倫理基準が、絶対的演繹的な原理の表明であるどころか、歴史的な制約を受けるものであって、環境と利害関係の所産であるとともに、利益の助長をめざしてつくられた武器でもあることを論証することができたのである。バートランド・ラッセル氏はこう述べている、「倫理観念は、原因であることはきわめてまれであって、たいていは結果であり、われわれが選択を行うための普遍的な立法権威を主張する一手段であって、間違って考えられがちな、選択の現実の根拠をなすものではない」[19]と。これは、ユートピアニズムが対決しなければならない今までで最もおそるべき攻撃である。というのはこの場合、ユートピアニズムの信念の基盤そのものが、リアリストからの批判によって覆されているからである。

一般的には、思想の相対性ということは従来から認められてはいた。すでに一七世紀には、バーネット司教が、マルクスほどに辛辣ではないが、彼におとらず強力に、相対論的見解を説いている。

さきの内乱〔清教徒革命戦争一六四二―四六、一六四八―五二年〕とのかかわりで政府についてどのような観念がその時その時に一般にもたれていたかは、よく知られていることである。君主政が覆されようとしていたとき、それを正当づけるために何が必要であったかをわれわれは知っていた。その時には政府はもともと人民から生れたものであり、君主は人民の信託を受けている存在にほかならないということが、当時の目的によく適《かな》うことであったため、それが事の性質上疑いのない真実とされたのであった。……しかしその後、君主がその地位に再びついたとき、政府についての別の観念が現われることになる。そのときは、政府はまぎれもなく神によって創られたのであり、君主は神に対してのみ責を負う、というのであった。……ところがさらに、またも変って、人民が言論の自由を得てくるようになると、つぎの新しい観念があらわれる。いまや、受け身での服従は全くあやまりであり、重圧を忍受することは義務などではなく、圧力には抵抗すべきことが立派な行為となる。そのうえ、不当な扱いは神によって直され正されるしかないというのではなく、われわれは自分自身を救うべき自然権をもっている、ということになった。[20]

近代の諸時期には、この現象についての認識はかなり一般的となっている。ダイシイは奴隷制度についての一九世紀における意見の分裂をつぎのように述べた、「信念は、はっきり言えば公正な信念というのは、議論によってつくられるものでなく、また直接的な自利の心から生れるものでもなくて、たいていは環境の結果であった。環境がたいていの人の意見をつくりあげる[21]」と。マルクスは、このやや漠然とした概念をもっと限定して、すべて思想はその思考者のもつ経済的利益および社会的身分によって条件づけられると論じた。だが、これは過度に限定するものと言えよう。とくに「国家的」利益の存在を否定したマルクスは、個人の思想を制約する力として国家主義の潜在力を低く評価していたからである。しかし、環境が意見をつくるという原理にマルクスがとくに意を集中したことが、この原理を一般にひろめ、人の心に浸透させていった。思想が思想家の立っている利害関係や環境に相対的なものであることは、マルクス以後、きわめて広く認められ理解されるようになった。

この原理はきわめて広い適用の分野をもっている。すでに言いふるされていることだが、理論が事態の進行過程をつくるのではなくて、理論は事態を説明するために考えだされるのである。「帝国が帝国主義に先行する[22]」のである。一八世紀のイギリスは、「自由放任《レッセ・フェール》政策を、それがまだ新しい理論において正当化されておらず、正当らしささえそなえていないうちに、実行にうつしたのであった[23]」。さらに、「理論体系としての自由放任が事実上崩壊したのは、現実の世界において自由放任主義が凋落した後であって、その反対ではなかった[24]」。一九二四年、ソヴィエト・ロシアにおいてひろまった「一国社会主義」の理論はあきらかに、ソヴィエト支配体制を他の諸国においても樹立しようとして失敗したことから生まれたものであった。

しかし、抽象的理論の展開は、理論とは本質的な関連の全くない事態に影響されることが多い。

> （現代のある社会思想家は述べている。）政治思想が論じられる場合に、実際の事態が議論よりも強い力をもっているのである。制度の得失、国家の勝敗が一定の原理と結びつけて考えられるので、そのような事態がどこかで起こるたびごとに、これらの原理の賛否両論者に、あらためて新しい説得力と決断力とを与えることが繰り返されているのである。……哲学というのは、それが地上の存在であるかぎり、信ずべき典拠が教えているように、他の人びとと同様に歯痛に苦しみ身近の大事件に圧倒され知的流行に誘惑されもすることで他の人たちとかわるところのない哲学者たちの言葉なのである。[25]

一九世紀の六〇、七〇年代におけるドイツの劇的な躍進は、次代のイギリスの指導的哲学者――ケアード、トマス・ヒル・グリーン、ボザンケ、マックタガート――を熱心なヘーゲル主義者としたほどに印象的なものであった。その後、クリューゲル〔S. J. P. Kruger 1825-1904 南アフリカ共和国大統領〕へのドイツ皇帝の打電とか、ドイツ海軍計画などの事態がおきると、イギリスの思想家の間に、ヘーゲルは考えられていたほどの立派な哲学者ではないとの考えがひろまった。そして一九一四年以後、名の知られているイギリスの哲学者で、あえてヘーゲル主義の旗じるしをかかげようとしたものはなかった。一八七〇年以降は、スタッブスとフリーマンとが、初期イギリス史を健全なチュートン的基盤の上にきずいたが、他方フランスにおいてさえ、フュステル・ドゥ・クーランジュが、フランス文明のラテン的起源を擁護する難渋な仕事に取り組んだ。過去三十年の間、イギリスの歴史家たちは、イギリスのチュートン的起源をできるだけ目立たないものにすることに、ひそかに努力したのであった。

　このような影響を受けたのは、ただに専門の思想家だけではなかったのであり、一般の見解も影響され支配されることがいちじるしかった。フランス人の生活が軽佻で不道徳であるというのは、まだナポレオンのことが忘れられなかった一九世紀のイギリスにおいてつくりあげられた独断であった。バートランド・ラッセル氏はつぎのように述べている、「わたくしが若かったころ、フランス人は蛙をたべた。それで〈カエルども〉と呼ばれた。しかし、わがイギリスが一九〇四年にフランスと協商を結んだときには、フランス人はこの習慣をやめていたようである——ともかく、わたくしはこのとき以来〈カエルども〉と呼ぶのを耳にしなかった[26]」と。その後幾年かして、一九〇五年の「いんぎんな小男ジャップ」が逆に一変して「東洋のプロシア人」になってしまった。一九世紀においては、ドイツ人は有能で聡明であり、ロシア人は遅鈍で野蛮であるというのが、イギリス人の月並な評価であった。一九一〇年ごろになると、ドイツ人(彼らはたいていプロシア人であることがわかったが)は、粗野で残忍で偏狭であり、ロシア人はスラヴ魂の持ち主であるとみなされた。イギリスにおけるロシア文学の流行は、このころにはじまったのであるが、それはロシアと政治的に接近した直接の結果であった。イギリスおよびフランスにおけるマルクス主義の流行は、ロシアにおけるボルシェヴィキ革命の成功後に目立たぬ程度にはじまったのだが、ソヴィエト・ロシアがドイツに対抗する有力な軍事的同盟国であることがわかった一九三四年以後は、急速に勢いを増し、それは知識人の間においてとくにいちじるしかった。こう言われると、たいていの人は、色をなして、自分たちはそのようなふうに意見をつくりだすものではないと否定するであろうが、それがまさに上述の症状を示すものである。その昔アクトンが言ったように、「観念の系譜をあらわにする発見ほど、人をいらだたせる発見はない(27)」からである。思考を条件づけるはたらきは、必ず潜在意識において行われているのである。

第三節　思想を目的にあわせる

思想は、思考する人をとりまく環境および彼のもつ利害に相対的なものであるだけではない。思想は思考者のめざす目的の達成に向けられるという意味で、それはまた実用的《プラグマティック》な性質をもつ。機知に富んだある論者が言っているように、リアリストにとって、真実とは、「まとまりのない経験を、特定の目的のためと当面の時世とに実用的に適合させて感受されたものにほかならない」(28)。思想が目的をもつという性格については、前章で論じたので、ここでは、国際政治におけるこの現象の重要性について説明するために二、三の例をあげるにとどめる。

ある相手国ないしは潜在的な敵国の信用を傷つけるべく企図された理論は、目的をもつ思考のよくある形の一つである。自己の敵とかやがては自己のいけにえとなるものを、神の目に劣れる者としてうつるように述べたてることは、旧約の時代以来よく知られたテクニックである。古今を問わず、人種にかかわる理論はこの部類に属する。ある国民ないし階級が他の国民ないし階級を支配することは、支配される側の知的道徳的劣性を確信することによって正当化されているのがつねである。このような理論において傷つけられる側の人種や集団にかぶせられるのは、普通、性的異常性や性的非行である。性的廃頽をアメリカ白人はネグロのせいにし、南アフリカの白人はカフィル族のせいにする。インド居住の英人はそれをヒンズー族のせいにし、ナチ党のドイツ人はユダヤ人のせいにする。ロシア革命の初期におけるボルシェヴィキに対して向けられた非難のなかで最も一般的でしかも最もばかげていたのは、彼らが性的自由を唱えているとされたことであった。性的性質の非行によってうずめられた不快きわまる読物は、戦争の所産としてありふれたことである。アビシニア侵攻の直前に、イタリア人が公式刊行物『緑書アビシニアの非道』を発行した。ジュネーヴにおいてアビシニア代表がこれをつぎのようにみたのは正当であった、「イタリア政府は、エチオピアを征服し壊滅しようと決意したので、まずエチオピアに悪名を浴びせることからはじめたのである」と。[29]

しかし、この現象は時には、見ぬかれないように露骨な形を避けて現われもした。この点は、一九〇八年三月の外務省覚書の中でクロウェがたくみに行っている。

ドイツ(正式にはプロシア)政府は、対戦の可能性ありとにらんだ相手国に向って、強烈でしかも神意に即する憎しみの感情をひき起すために、一通りでない苦心をはらったのであった。イギリスを、自利と貪慾とでかたまった怪物、良心を全く欠いている国として狂熱的な憎悪――今やドイツ人に活気を吹き込んでいる憎悪――をあおり立てたのは当然のことであった。[30]

この診断は、的確で事実を衝いている。しかし、クロウェのような鋭敏な心が、彼の親しく接した政治家や役人など限られた人びとの前で、彼が攻撃したドイツ政府のやり方と同じ事を彼自身がそのとき行っていたことに気づかなかったとしたら、おかしなことである。というのは、そのときの彼の覚書や草稿を読むと、彼が、やがては敵となる国に向って「強烈でしかも神意に即する憎しみの感情をひき起す」ことをしているのは、それが見えすいた試みとしても、したたかな企図を示すものである。――これはまさに、思想が環境に条件づけられ意図を持った性質のものであることを、他国民の思想についてはその通りであることを証明してわれわれを励ますものでありながら、他方、自国民の思想は全く客観的なものであるとするのであるから、実に奇態な事例である。

敵国に対して道徳的不信を投げつけることを意図する理論を上述のように広めることと、ちょうど正反対なのは、自国および自国の政策に道徳的信用をあたえる理論を広めることである。ビスマルクは、一八五七年に、フランス外相ワレフスキーが彼を批評したつぎの言葉を書きとめている。普遍的な正義の言葉で自国の利益を包みかくすことが外交官の仕事である、と。さらに近くは、チャーチル氏が下院でつぎのように述べている、「イギリスの再軍備と対外政策とにとっての道徳的基盤が存在しなければならない(31)」と。しかし、現代の政治家がこのように率直に自己の態度を明らかにすることはまれである。そのうえ、現下のイギリスおよびアメリカの政治において最も強い影響力を発揮しているのは、政策は倫理的原理から導き出されるのであって、政策から倫理的原理が引き出されるのではない、と真面目に確信している、どちらかといえばユートピア的な政治家たちである。それにかかわることなく、リアリストとしては、そのような確信が中味のないことを曝露していかなければならなかったのである。一九一七年に、ウッドロー・ウィルソンは合衆国議会で、「正義は平和よりも尊い(32)」と述べた。その後十年して、ブリアンが国際連盟総会で「平和が何よりもさきである、平和は正義にすら先んじる(33)」と述べた。倫理的原理として考えるなら、このような両立しない言明も、それぞれ筋道が立っており、いずれも立派に支持を集めることができた見解である。となると、一体どう考えればよいのか。倫理的基準の衝突が問題になるのか、そして、ウィルソンとブリアンとの政策がちがっているとするなら、それは相反する原理から彼らの政策が導き出されたことによると考えるべきであるのか。まじめな政治学究なら、そうは考えないであろう。少し検討しただけでも、原理が政策から導き出されるのであって、政策が原理から出てくるのではないことはわかるはずである。一九一七年に、ウィルソンは対独開戦の政治方針を決定した。そして彼はこの政策を、正当性という外衣でうまくつつんでおしすすめた。一九二八年、ブリアンは、フランスに有利な平和の解決を攪乱する試みが正義の名において行われることをおそれた。そして、彼は、ウィルソンに劣らず、自己の政策に適合する道徳的言いまわしを難なく見出したのであった。このような原理の相違とされるものを、倫理的な立場から論議することは見当ちがいであろう。これらの原理は、それぞれの条件に対処するために立てられたそれぞれの国家政策を反映しているだけだからである。

潜在的な敵国の政策に対しては道徳的な不信を投げつけ、自国の政策は道徳的に正当づけるという、この二重のやり口は、二つの大戦の間に展開された軍備縮小の論議からいくらも事例をあげることができる。自国の制海権が潜水艦によって脅かされたアングロ＝サクソン諸国の味わった経験が、この新武器の非道徳性を公然と非難しうる好機を提供した。平和会議におけるアメリカ代表の海軍顧問は、潜水艦が廃止されることによって「海戦がもっと高い水準で行われることを、文明は要求する」(34)と述べている。不幸なことには、潜水艦は、フランス、イタリアおよび日本などの劣勢であった海軍により有利な武器と考えられていた。

したがって、この格別な文明の要求は、とりあげられなかった。もっと大ざっぱな区別立ては、一九二二年国際連盟協会の総会における演説でセシル卿が行った。

世界の普遍的な平和は、単に海軍の縮小などという物質的な事柄で確保せられるものではないだろう。……もしすべての海軍国が軍備を撤廃するとか、あるいはまた、その軍備を徹底的に制限すべきであるというようなことになるなら、それはむしろ戦争の危険を減少するどころか増大することになろうとわたくしは確信する。というのも、海軍は主として防御にあたるものだからである。攻撃にあたるのは、ほとんど陸軍の武器であるはずである。[35]

自国に不可欠な軍備は防御のためであり善行であるとし、他国のそれは攻撃のためであり悪行であるとする着想は、特に効果を示した。その十年の後に、軍縮会議の三つの委員会が、軍備を「攻撃的」と「防御的」とに分類しようという無駄な努力に数週間も費やしたことがあった。各国の代表は、自国が依存する軍備は防御のためであり潜在的相手国のそれは本質的に攻撃のためのそれであることを立証すべく、純粋に客観的な理論にもとづくという建前をとって、きわめて巧妙な議論を展開した。同じような態度が、経済的「装備」に関してもとられた。一九世紀の後半においては――そして一九三一年までは僅かな程度にではあったがつづいていた――、保護関税がイギリスでは道義的でないと一般にみられた。一九三一年以後は、公正な関税は無害であるということに再びなったが、バーター協定、産業（農業ではない）割当、為替統制、その他、大陸諸国が用いた種々の対抗手段は道義的でないとなおもみられていた。一九三〇年にいたるまで、アメリカの関税が連続的に改訂されたが、それはほとんど上昇の一途をたどっていたのである。したがって、アメリカの経済学者は、他の点では自由放任《レッセ・フェール》の強い支持者であったが、関税となるといつも、これを合法的でむしろ評価できることとしてきたのであった。しかし、合衆国の地位が債務国家から債権国家にかわったことは、イギリスの経済政策の逆転と相まって、局面を変えてしまった。そして、関税障壁の縮小が、アメリカのスポークスマンによって、国際道義の目的と密接に関連づけられるのが普通となった。

第四節　国家的利益と普遍的福利

しかし、リアリストとしては、ユートピアンの防禦のすき間から、このようないやがらせの針を刺すぐらいのことで、茶をにごしているべきではなかった。リアリストの仕事は、ユートピア思想を構成している素材が、いかにうつろなものであるかを明らかにして、この思想のボール紙でできた構造を根底から覆すことである。思想が相対的なものであるということを武器に、リアリストは政策や行動を判断する基準として固定的絶対的なそれを主張するユートピアンの考え方を打倒しなければならないのである。もし、理論が、政治的要請の実際と原理との反映であることが明らかにされるなら、このことを、ユートピアンの信条の基本的な理論と原理とに突きつけ、特にその信条の本質的な前提である利益調和の理論に対決させることになるはずである。

ユートピアンが利益調和の理論を説く場合、彼はワレフスキーの格率をごく無意識に採用し、自己一身の利益を普遍的利益のようによそおって、これを自己のみならず世のすべての者に強いようとしていることがわかる。「自分自身に適切な処置は他の者にも有利なものである」と人は信じがちであると、ダイシイは言っている。(36) 公共の福利を説く諸理論は、よく検討すれば、ある特定の利益のための体裁のよい仮装であることがわかるのであるが、それは国内問題についても国際問題においても同じである。ユートピアンが、いかに絶対的基準を立てることに熱心であるとしても、かれらはその絶対的基準にしたがって世界一般の利益を自国の利益に優先させることが自国の義務である、とは言わない。全体の利益は各部分の利益に合致するという、かれらの理論に反することになるからである。ユートピアンは、世界にとって最善のことは自国にとっても最善であると論じ、つぎにこれを反対に読んで、自国にとって最善のことは世界にとっても最善である、と論じる。二つの命題は、ユートピアンの観点からは一致するものなのである。したがって、当代のユートピアンのこの無意識なシニシズムの態度は、ワレフスキーのようなあるいはビスマルクのような人の慎重で自覚的なシニシズムよりは、はるかに効果的な外交上の武器としての働きを示した。過去半世紀のイギリスの論者は、イギリスの優位を維持することは人類に対する義務を果すことであるとの理論を、とくに雄弁に主張したのであった。一八八五年にタイムズは率直につぎのように論じた、「もしイギリスが石炭倉庫と鍛冶場になっているとするなら、それは自国のためだけでなく人類のためでもある」[37]と。つぎの引用文は、当時の公人の回想録の中からえらび出した典型的な諸事例である。

私はこの世界において大なる目的をただ一つもっている。それは、イギリス帝国の偉大さを保持することだ。しかし、このことでの私のなかのジョン・ブルの感情とは別に、私はこの目的に努力することによって、キリスト教のため、平和のため、文明のため、さらにひろく人類の幸福のためにつとめているのだと確信する。[38]

セシル・ローズは、つぎのように述べている、「われわれは世界における最初の人類であり、われわれが住む世界の部分が多ければ多いほど、それは人類にとってよりよいことなのである」[39]と。一八九一年に、当時もっとも著名で光っていたジャーナリストのW・T・スティードが『評論の評論』をつくったが、その初号の編集者の言葉として、「われわれは、神を、イギリスを、人類を、信じる」「英語人種は、全人類における将来の進展をおしすすめるために、神が選びたもうた実行者の長たるものである」[40]と述べた。一九一二年に、オックスフォードの一教授は、イギリス史の秘密が、つぎのことにあるとの確信を述べている。「自国の独立のために戦うことによって、イギリスは、ヨーロッパの自由のために戦ってきたのであり、こうすることで、イギリスがヨーロッパおよび人類につくした奉仕は、イギリスを帝国という名称が与えられるほどに、より広大な奉仕ができる国にしてきたのである[41]」と。

この確信は、第一次世界大戦によって、調子の高い感情的な興奮となった。イギリスの交戦が人類にあたえつつある貢献について、そのお題目だけを、イギリスの政治家の演説から選り出してならべてみても数頁をふさぐことになるだろう。一九一七年に、バルフォアが、ニューヨーク商業会議所でつぎのように語っている。「一九一四年の八月以来、戦は、いささかの思惑や野心もなく、人類の最高の精神的進歩のために行われてきた[42]」と。平和会議とその後の経過とは、一時、このような公言が信をおくに足らないものであることを明らかにし、そして、イギリスの優位をもって人類の道徳的資産の一つとする信念に、なにか一抹の疑惑を投影したのであった。しかし、迷いを覚ましたり控え目である時期は短かった。国際的緊張の時機ごとに、とりわけ、戦争の可能性が地平線上にあらわれる瞬間ごとに、この国家的利益と道義とを同一視する態度がめざまされるのであった。アビシニアの危機が頂点に達したとき、カンタベリーの大僧正は、パリの一新聞のインタヴューを通じてフランス社会につぎのように勧告した。

われわれは、道徳的に精神的に考えることによって活力をあたえられるのである。わたくしがこの点の誤解を一掃することにつとめるからといって、わたくしの任務から逸脱することになるとは考えない。……

> われわれを前へ前へと駆り立てているのは、……利己的利益のゆえではない。そしてまた、諸君を立ちおくれさせているのが、利益に対する考慮であってはならないのである。[43]

その翌年、トインビー教授は、イギリス帝国の安全が、「同時に全世界の最高の利益でもある」ことを、あらためて確信することができたと述べている。[44] 一九三七年に、セシル卿は国際連盟協会の総会で、「われわれの国土、われわれの帝国、さらにひろく人類に対するわれわれの義務」について語り、つぎのような引用をした。——一度ならず二度ならず、わが荒々しい島国の物語では／義務の道は、栄光への道である。[45]——

バーナード・ショウ氏が『運命の人』の中で論じているように、イギリス人は「その利益に反して義務を遂行してゆくような国家は亡びる、ということを決して忘れはしない」。最近もアメリカの一評論家によって、イギリス人は「神学的王国を失ったが政治的王国は獲得したイエズス会士[46]」だと述べられていたが、別におどろくにはあたらない。またイタリア前外相が、これらの最近の諸表明よりもずっと前に、「イギリス国民にあたえられた貴重な天与のもの——すぐれた信念をもって最も具体的な外交技術のために最高の道徳的理由を提出して、イギリスに必ず道徳的な利益をもたらすことのできる論者や教会人を、イギリス国民はもっている」と論評したが、[47] これもおどろくほどのことではない。

最近、同じことが合衆国における特有の現象となった。マッキンレイが神の導きを祈求し、フィリッピンを併合することに決定したいきさつの物語は、アメリカ現代史の古典となった。この併合は、合衆国の外交によりもイギリスの外交政策において従来よく用いられていた道徳的自画自讃をさらに一般化するきっかけとなった。セオドア・ルーズヴェルトは、歴代のいかなるアメリカ大統領よりも強固に、「余は国家なりL'état, c'est moi」の信条を堅持したが、彼はこの道をさらに前進していった。以下の奇妙な対話は、一九一五年にタマニイ〔ニューヨーク市のタマニイ・ホールに拠る民主党の政治団体〕の一指導者によってルーズヴェルトが名誉毀損で訴えられた際の反対訊問中のことである。

問　実質的な正義が行われたということが、どうしてわかったのですか?

ルーズヴェルト　私がやったことだからです。というのは……私は最善をつくしていたのだから。

問　それは、あなたがある事を行うとき、そうすることで実質的な正義が行われると言っていることになります。

ルーズヴェルト　そのとおりです。私がある事を行う場合、私は実質的正義を行うものとしてそれを実行します。私はまさにそのつもりで言ったのです。(48)

ウッドロー・ウィルソンは、これほど素朴に自己を吹聴することはまずなかったが、むしろ、アメリカの政策と普遍的正義との一致を確信することではルーズヴェルトよりも深いものがあった。一九一四年におけるベラ・クルス〔Vera Cruz メキシコ湾岸の都市〕の砲撃の後、ウィルソンは「合衆国は人類に奉仕するためにメキシコにまで出掛けていったのだ」と世界に言明した。(49) 第一次大戦中、ウィルソンは海軍兵学校生徒に訓辞していう、「つねにアメリカを第一に考えるのみならず、またつねにヒューマニティを第一に考えるべきである」と。その難解な点を、合衆国は「ヒューマニティのためにこそ建設された」と説明してかなり和らげる妙技もみせた。(50) 合衆国が参戦する少し前に、戦争目的に関して上院で行った演説の中で、ウィルソンはこのアメリカとヒューマニティとの合致をさらに無条件のものとして述べている。「これらは、アメリカの原理でありアメリカの政策である。……これらは、人類の原理であり、それはどこまでもひろがってゆかねばならないのである」。(51)

このような性質の発言が、ほとんど専ら、アングロ＝サクソンの政治家や評論家から続出することは後述のとおりである。たしかに、著名な国家社会主義者が「ドイツ国民を益することはすべて正しく、ドイツ国民を害うことはすべて不正である」(52)と主張したことはあるが、それは彼がただ、ウィルソン、トインビー教授、セシル卿その他多くの人びとがすでに英語国家のために確立していた国家的利益と普遍的正義との同一視を表明しているにすぎないのが実際であった。しかし、そのようにこの主張が外国語にうつされて語られると、英語国民にとっても、その調子は強いられるようにひびき、そのような合致は信じられないという感じをあたえるのであった。この奇妙なずれ方については、普通、二つの説明がされている。第一の説明は、英語国家によく知られているものであるが、英語諸国家の政策は、大陸諸国のそれよりも、実際において、より道徳的であり公平無私であって、そのためにウィルソン、トインビー教授、セシル卿らが、アメリカおよびイギリスの国家的利益と人類の利益とを同一視しても、彼らは、だいたいにおいて正しいというのである。第二の説明は、大陸諸国において一般に行われているものであるが、英語国民が彼らの利己的な国家的利益を一般的福利という仮面でおおいかくす技術は達人のそれであるという過去があり、この種の偽装はアングロ＝サクソン精神の並はずれた独自の特質であるというのである。

難題を一刀両断に解決するようなこれらの論議のいずれをとるかなど無用なことであろう。解決法は単純である。社会道義の理論というのは、つねに、自己と全体としての共同体とを同一視し、さらに、自己の世界観を共同体におしつけるために、下位の団体や個人には認められていない便益を持っている最有力団体がつくり出すものである。国際道義の理論も、同じ理由でそしてまた同じ手順を経て、諸国家のうちの最有力国家ないし国家群がつくり出すものである。過去百年の間、そしてとくに一九一八年以後は、英語国民が世界における最有力な集団であり得たのであり、したがって当時一般的であった国際的道義の理論は、彼ら英語国民の優位を永く維持しようとして考えられ、彼らに特有な表現形式で述べられているのである。フランスは、その一八世紀の伝統をいくらか保持しつつ、一九一八年から短期間優越的な地位にかえりはしたが、一般的な国際道義の形成には、ただ主として、道徳秩序における法の役割を強調することによって、わずかにあずかるところがあったにすぎない。ドイツは、優越的な強国では決してなく、そのうえ一九一八年以後は無力な状態になってしまったのであり、そのことのために、国際道義の創設者という魅力のある国家群からはずされたままである。英語国民は国際道義の独占者であるとの見解も、英語国民は全くの国際的偽善者であるとの見解も、ともにつぎのような単純な事実に帰着する。それは、国際的な徳行として一般に通っている行動規準が、自然なそして必然的ないきさつで、主として英語国民によりつくりだされてきたという事実に尽きるのである。

第五節　利益の調和に対するリアリストの批判

利益調和の理論は、上述の原理をもってすると、分析が容易である。この理論は、富裕な特権層が当然に立てる想定である。彼らは共同体において最有力の発言権をもつのであり、そのことから自然に自己の利益と共同体のそれとを同一視することになる。この同一視の結果として、支配層の利益への攻撃はいずれも、共同体全体の共通の利益への攻撃であるとして非難され、さらに、その攻撃は攻撃者自身がもつ一段と高い利益を自ら攻撃していることになるとされるのである。利益調和論はこうして、特権層が彼らの支配的地位を正当づけ保持するために、懸命につくりあげた巧みな道徳的考案として役立っているのである。しかし、それ以上の点が注意されなければならない。共同体の中で特権層が占める優位は、きわめて圧倒的な力をもつ可能性があり、また多くの場合それが事実であるために、この層の利益が共同体のそれであると実際に感じられるようになる。それは、この層の幸せは同時にその共同体の他の人びとの幸せを多かれ少なかれもたらし、この団体の衰えは全体としての共同体の衰弱をひき起すことになるからとされるのである。それゆえ、利益の自然的調和とされることが何らかの現実性をもつかぎりで、この調和論は、特権層の圧倒的な力によってつくりだされるのであり、道義が権力の所産であるとするマキアヴェッリの格率をきわめてよく説明するものである。二、三の例をあげて、利益調和論についてのこの分析を明確にしてゆく。

一九世紀において、イギリスの製造業者や商人は、自由放任《レッセ・フェール》が自己の繁栄を増進するものであることを承知しており、この原理はまた全体としてのイギリスの繁栄をも増進するものと確信していた。彼らにとって、自己と共同体との間の利益の調和とされるものは、けっして実在しないことでもなかったのである。製造業者や商人が有力な存在であったことはまさに圧倒的なもので、彼らの繁栄と全体としてのイギリスの繁栄との同一性が主張されることはあやまりではないと事実上感じとられていたのであった。このことからただちに、つぎのような所論がうまれることになった。労働者がストライキを行うのは、イギリスの製造業の繁栄を侵害することであり、全体としてのイギリスの繁栄を害し、同時にまた自己の幸せをも損なうことであり、おそらく、彼はトインビー教授の先行者たちによっては不道徳な存在として非難され、またジンマーン教授の先行者たちによっては混乱した頭の持ち主として斥けられるであろう、と。しかも、このような所論を完璧に正しいとする意識が実在していたのである。しかし他方で、利益調和の理論および諸階層間の連帯の理論は、特権をもたない労働者にとっては、苦々しい愚弄と思われたにちがいないのである。彼らの劣悪な状態、そして「イギリスの繁栄」にはあずかるところのほとんどないことなどが、この理論によって神に捧げられた生贄のように正当化された。だが、やがて労働者が十分に力を得てのし上がってゆき、自由放任《レッセ・フェール》を破棄し、それに代わって「社会奉仕国家」が実現する段階になると、そこでは利益の自然的な調和は闇に消え、人為的な方法による新しい調和の創設がはじまる。

同様の分析を国際関係について適用することができるであろう。一九世紀のイギリスの政治家たちは、自由貿易がイギリスの繁栄を増進させたことがわかっていたので、それは同時に全体としての世界の繁栄を増進するものと心から信じきっていた。世界貿易におけるイギリスの優位は当時まことに圧倒的なものがあり、イギリスの利益と世界のそれとの間に疑う余地のない一定の調和が存在したのはたしかであった。イギリスの繁栄は他の諸国におしおよんでいったのであり、イギリス経済の崩壊は世界的規模の経済破壊となるはずのものであった。イギリスの自由貿易業者たちは、保護貿易主義の諸国が自分勝手な行為で全体としての世界の繁栄を侵害しているだけでなく、愚かにも自国の繁栄をも害しているのであり、その行為はまさに反道徳的であるとともに思考の混乱によることだとまで極言したが、そう論じるだけの資格も実績もあったのである。イギリス人の目からみれば、国際貿易は全体として一つのものであり、全体で繁栄し全体が衰退をともにすることが反論の余地のないことであった。だが、それにもかかわらず、そこに利益の国際的な調和とされるものは、国際貿易での劣等な地位と僅かな取引関係しかもち得ないことがこの理論によって正当化されている非特権国家群にとっては、まさに愚弄する説としか受け取られないものであった。やがて、利益の国際的調和に対する叛逆がおこり、この理論をもっともらしく思わせていた根拠であるイギリスの圧倒的な優位が打倒される。経済的には、一九世紀における大英帝国は国際経済的道義についての自国の考えを大胆にも世界に植えつけることをあえてするほどに支配的な存在であった。しかし、単一の国家による世界市場の支配のときが終り、すべての国家があらゆる国家と競争する状態に代わると、国際経済的道義についてのさまざまな考え方で必然的に混沌としてくるのであった。

政治的にも同様に、平和の維持に利益を持つ共同体と称されるもの——その曖昧な性格についてはすでに論じたが——が、支配的国家ないし国家群によって、同じ手口で利用されるのである。ある共同体内において支配階級が、彼らの安全と優位とを保障する国内平和を祈求し、したがって彼らを脅かす階級闘争を公然と非難するように、国際平和は支配的強国に特有の既得権となっている。過去においてはローマおよびイギリスの帝国主義が、「ローマの平和 Pax Romana」とか「イギリスの平和 Pax Britanica」という装いのもとに世界におしすすめられた。今日にあっては、どのような強国も単独では世界を支配するだけの力をもたないのであり、優越的地位は一団の国家群として占められるのが実情であって「集団保障」とか「侵略に対する抵抗」というスローガンが、支配的国家群と全体としての世界との間の平和維持に見出す利益の同一性が主張されたのと同じ目的に役立っている。そのうえ、われわれが今考えている事例のように、支配的国家群の優位が十分に強大であるかぎり、この利益の同一性が実際に存在するという意識が現実にもたれることになる。一九二〇年代に、ドイツの一教授がつぎのように述べている、「イギリスは、一貫して自己中心的であるが、同時に、世界が熱烈に求めているもの――秩序と進歩と永遠の平和とを、世界に約束をしている国家綱領をかかげる唯一の強国である」[53]と。チャーチル氏が、「大英帝国とその栄光の運命は、世界の運命と不可分に結ばれている」[54]と論じたとき、この表明は、一九世紀におけるイギリス製造業の繁栄が、全体としてのイギリスの繁栄と不可分に結ばれているという言葉と、事実上まったく同じ基盤に立っていたのである。そのうえ、これらの表明の意図するところも、まったく同じであって、大英帝国の防衛、あるいは、イギリス製造業の繁栄が、全共同体にとって共通の利益をもつ問題であり、そのゆえに、およそこれを侵害するものは反道徳的かあるいは頭脳が混乱しているかであるという原理を確立することにあった。非特権階級を平和の攪乱者として彼らに道徳的不信を投げつけるのが、特権階級の常套手段である。したがって、そのような工作が、国家共同体内におけると同様に、国際的にもそのまま用いられる。最近の危機について、トインビー教授は述べている、「国際的な法と秩序とは、人類全体の真の利益のためのものであった。……他方、国際問題に関して暴力の働きうる余地を温存するようなことは、まさに反社会的な欲求であって、そのような愚かな時代錯誤の信条を堂々と公言してはばからない僅少な国家の当の市民たちにとってさえ、その根本的な利益となることではなかったのである」[55]と。これは、イギリスおよびアメリカの労働運動の初期において、ストライキごとに一役果した陳腐と虚偽とを半々に含んでいた議論とまさに同じである。使用者たちは資本主義系の新聞全体の支持をえて、労働組合指導者の「反社会的」態度を非難し、彼らを法と秩序とを侵害し「暴力の支配」をひき入れるものとして難じ、労働者の「真実」「根本」[56]の利益は使用者との平和的協力にあると主張する。これが彼ら使用者側の普通の手口である。社会関係の分野では、この議論の裏表のある性質は、ずっと前から知られていた。しかし、プロレタリアによる階級闘争の脅威が、「特権・非特権階級に共通する最小限度の利益を絶えず強調して階級間の利益の衝突をぼかそうとする特権階級の感傷をまじえた不誠実な企図に対する自然で皮肉な反作用である」[57]のとちょうど同様に、不満足諸国家の戦争挑発言動とされるものは、平和にこそ共通の利益があるとする満足国家群が感傷をまじえた不誠実な決まり文句を説くことに対して向けられる「自然で皮肉な反作用」であった。ヒットラーが、「神は、ある国々に、まず実力によって世界を獲得することをゆるし、ついでこの強奪を道徳的に説明する理論でもって弁護することをゆるしてきた」[58]などということは断じて信じられないとしたが、その彼は、「持てるもの」と「持たざるもの」との利益の共同体というものについてのマルキストの否認、「ブルジョア的道義」の利害関係性格についてのマルキストの暴露、さらには搾取者の搾取ぶりに対するマルキストの詰問などを、別の関係に導入してまねて述べているだけである。

一九三八年九月の危機は、平和にこそ共通の利益が存するという主張のふくんでいた政治的意味を、きわめてはっきりと表沙汰にした。ブリアンが「何よりもまず平和を」と主張したとき、あるいは、イーデン氏が「平和的方法で解決されない紛争はない」と語ったとき、(59) これらの言いふるされた言葉の根底には、平和が維持されるかぎり現状についてフランスあるいはイギリスにとって好ましくない変革は行われ得ない、という思いこみがあったのである。ところが、一九三八年に、フランスおよびイギリスは、彼らが過去において不満足国家の不信を責めるために用いたスローガンによって、わなにかけられてしまった。そしてドイツが、(それまでのフランスやイギリスのように)とくに優位に立ちはじめ、平和を願うことを、ドイツに有利なものに変えることになった。そのころ、この重大な変化が、ドイツおよびイタリアの独裁者の態度にあらわれた。ヒットラーは自国ドイツを、戦争挑発者である民主主義国家に脅かされている平和の防護者として熱心に弁じはじめた。一九三九年四月二八日の国会における演説で、ヒットラーは、国際連盟を「紛争の煽動者」であり、集団保障というのは「戦争の絶えざる危険」を意味するものだと論じた。ムッソリーニは、あらゆる国際的紛争を平和的方法で解決することが可能であるとするイギリスの決まり文句を借りて、

「ヨーロッパでの一紛争から自然に世界的な激突になるような戦争を、正当化するほどの大きく活力のある問題は、現下のヨーロッパには存在しない」[60]と言明した。このような表明は、ドイツとイタリアとがすでに、支配的国家として、最近までイギリスおよびフランスが享有していた平和に既得権益をもつ地位を獲得し、彼らが民主主義国家を平和の敵としてさらしものにすることで思うままの道を進むことができる時を期していた兆候であった。このような展開過程は、アレヴィの「戦争反対の宣伝は、それじたい戦争宣伝の一形式である」[61]という複雑微妙な観察を味わい分けるための参考となるものであった。

第六節　国際主義に対するリアリストの批判

国際主義という概念は、利益調和の理論が特殊な形式をとったものである。したがって同一の分析が適用されることになる。国際主義を、その主張者の利害関係や政策から切りはなして、それだけを絶対的基準としてみなすことには、利益調和の理論の場合と同じ難点が伏在する。孫文はつぎのように説いている、「世界主義《コスモポリタニズム》は、二千年前の世界帝国についての中国の理論と同じものである。……中国は、かつては、地上の帝王であることを求め、他のすべての民族の上に立とうとした。そのように中国は世界主義の立場をとったのである」[62]と。フロイトによれば、第十八王朝のエジプトでは、「帝国主義が、宇宙神と一神教としての宗教に反映されていた」[63]。単一の世界国家という理論は、ローマ帝国がひろめ、後にはカソリック教会が普及させたが、それは普遍的支配を要求する表象であった。近代の国際主義は、一七、一八世紀のフランスに発生したのであったが、それは、フランスのヨーロッパにおける指導的地位が頂点にあった時期のことである。これは、シュリー〔Duc de Sully (Maximilien de Béthune), 1560-1641, フランス新教徒の政治家、アンリ四世(1597-1610)治下の有力者〕の「大いなる構想 Grand Dessin」、サン・ピエールの「永久平和案 Projet de Paix Perpétuelle」(二つとも、フランス君主政に有利な国際的現状を永続させる計画のもの)が公にされた時期であり、啓蒙の人道主義的世界主義的理論の誕生を見、フランス語が教養ある人びとの共通の言葉になった時期であった。つぎの世紀には、指導的地位はイギリスに移り、イギリスが国際主義の本拠となった。一八五一年の大博覧会は、いかなる他の事態にもまさって、イギリスが世界の最優位に立つ国であることを明確に示したが、その前夜祭においてコンソート公は、「あらゆる歴史が指摘するところの……偉大なる目的――人類の統合の実現」[64]について感動的に語り、また、テニソンは、「人間の議会、世界の連邦」をたたえたのであった。フランスは、一九二〇年代におけるその最優位に立った時をえらんで、「ヨーロッパ連合」の計画に着手した。さらに少しおくれて日本は、アジア協同体の盟主たらんとの野心をあらわにしていった。一九三〇年代の後期に、合衆国が指導的役割を果す民主主義諸国の世界連合を提唱したアメリカの一ジャーナリストの書物[65]に広汎な人気が集まったが、それは、合衆国がしだいに国際的最優位にのぼりつつあったことを示すものであった。

国内政治において「国家的団結」の訴えが行われるのは、つねに、この団結を利用して全体としての国民の上に自己の統制力を強行することができる支配的団体からである。それと同様に、国際的団結とか世界連合の主張は、結合した世界を統制することを望んでの支配的国家から出される。支配的国家群の中へ強力に押し入ってゆこうとする国家は、自然に、支配的強国の国際主義に対抗して国家主義を拠りどころとする傾きがある。一六世紀において、イギリスは、ローマ法王と神聖ローマ帝国との国際主義に、発生したばかりのその国家主義で対立した。一八世紀に入ってからの一世紀半に、ドイツはその新興の国家主義で、最初はフランスの、ついでイギリスの国際主義に対抗した。このような事情のために、ドイツは一八世紀のフランスおよび一九世紀のイギリスにおいて一般的であった普遍主義および人道主義の理論が理解できない国家となったのである。そのうえ、国際主義に対するドイツの敵意は、一九一九年以後一段と強くなったのであるが、それは当時のイギリスおよびフランスが、彼らの優位をまもる防壁として新しい「国際的秩序」をつくりだそうと努めていたからである。ドイツの一通信員はタイムズ紙上でつぎのように述べている、「〈国際的〉とは、他の国をわれわれの国家に優越する地位におく概念であることが、われわれに分ってきた」と。[66]それでもドイツがヨーロッパにおいて優位を占めるようになれば、自国の権力を守るために、まず国際的なスローガンを採用し、なんらかの国際的組織をつくりあげることになるのは、疑いのないことであった。かつて、イギリスの元労働大臣が、国際連盟規約第一六条を、全体主義国家がいつの日か連盟を乗っ取って、この条文を自分たちの実力行使を正当化するために利用しようとするかもしれないという全く予期されない理由で廃止を提唱したことがあった。[67] これらの全体主義国家はむしろ、防共協定を何らかの国際的な組織の形にして展開すると思われ、その方がもっと起こりそうなことであった。一九三九年一月三〇日、ヒットラーは国会において「防共協定は、悪魔にそそのかされて世界の平和と文化を脅かしているものを駆逐することだけが根本の目的である国家群を結晶させる要点となるであろう」と言っている。同じころ、イタリアのある月刊誌もつぎのように論じた、「ヨーロッパが自ら結束してゆかねばならないか、〈枢軸〉国がそれを押しつけることになるか、そのいずれかである」[68]と。ゲッベルスは言う、「全体としてのヨーロッパは、国家社会主義ドイツとファシスト・イタリアとの知性的指導のもとに、新しい秩序と新しい方向とをとりつつある」[69]と。これらの事柄は、精神の変革などということを示すものではなくて、ドイツとイタリアとが強力になって国際主義を擁護するほどになる時が近づきつつあると彼ら自身が感じていた事実を示すものであった。「国際的秩序」とか「国際的結合」というのは、つねに、これらを他の国家に押しつけるだけの強味を感じとっている国家の唱えるスローガンであろう。

国際政治において一般に持ち出され公言される抽象的諸原理の現実の基盤をあらわにする

のは、リアリストがユートピアニズムを不当とする理由のなかで、最も当然であり最も説得力のある部分である。攻撃の内容は、これに耳をかそうとしない人びとに誤解されることが多い。リアリストの攻撃は、現実の人間にはユートピアンの諸原理を実践することができないとしているのではない。正義は平和より貴いと考えたウィルソン、平和は正義に先んじるとしたブリアン、さらに集団保障を確信していたイーデン氏、これらの人びとがその原理を一貫して適用することにみずから失敗し自国民をその原理にそって導くこともできなかったなどということは、それほど問題ではない。問題は、これらの絶対的普遍的な原理とされるものが、およそ原理というものではなくて、特定の時期における国家利益についての特定の解釈にもとづく国策を無意識に反映したものであったということである。国家間の、階級間の、あるいは個人間の平和と協力とが、相対立する利益と政策とに無関係な一つの共通な普遍的な目的であるという意識は実際に存在する。共通の利益は、秩序――国際的秩序であれ国内の「法と秩序」であれ――の維持にこそ存するという意識は実在する。しかし、これらのいわゆる抽象的原理を、具体的な政治情勢に適用する試みが行われると、たちまち、それらの原理は利己的な既得権益の見えすいた仮装であることがあらわになる。ユートピアニズムの破綻は、その諸原理を実践することができなかったことによるのではなくして、国際的諸問題を処理するためのおよそ絶対的で公平無私の基準を、それが提供しえないことが明らかとなったことによるのである。基準というものの利害関係を背負った性質を洞察できなかったユートピアンは、基準の挫折に当面すると、これらの基準に適合しようとしない現実を非難することに逃げ口を求める。ドイツの史家マイネッケが、第一次大戦後に書いた文章は、当時の国際政治におけるユートピアニズムの果した役割を予知した点で、もっともすぐれた判断を示すものである。

西欧の自然法則型の思惟に深くひそむ欠陥はつぎの点にあった。それがひとたび国家の現実の在り方に適用されると、それは死文になってしまって、政治家の意識に浸透してゆくこともなく、国家利益の現代の異常肥大を防ぐ働きもせず、そうしているうちに、目標をもたない不満や非現実的な想定となるか、そうでなければ表に出ない虚偽や隠語に結局はなるのであった。(70)

このような「目標をもたない不満」、このような「非現実的な想定」、このような「表に出ない虚偽や隠語」などについては、二つの大戦の間の時期に英語諸国家において国際政治について書かれたものを研究した人たちはみな、よく承知しているところであろう。

(1)　マキアヴェルリ『君主論』一五章、二三章 Machiavelli, *The Prince*, chs. 15 and 23 (Engl. transl., Everyman's Library, pp. 121, 193).

(2)　二つの興味ある最近の説明を引用しよう。『国際問題研究』のナチ革命をとりあつかった文章で、トインビー教授はつぎのように言っている。国家社会主義は、「マキアヴェルリによって……明確に述べられた……諸理想の実現」である、と。そして彼は、この見解を同じ文章中にかなり長い文でさらに二度まで繰り返し述べている(*Survey of International Affairs*, 1934, pp. 111, 117-19, 126-8)。一九三六年八月モスクワにおけるジノヴィエフ、カーメネフその他の裁判にあたって、検察官ヴィシンスキーが、カーメネフの論文から、「政治的警句の巨匠ですばらしい論証家」としてマキアヴェルリを賞讃している文章を引用し、そして「マキアヴェルリの方法を採用し」「それらの方法を無法と不道徳との極点にまで展開させた」としてカーメネフを告発した(*The Case of the Trotskyite-Zinovievite Centre*, pp. 138-9)。

(3) ベイコン『学問の進歩』Bacon, *On the Advancement of Learning*, vii. ch. 2.

(4) ホッブスの構想、「当初に発見された運動の諸法則をこえて新しい力なり原理の働く余地は理論上存在しなかった。存在したのは、機械的な因果関係をとる複雑な諸状態だけであった」(セイバイン『政治思想史』Sabine, *History of Political Thought*, P. 458)。

(5) ラスキ編『専制者に対する自由の擁護』への序文 *A Defence of Liberty against Tyrants* (*Vindiciae contra Tyrannos*), ed. Laski, p. 45.

(6) ホッブス『レヴァイアサン』Hobbes, *Leviathan*, ch. xv.

(7) スピノザ『政治論』Spinoza, *Tractatus Politicus*, i. pp. 2-3.

(8) 前掲書の序文。

(9) バックル『文明史』の結語。

(10) チェレン『生活形態としての国家』Kjellen, *Der Staat als Lebensform*, p. 81. 参照、クロウェ Crowe のイギリス外交政策に関する有名な覚書のはじめの言葉「イギリス対外政策の一般的性格は、イギリスの地理的位置という不変的条件によって決定される」(*British Documents on the Origin of*

the War, ed. Gooch and Temperley, iii. p. 397)。

(11)『国際調停』*International Conciliation*, No. 194, January 1924, p. 3.

(12) マルクス『資本論』第一版序(Engl. transl., Everyman's Library, p. 863)。

(13) レーニン、全集(ロシア版第二版)、x. p. 207.

(14) 前掲書 xxii. p. 194.

(15) クローチェ『イタリア史叙述の歴史』Croce, *Storia della storiografia italiana*, i. p. 26.

(16) ヘーゲル『世界史の哲学』Hegel, *Philosophie der Weltgeschichte* [Die Vernunft in der Geschichte] (Lasson's ed.), p. 55.

(17)『国際調停』*Conciliation Internationale*, No. 5-6, 1937, p. 520.

(18) ルカーチ『歴史と階級意識』Lukacs, *Geschichte und Klassenbewusstsein*, p. 215.

(19) アリストテレス協会議事録・一九一五―一六、*Proceedings of the Aristotelian Society*, 1915-16, p. 302.

(20) バーネット『政府論』Burnet, *Essay upon Government*, p. 10.

(21) ダイシイ『法と世論』Dicey, *Law and Opinion* (1905 ed.), p. 27.

(22) J・A・ホブソン『社会科学における自由思想』J. A. Hobson, *Free Thought in the Social Sciences*, p. 190.

(23) アレヴィ『哲学的急進主義の発展』Halévy, *The Growth of Philosophic Radicalism* (Engl. transl.), p. 104.

(24) M・ドッブ『政治経済学と資本主義』M. Dobb, *Political Economy and Capitalism*, p. 188.

(25) L・T・ホッブハウス『西欧文明の統一性』L. T. Hobhouse, *The Unity of Western Civilisation*, ed. F. S. Marvin (3rd ed.), pp. 177-78.
(26) バートランド・ラッセル『平和への道は？』Bertrand Russel, *Which Way Peace?* p. 158.
(27) アクトン『自由の歴史』Acton, *History of Freedom*, p. 62.
(28) Carl Becker, *Yale Review*, xxvii, p. 461.
(29) *League of Nations: Official Journal*, November 1935, p. 1140.
(30) *British Documents on the Origin of the War*, ed. Gooch and Temperley, vi. p. 131.
(31) 一九三八年三月一四日、下院。*Official Report*, cols. 95-99.
(32) ウッドロー・ウィルソンの公文書――『戦争と平和』*War and Peace*, ed. R. S. Baker i. p. 16.
(33) *League of Nations: Ninth Assembly*, p. 83.
(34) R・S・ベイカー『ウッドロー・ウィルソンと世界の和解』R. S. Baker, *Woodrow Wilson and World Settlement*, iii. p. 120. 一九世紀に興味のある類似事項がある。一八五六年のパリ会議の時期に、ヴィクトリア女王はつぎのように述べている、「敵国商船拿捕の免許武装船の行動は、われわれの文明を傷つける一種の海賊行為である。全世界にわたってこのような行為が廃止されることこそ前進の第一歩となろう」と。つぎのことはわれわれとして別におどろくべきことではない、「敵船捕獲免許船は、当時、現代の潜水艦と同様、劣勢な海軍国の武器であった」(Sir William Malkin, *British Year Book of International Law*, viii. pp. 6, 30)。
(35) 国際連盟協会冊子(No. 76, p. 8)として公刊。「軍国主義《ミリタリズム》」という言葉そのものは、たいていのイギリスの読者には、特に陸軍のもたらす弊害と同意義にとられている。対応するものとして「海軍主義 navalism」を、アメリカの歴史家W・L・ランガー博士がつくりだすにいたったが、これはほとんど一般に受け容れられなかったことは意味深いことである。

(36) ダイシイ『イギリスにおける法と世論』Dicey, *Law and Opinion in England* (2nd ed.), pp. 14-15.

(37) タイムズ、一八八五年八月二七日。

(38) モウリス、アーサー『ウルズリー卿の伝記』Maurice and Arthur, *The Life of Lord Wolseley*, p. 314.

(39) W・T・スティード『セシル・J・ローズの遺志と遺言状』W. T. Stead, *The Last Will and Testament of Cecil J. Rhodes*, p. 58.

(40) *Review of Reviews*, January 15, 1891.

(41) スペンサー・ウィルキンソン『政府と世界大戦』Spencer Wilkinson, *Government and the War*, p. 116.

(42) ビアード『アメリカ文明の興隆』における引用。Beard, *The Rise of American Civilisation*, ii. p. 646.

(43) *Manchester Guardian*, October 18, 1935 における引用。

(44) トインビー『国際問題研究』Toynbee, *Survey of International Affairs, 1935*, ii. p. 46.

(45) *Headway*, November 1937.

(46) Carl Becker, *Yale Review*, xxvii. p. 452.

(47) Count Sforza, *Foreign Affairs*, October 1927, p. 67.

(48)　H・F・プリングル『セオドア・ルーズヴェルト』H. F. Pringle, *Theodore Roosevelt*, p. 318 における引用。

(49)　ウッドロー・ウィルソンの公文書――『新しい民主主義』*The New Democracy*, ed. R. S. Baker, i. p. 104.

(50)　前掲書 i. pp. 318-19.

(51)　前掲書 ii. p. 414.

(52)　トインビー『国際問題研究』Toynbee, *Survey of International Affairs, 1936*. p. 319 における引用文。

(53)　ディベリウス『イングランド』Dibelius, *England*, p. 109.

(54)　ウィンストン・チャーチル『軍備と連盟規約』Winston Churchill, *Arms and the Covenant*, p. 272.

(55)　トインビー『国際問題研究』1935, ii. p. 46.

(56)　合衆国鉱山労働者が行った初期のストライキにおいて、フィラデルフィア炭坑所有者の代表はつぎのように言った、「正義が勝利を奏でるよう切に祈ろう、神がなお治めたもうこと、神の支配は法と秩序とのそれであり、暴力と犯罪とのそれではないことを銘記しつつ」と(H. F. Pringle, *Theodore Roosevelt*, p. 267)。

(57)　R・ニーバー『道徳的人間と非道徳的社会』R. Niebuhr, *Moral Man and Immoral Society*, p. 153.

(58)　一九三九年一月三〇日、国会における演説。

(59)　*League of Nations : Eighteenth Assembly*, p. 63.

(60)　タイムズ、一九三九年五月一五日。

(61)　アレヴィ『一八九五—一九〇五年におけるイギリス国民の歴史』Halévy, *A History of the English People in 1895-1905* (Engl. transl.), i. Introduction, p. xi.

(62)　孫文『三民主義』Sun-Yat-sen, *San Min Chu I* (Engl. transl.), pp. 68-9.

(63)　S・フロイト『モーゼと一神教』Sigmund Freud, *Moses and Monotheism*, p. 36.

(64)　T・マーティン『コンソート公の生涯』T. Martin, *Life of the Prince Consort*, iii. p. 247.

(65)　Clarence Streit, *Union Now*.

(66)　タイムズ、一九三八年一一月五日。

(67)　一九三八年一一月三〇日、上院におけるマーレイ卿 Marley, *Official Report*, col. 258.

(68)　*Relazioni Internazionali* 一九三八年一二月五日のタイムズにおける引用。

(69)　*Völkischer Beobachter*, April 1, 1939.

(70)　マイネッケ『国家理性』Meinecke, *Staatsräson*, p. 533.

第六章　リアリズムの限界

ユートピアンの構築する殿堂が実は空洞であることを、リアリストからの批判を通じて、明らかにすることが、政治を考察する者のまず第一の仕事である。見せかけのものが取り壊されたとき、はじめて、そこにより堅牢な建物がつくられる望みをもつことができる。しかし、われわれとしては、純粋なリアリズムのなかに安住の地を見出すことは結局はできないのである。というのは、リアリズムは、論理的には抗しきれない力をもっているが、考察をつづけてゆくうえに必要である行為の源泉となるものを、われわれに与えてくれないからである。事実、リアリズムそのものは、それ独自の武器をわれわれが逆にとって攻撃するなら、他の思考形式と同様に、多大の条件つきの思想であることが、実際問題についてわかってくることが多いのである。政治において、一定の事実が変更できないとか、ある流れが抗しがたいとかと信じるのは、普通、その事実を変更したくないとか、その流れに抵抗することに利益をもっていないことの反映である。首尾一貫徹底してリアリストであることは不可能であるというのが、政治学の最も確実で最も興味のある教訓の一つである。一貫したリアリズムは、およそ実質的な政治思考の本質的な構成要素であると思われる四つの事柄を考慮に入れていないのである。限定された目標、心情的な訴え、道徳的判断の権利、そして、行為のための根拠、の四者である。

政治を無限の過程として考えることは、結局において、人間の心に合わないか、あるいはわからないことであろう。同時代の人に訴えようとする政治の考察者はいずれも意識するとしないとを問わず、有限の目標を置くことになる。トライチケはつぎのように明言している、マキアヴェルリの教示について「まずいこと」は、「彼の勧める手段の不道徳性ではなくて、国家に内容がないことで、国家は存在するだけのものにとどまっていると述べていること(1)」であった、と。事実、マキアヴェルリは、思われているほど首尾一貫してはいない。彼のリアリズムは、『君主論』の終章において崩れるのであって、その章は「蛮族からイタリアを解放すべきことの勧告」という表題だが、これは、およそリアリストの前提からは、その必要性が出て来るはずのない目標である。マルクスは、人間の思惟と行動とを弁証法の相対主義にとけ込ましてしまって、弁証法がもはや作用しない階級なき社会という絶対的な目標を設定する。これは、全くヴィクトリア朝風に全世界がその方向に動いているとマルクスが信じた遥かかなたの事態であった。このように、リアリストは、ついには、みずからの根本原理を否定して、歴史的過程の外に究極の現実を想定するにいたる。エンゲルスは、ヘーゲルに対してこの非難を向けた最初の一人であったのであり、「ヘーゲルの体系の独断論的な内容全体は絶対の真理だと宣言されることで、それは、あらゆる教条的なものを解消していくはずの彼の弁証法的な方法と全く矛盾することになる(2)」と述べている。しかし、マルクスがプロレタリアートの勝利において弁証法的唯物論の過程に終止符を打つとき、全く同一の批判にみずからをさらすことにならざるをえなかった。こうなると、ユートピアニズムがリアリズムの城塞に侵入してゆくことになる。そして、ある有限の目標に向って連続している――無限ではない――過程を心に描くことが、政治思考の一条件であることがわかってくる。つぎに、心情的な訴えの力というのは、それが大きければ大きいほど、目標はそれだけ近くなり、より具体的となる。第一次世界大戦は、これが最後の戦争だと信じられたために耐えられもしたのであった。そして、第三の道徳的判断の権威であるが、ウッドロー・ウィルソンの場合の道徳的権威は、人類の政治的災害について正しく包括的で決定的な処理・解決を行うための鍵を彼が持っているのだという、みずからを含めて人みなに持たせた確信の上に立てられたものであった。さらに第四の行為のための根拠であるが、ほとんどあらゆる宗教が、完璧な至福の究極の状態を想定することにおいて合致するのは、注目に値する事柄である。

黙示録の未来像のような性格をおびた有限の目標には、その性格のために、リアリズムそのものでは正当づけるとか説明するなどのできない心情的非合理的な訴えが向けられることになる。未来の階級なき楽園についてマルクスが行った有名な予言はだれでも知っている。

労働が単に生活の手段であるだけのものでなくなり、生活上の最高必要事となるにいたるとき、さらに、個人の全面的な発展とともに生産力もまた発達して共同の富のあらゆる源泉が自由に豊かに湧き出るようになったときにはじめて、ブルジョアの権利の狭い地平線を完全に越えることができるだろう。そのとき、社会は、その旗幟につぎのようにしるすことができる――各人からその能力に応じて、各人にその必要に応じて。(3)
ソレルは、革命的理論が実現されるためには、「神話」が必要であると説いた。そしてソヴィエト・ロシアは、この目的のために、最初、世界革命の神話を、さらに近年は「社会主義者の祖国」という神話を活用したのであった。「共産主義は、その理想主義によって進んでいったのであって、そのリアリズムによってではない、さらにまたその観念的な約束によって前進したのであって、その唯物論上の見通しによってではない(4)」とするラスキ教授の見解には、大いに聞くべきものがある。現代の一神学者は、この情勢を、シニカルとも言える炯眼で分析した――

宗教の超理性的な願望と情熱がなければ、およそ社会は、絶望を克服し不可能事に挑む勇気をもつことがないであろう。というのも、正しい社会を描き出すことは、不可能なことを描くことだが、その社会はそれを不可能とみなすことのない人たちのみが近づき得るものだからである。宗教のえがく未来像は、どのように真実とされても、みな幻想であって、断固として信じられることによって、いくらかは実現されるかもしれない

ものである。(5)

さらに、ヒットラーが「綱領作成者」と政治家とを対比している『わが闘争』のなかの一節で、同じことが繰り返されている。

彼(綱領作成者)のもつ意義は、だいたいにおいて、未来に存するのであって、彼は人が「世間知らず」(非実際家、ユートピアン)といっている者であることが多い。というのは、もし政治家の技術が実際には可能なことについての技術であるなら、綱領作成者は、不可能なことを神々から乞い求めるときにのみ神々に祈願すると言われるような人たちに属するからである。(6)

不可能なるがゆえに信ず credo quia impossibile が、政治思考の枠内のこととなるのである。すでにみてきたように、一貫したリアリズムとは、歴史的過程全体を受けとめ、そのうえでこの過程に対する道徳的判断を除外するのである。われわれがみたように、成功はたたえ失敗は責めるという態度で行われる過去に関する歴史の判断を、人は一般に容認しがちである。そのような判断姿勢はまた現代の政治に対しても広く採られている。国際連盟とかソヴィエト体制とかファシスト体制などについて、それらが成しとげると公言する事柄を、成しとげる力があるかどうかによって、主として判断されている。この判断基準が、自己の成功を誇張し自己の失敗を過小視しようとするこれらの体制独特の宣伝によって、いつの間にか正当なものと一般に認められるわけである。だが、人類全体としては、このような理性的判断基準を政治的判断の普遍的に妥当する基盤として容認するはずがないのは明らかである。

成功するなら何であれ正しいとし、理解されることでさえあれば是認されるとする信念は、もしこれがつねに堅持されるなら、目的のある思考を空虚なものにし、このためにその思考を不毛なものとし、結局は思考破壊をもたらすことにならざるをえない。その人の哲学が道徳的判断の可能性を斥けるように思える人たちにしても、実際には、そのような判断を表明することを控えることはしない。フレデリック大王は、条約が順守されるべき理由として、「人が欺くことができるのは一度だけである」ということを理由にあげて説明し、さらにすすめて、条約の違反を「悪賢い政策」と呼んでいる。とはいえ、彼の主張にはその道徳的な語句を正当づける何も見出されないのである。(7) マルクスの場合、その哲学は、資本家がある一定の仕方でしか行動できないことを論証することにあったようであるが、まさにその仕方で行動することを理由に資本家の悪を衝き、それに多数の頁を費やしている――その部分は、『資本論』において最も効果を発揮しているところである。道徳的原理の装いで利益を包みかくす必要があるというのは、国内問題と国際問題とを通じて、すべての政治家が認めるところであるが、そのこと自体に、リアリズムだけでは十分でない理由があらわれる。どの時代も、その時代特有の諸価値を創造する権利をもつのであり、それらにてらして判断を行う権利を主張することになる。さらに、どの時代も他の時代の価値を消滅させるためにリアリストの武器を利用することがあるとしても、それぞれの時代はなお、その時代特有の価値の絶対的性格を信じつづける。どの時代も、「……でなければならない」という言葉は無意味であるとするリアリズムの示唆を受け容れることはないのである。

とりわけ、一貫して変わらないリアリズムは、目的をもつ行為ないし意味のある行為の根拠をなんら提供することができないために挫折することになる。もし、原因結果の継起が、事態の「科学的予知」を可能にするほど十分厳密なものであるなら、またもし、われわれの思考が、われわれの地位や利害関係によって変更できないほどに条件づけられているのであるなら、行為も思考もともに目的を持ちえないものとなろう。ショウペンハウエルは「これらの絶え間のない諸変化の錯雑したなかをくぐりぬけて、今日も昨日もそして永遠に同じ途をとる変ることのない同じ存在をつねに眼前にしているのだという洞察に、真の歴史哲学が存する」(8)と言っているが、もしそうなら、受動的な瞑想だけが個人に残されているということになる。そのような結論は、人間が自己についてもつ最奥の信念に反することは明らかである。

人間にかかわる事柄が、人間の行為と思考とによって方向づけられ修正変更され得ることは自明である。それがきわめて基本的な原理であるのは、それを認めないとすれば、人間として生存することにならないと思われるからである。実際にまた、歴史にあとをとどめているリアリストたちは、このことを否定してはいない。マキアヴェルリが、彼の同国人に、よきイタリア人であることを勧めたとき、彼は自分の進言に人びとが従うも無視するも自由だと考えていたことは明らかである。マルクスは、ブルジョアとして生れ育ったのであったが、プロレタリアのように考え行動する自由が自分にあると信じていたのであり、また他の人びとも同じように考え行動する自由を等しくもっているのだとして、人びとを説得することが自己の使命であるとしたのであった。レーニンは、「科学的予言」として世界革命が差し迫っていることを論じたが、他の論考では、「およそ絶対に脱出口のない情況などというものはない[9]」ことを認めていた。危機の諸時点でレーニンは、ムッソリーニのような人間の意志力を徹底して信じる者に用いられても、あるいはいかなる時代の指導者によって使われても、ひとしくもっともと思われるような言葉で、彼に従う人たちにつぎのように訴えた、「決定的な時点に際して、そして決定的な立場にあって、諸君は強者であることを立証しなければならぬ、諸君は勝利者でなければならない[10]」と。すべてリアリストであるものは、いかなる職業であれ、人として考えかつ行わなければならないあることがあるということだけでなく、人として考えかつ行うことのできるものがあるということ、そして、人の考えと行動とが機械的ではなくまた意味をもたないものではないということなどを、結局は信じないわけにはゆかないのである。

そこで、われわれは、健全な政治思考の根拠は、ユートピアとリアリティとの両要素に求められなければならない、という結論に立ち返ることになる。ユートピアニズムが、特権階層の利益を包みかくす装いとして仕えるだけの、中味のない、しかも許しがたい見せかけのものとなっている場合には、リアリストは、その外衣を剝がすために欠かせない働きをする。しかし、全くのリアリズムは、いかなる種類の国際社会の成立をも不可能とする露骨な権力闘争をむきだすだけである。今ゆきわたっているユートピアをリアリズムの武器で打倒したうえに、われわれは、われわれ自身の新しいユートピアを建てる必要がある。だが、そのユートピアもいつかは同じリアリズムの武器に倒されることになるであろう。人間の意志は、国際秩序の構想においてリアリズムがひきだす論理的帰結を回避することを求めつづけることになろう。それは、この国際的秩序のビジョンが具体的な政治的形態に結実するとたちまち、私利と偽善とで汚染され、そこでまたリアリズムの諸手段で攻めたてられることにならざるをえないからである。

ここに、およそ政治の世界の複雑性、その魅力、その悲劇がみられる。政治は、けっして接することのあり得ない二つの異なる面にそれぞれ属する二つの要素――ユートピアとリアリティ――から成っている。明晰な政治思考を最も妨げるものとして、理想と制度――前者はユートピアであり、後者はリアリティである――とを区別しないことがあげられる。コミュニズムをデモクラシーに対置するコミュニストは、コミュニズムを平等性および同胞性という純粋な理想と考え、他方のデモクラシーをイギリス、フランス、アメリカなどに現存する制度――およそ政治的制度に固有な特権階級・不平等性・圧迫などがみられるところの制度――として考えるのを常としていた。民主主義者も同じ対比をしたのであって、天上界に建てられたデモクラシーの理念型と、階級の区別もあれば異端者狩りも強制収容所もあるソヴィエト・ロシアにおける現存の制度としての共産主義とを比較していたのが実際であった。いずれの場合にも、理想と制度との間で行われた比較であって、見当ちがいであり意味をなさないことである。理想は、それがひとたび制度に具体化されると、理想的なものではなくなって、自己本位の私利の表示となり、やがて新しい理想の名において打倒されることにならざるをえないのである。この相容れない力と力との不断の相互連関が、政治を織り出してゆくのである。あらゆる政治的事態は、ユートピアとリアリティ、道義と権力という両立しない要素をふくんでいるのである。

この点は、われわれがつぎに行うことになる政治の特質についての分析から、より明確に現われてくるであろう。

(1) トライチケ『論集』第六巻 Treitschke, *Aufsätze*, iv. p. 428.

(2) エンゲルス『ルードヴィヒ・フォイエルバッハ』Engels, *Ludwig Feuerbach* (Engl. transl.), p. 23.

(3) マルクス＝エンゲルス『全集』(ロシア版)第一五巻二七五頁。

(4) ラスキ『共産主義』二五〇頁。

(5) R・ニーバー『道徳的人間と非道徳的社会』八一頁。

(6) ヒットラー『わが闘争』二三一頁。

(7)『反マキアヴェルリ』*Anti-Machiavel*, p. 248.

(8) ショウペンハウエル『意志と表象としての世界』Schopenhauer, *Welt als Wille und Vorstellung*, ii. ch. 38.

(9) レーニン『全集』(ロシア版第二版) xxv. p. 340.

(10) レーニン『著作集』Lenin, *Collected Works* (Engl. transl.), xxi. pt. i. p. 68.

第三部　政治・権力・道義

第七章　政治の特質

人間はつねに集団をなして生活してきた。その集団の最小のものである家族が、種の維持のために必要であるのは言うまでもない。しかし、知られているかぎりで、人びとは最も原初の時から単一の家族よりも大きい半恒久的な集団をつねに形成してきた。その集団が果した機能の一つは、構成者の間の諸関係を調整することである。このように組織された恒久的・半恒久的集団における人びとの行動にかかわり対処するのが政治である。孤立している人間を想定して、その行動から社会の特質を演繹しようとする試みはすべて、純粋に理論的なことにとどまる。そのような人間がかつて実在し生存したと推測できる根拠はないからである。アリストテレスは、人間はその本性から政治的動物であると論じて、政治について筋の通った思考の基盤を設定した。

社会において人は、二面の全く異なる姿勢で仲間に応対する。一面では、時にその利己心を現わして他の人をおさえて自分を主張する意志を示す。他面、その社交性をみせて他の人たちと協力し善意や友情をかわし合う関係に入り、彼らに服従さえもする気持をみせる。どの社会においても、これら二つの性質がはたらいているのが認められる。そこでの大部分の人びとが、協力を望み相互の善意を願う態度をある程度とらないかぎり、社会は存立し得ない。しかし、どの社会においても、社会を維持してゆくうえに要求される団結の手段をつくり出すために、何かある制裁が必要となる。そして、この制裁は、その社会の名において社会に代って行動する支配的グループないし個人によって行使される。たいていの社会では、その構成員となるのは自由意志にもとづくことである。したがって、それらの社会で行われ得る最終的な制裁は、除名あるいは追放ということだけである。ところが、近代の世界において国家の形態をとっている政治社会の特性は、構成員であることが法的に義務づけられていることにある。国家も、他の諸社会と同様に、その構成員の間の共通の利益と義務とについての意識がある程度もたれることにもとづいていなければならない。しかし、忠誠と恭順とを実行させるために、強制が、支配層によって規則として行われる。そしてこの強制は、必然的に、支配層が被支配層を統制し、支配層自体の目的のために被支配層を「利用」することを意味する。(1)

そこに、政治社会のもつ二重の性格が、きわめてはっきり現われる。ラスキ教授は、「すべての国家は、人びとの良心の上にたてられている」と言っている。(2) ところが他方、近年の歴史が示しているのと同様に人類学も、「戦争は国家を生み出す主要な媒体であると思われる」(3)と教えている。そして、ラスキ教授その人も別の書物ではつぎのように論じている、

「われわれの文明は、善意によってよりもむしろ恐怖によって支えられている」[4]と。しかし、このように明らかに相反する見解の間には、何らの矛盾もないのである。トム・ペインが『人間の権利』のなかで、「政府は人民のなかから生れ出るか、人民のうえに立ち現われるかだ」というディレンマをバークにつきつけるのであるが、そのいずれでもあるのが政府と人民との関係であるというのがバークの答えである。強制と良心、敵意と善意、自己主張と自己抑制、これらは、どの政治社会でも現われることである。国家は、人間の特質であるこれらの相矛盾する二面からできあがっている。ユートピアとリアリティ、理想と制度、道義と権力、これらは最初から、国家のなかに分かちがたく入りまじっている。現代アメリカの一論者が述べたことだが、合衆国を構成してゆくうえに「ハミルトンは勇気と富と権力とを、そして、ジェファーソンはアメリカの夢を、それぞれに代表していたのであった」。そのように、力も夢もともに欠くことのできない構成要素であった[5]。

もし、このことが正しいなら、われわれはここから一つの重要な結論をひきだすことができる。政治から自己主張を除去して道義だけの基盤に政治体制をうちたてることが可能であると夢みるユートピアンは、彼らとは反対に愛他主義は幻想であって政治行動は利己主義の上に立つものと信じているリアリストと全く同様の見当はずれをおかしているということである。これらいずれの誤謬も一般によく知られている術語にはっきり残っている。「権力政治」という言葉は、しばしば、反感をふくんだ意味で用いられ、あたかも、政治における権力とか自己主張の要素が、何かアブノーマルなもので、健全な政治活動からは駆逐されるべきであるかのように考えられている。ところが逆に、厳密な意味ではリアリストと言われていない論者の間にすら、政治学を、権力と自己主張との学問としてとりあつかい、道義的な意識から出た行動を、定義上、政治学から除こうとする傾向も実際にある。キャトリン教授は、政治人 homo politicus という言葉で、「自分の目的をよりよく達成できるように、他の人びとの意志を自分の意志と合致させようと努める」者として述べている[6]。このような術語の意味づけは、人をあやまらせる。政治を権力から引き離すことはできない。しかし、権力以外のなにものも追求することをしない政治人は、利得以外の何ものも追求することのない経済人 homo economicus と同様に、非現実的な作りものでしかない。政治行動は、道義と権力との整合の上に立って行われるのでなければならない。

このことは、理論的にも実際上も等しく重要な真実である。権力を無視することは、道義を無視することと同様に、政治に関しては致命的なことである。一九世紀に中国がたどった運命は、自国文明の道義的優越性を確信することで満足して権力手段を蔑視する国家が、どのような状態に成り行くかを示す実例である。イギリスの自由党政府は、一九一四年の春に失脚するところまで追いこまれたが、それは、この政府が、動員された軍事力によって支えられていない(むしろ、それとは正反対の)道義的権威にもとづいたアイルランド政策を遂行しようとしたからであった。ドイツにおける、一八四八年のフランクフルト会議〔政治的自由、民族的統一をめざしたオーストリア帝国中のドイツ連邦諸地方とドイツ諸国とから普選によって成立した議会。プロシア王をドイツ皇帝とする民主的なドイツ帝国の建設を議した〕は、力から切り離された理念がいかに無能かを示す古典的事例である。さらに、ワイマール共和国は、その遂行した政策の多くが——事実、反共産主義者対策を除くほとんどすべての政策が——軍の動員力によって支えられていないでむしろ積極的な反対をうけていたために、崩壊したのであった。[7] デモクラシーは実力にもとづくものではないと確信しているユートピアンは、彼らにとって都合のわるい事実を正視しようとしないのである。

　他方、リアリストは、力の後を追ってゆくなら道義的権威はおのずから後につづくのが見られると確信するが、これまたひとしくあやまっている。この理論が最近にとる形は、よく引用されるつぎの言葉に具体化されている。それは、「実力の機能は、道義的理念にその根を下ろす時間をあたえることにある」というのである。国際的には、この議論は一九一九年に活用されたのだが、ヴェルサイユ条約を道義的根拠にもとづいて弁護できない人びとが、このように始めに力を発動するのは、それにつづいて道義的な宥和政策が行われるための道を敷くことになると主張したのであった。しかしその後の経験で、この都合のよい信念が確認されることはまずなかった。同様の誤謬はつぎの見解にも見られる。それは、イギリスの政策の目的が「まず国際連盟をつくりなおして、政治的侵略者を武力によって抑えこむことができるようにして、その後に、正しく誠実な苦情を静めるために忠実に働く機関にすること」[8] をめざすべきだという、かつて一般的であった見解である。すでに、敵国は打倒されており、「侵略者」も実力によって抑えこまれているが、上述の「その後に」の事態は達成されていない。力に先行が認められ道義はそれにつづくものという幻想は、まさに、先行は道義的権威にゆるされ得るので力はそれにつづくことになるという幻想と同じく危険である。

しかし、政治における権力と道義とのそれぞれの役割を考察するまえに、およそリアリストであることからは遠い存在であるが、政治を権力と同一視して道義的概念は政治の分野から全く除外されねばならないとする人たちの見解について、考えておかなければならないことがある。この見解によると、政治と道義との間には本質的な二律背反が存在するのであり、このことから道徳人というような存在は政治にはかかわらないことになる。この主張は多大の関心をひき、歴史上のそれぞれの時代にそれぞれの内容で繰り返し現われたが、それは少なくとも、つぎの三つの形をとる。

(1)　その最も素朴な形は、無抵抗の理論である。道徳人は、政治権力の存在を悪とみるのであるが、力に抵抗する力の行使を一層大きい悪であるとみなす。これは、イエスやガンジーや現代の平和主義の理論のような無抵抗理論の基盤になっており、つまるところ、政治のボイコットまでになる。

(2)　政治と道義とを対照する第二の形は、無政府主義である。国家は、政治権力の主要な機関として、「ヒューマニティの最も極悪で最もシニカルで最も完全な否定」[9]であるとされる。アナキストは、国家を打倒するために力を行使することになろう。しかし、この革命的な力は、政治権力として考えられるものではなくて、凌辱された個人の良心から自然発生的な叛逆として考えられているのである。それは、旧い政治社会に代わって新しい政治社会を創造しようとするのではなくて、権力の追放、その結果としての政治の完全な追い出しが行われる道義社会を創造しようとするのである。[10] イギリスの一神学者が最近論じたように、「山上の垂訓」は「文明社会にとって突然死」を意味するものであったはずである。アナキストは、山上の垂訓に代って、「文明社会」を破壊しようと努めるのである。

(3)　第三の思考形式は、道義と政治との本質的対立という同じ前提から出発するが、前二者と全く異なる結論に到達する。「カイザルの物はカイザルに、神の物は神に納めよ」〔マタイ伝二二章二一、マルコ伝一二章一七〕というイエスの戒めは、二つの別々の領域——政治と道義との二分野の共存という意味を含んでいる。しかし、道徳人は、政治家をたすけて——少なくとも妨げないで——政治家の道徳分野外での働きを支援する義務がある。「凡ての人、上にある権威に服《したが》うべし。……あらゆる権威は神によりて立てらる」〔ロマ書一三章〕。われわれは、こうして、政治を、必要ではあるが道徳分野外のものとして認めることになるのである。この伝統は、教会の権威と世俗の権威とが理論的には一つのものであった中世期を通じてずっと眠っていたのであったが、ルッターによって改革された教会と国家との歩み寄りを実現させるために揺り起されて復活されることになる。ルッターは、「福音の原理は社会的意義をもっていると示唆して、当時の農民たちが、〈精神の〉王国を〈地上の〉王国に変容しようと試みたときに、かれらに神へのおごそかな畏怖を想起させた(11)」のであった。カイザルと神との機能の分轄は、「国《エスタブリシュド・チャーチ》」教会という概念そのものにおいて暗に示されている。しかし、その伝統は、どこよりもルッターのドイツにおいて根づよく強力であった。一九世紀ドイツの自由思想の持主であった一牧師が書いている、「国家および政治経済にふれる領域の事柄にかかわる場合、われわれはイエスにうかがうことはしない(12)」と。さらに、ベルンハルディは、「キリスト教的道義は個人的でありつつ社会的であり、したがってその本質においては政治的であり得ない(13)」と論じた。同じ態度は、カール・バルトの現代神学を貫くものである。彼の神学は、政治的社会的な弊害が人間の罪深い本性から必然的に生まれてきているものであるとし、したがってこれらの悪を根絶しようとする人間の努力は無益なことであると強調する。こうして、キリスト教的道義は政治にかかわりをもたないとする理論が、ナチの支配体制によって強く支持せられたのであった。ただこの見解は、道義を政治の機能とするリアリストの考えとは基本的に異なるのであるが、しかし政治の分野においてはリアリズムから区別することができなくなる傾向にある。

政治と道義との二領域を区分する理論が人をひきつけるのは実は皮相的なことで、関心を引くとしても、それは、この理論が実力の行使を道義的に正当化する道を見出すという解決できない問題を回避しているからにほかならない(14)。しかし、この理論は結局のところ十分な答えをあたえるものではない。無抵抗も無政府主義も、ともに、絶望へのいわば助言・忠告であって、人びとが政治活動によっては何も達成されないという失望感を抱く場合にかぎって広汎に受け容れられているようである。そして、神とカイザルとを全く別々の仕切りのなかに位置づけるというのは、人間の心の深奥にある願望にあまりにさからいすぎて、その心がえがく世界像をなんらかの道義的秩序にまとめることをできなくしてしまうのである。われわれとしては、結局、政治的に善であることが道義的には悪であると信じることに納得できないのである。(15) そして、われわれは、権力を道義化することもできなければ、政治から力を除くこともできないのであるから、全く解決することのできないディレンマに直面することになる。ユートピアの面とリアリティの面とは、けっして合致しない。理想は制度化されえないし、制度は理想化されえない。ニーバー博士は言う、「政治が、良心と権力との接続するところとなるのは歴史の終る時であろう。そのようなところでは、人間生活の倫理的な要因と強制的な要因とが浸透し合って、それらの間にあやふやで不安定な折衷がつくり出されることであろう(16)」と。この折衷は、人間の他の諸問題の解決と同様に、不安定であやふやなものにならざるをえないであろう。しかし、この二つの要因がともに考慮に入れられねばならないことは、いかなる折衷にも本質的なことである。

それゆえ、われわれは、つぎに、これら二つの基本的な要因——権力と道義——が、国際政治において果す役割を分析しなければならない。

(1)「どこに在っても、国家社会という名のもとに、それを口実に、自分たちの利益を追っている金持たちがあるたくらみをしているのを私は感知する」(モア『ユートピア』)。「社会の一部が他の部分を搾取するのは過去数世紀にわたって共通のことである」(『共産党宣言』)。

(2)　ラスキ編『専制者に対する自由の擁護』の序文 *A Defence of Liberty against Tyrants* (*Vindiciae contra Tyrannos*), ed. Laski, Introd. p. 55.

(3)　リントン『人間の研究』Linton, *The Study of Man*, p. 240.

(4)　ラスキ『政治学範典』Laski, *A Grammar of Politics*, p. 20.

(5)　J・トゥルスロー・アダムズ『アメリカの叙事詩』J. Truslow Adams, *The Epic of America*, p. 112. 国家は、権力的基盤とともに、その市民の同意という形で道義的基盤をも持っているという考えは、ロックおよびルソーによって述べられ、アメリカおよびフランスの革命家たちによって一般的になった。この考え方の最近におけるあらわれの二つの例を示そう。一九一八年の一〇月一八日の、チェコ＝スロヴァキア独立宣言は、オーストリア＝ハンガリーをもって、「存在の正当性をいささかも持たない国家、現代世界体制の根本的基礎(すなわち民族自決)を受け容れようとしないがゆえに、単に人工的反道義的構成物にすぎない国家」として述べたのであった。一九三八年二月、ヒットラーは当時オーストリアの首相であったシュシュニックに、つぎのように語った。「どうみても合法性を欠く体制、実際においては実力によってのみ支配せられている体制は、結局、世論との衝突を絶えず増大してゆくことにならざるをえない」と(一九三八年三月一七日、国会における演説)。ヒットラーは、国家の二つの支柱が「実力」と「人望」とであると主張したのであった(『わが闘争』*Mein Kampf*, p. 579)。

(6)　キャトリン『政治学とその方法』Catlin, *The Science and Method of Politics*, p. 309.

(7) 現実政治 Realpolitik という語は、一八五三年出版されたフォン・ロハウの『現実政治の諸原理』von Rochau, *Grundsätze der Realpolitik* という、ひろく知られた所論において造り出されたのだが、それがフランクフルト議会の教訓から大きな示唆を得たものであったことは意義深い。ヒットラーの現実政治がワイマール共和国の教訓からひき出したインスピレーションは、人びとに明白である。

(8) ウィンストン・チャーチル『軍備と連盟規約』三六八頁。権力は「正当な」苦情の訴えを救うために必要な原動力であるという議論は、さらに、二〇九―二一六頁に展開されている。

(9) バクーニン著作集、第一巻一五〇頁。第四巻一七頁参照。「およそ人間の歴史に悪魔が存在するとすれば、それはこの命令と権威との原理である」。

(10) 聖パウロの評議員長、一九三七年八月二日タイムズの社説における引用。

(11) R・ニーバー『道徳的人間と非道徳的社会』七七頁。

(12) W・F・ブルック『ドイツ社会経済史』W. F. Bruck, *Social and Economic History of Germany*, p. 65 における引用。

(13) ベルンハルディ『ドイツと次の大戦』Bernhardi, *Germany and the Next War* (Engl. transl.), p. 29.

(14) マクストン氏がかつて下院で述べたように、「正当な立場における実力」というのは無意味な概念である。「けだし、私にとって正当な立場は、まさに私が実力を用いたいと思っているその場合であり、彼にとって正当な立場もまさにそうであり、他のだれにとっても、またそうであるからだ」(一九三三年一一月七日下院、*Official Record*, col. 130)。政治における実力は、つねにある種の集団利益の手段である。

(15)　アクトンは、「大物と言われる人びとはほとんどつねに悪人である」と好んで言っていた。そして「およそ大国で善人によって救われたものはかつてなかった」というウォルポールの言葉を引用している(*History of Freedom*, p. 219)。ローズベリーは、もっと鋭いところをみせている。「イギリス人が大物について尋ねる問が一つある、——彼は〈善人〉であったか？」(*Napoleon : The Last Phase*, p. 364)。

(16)　ニーバー『道徳的人間と非道徳的社会』四頁。

第八章　国際政治における権力

政治は、前述のように、ある意味でつねに権力政治である。通常、「政治的」という言葉を用いるのは、国家の行為のすべてについてではなくて、権力の衝突を含んでいる問題に対してである。この衝突が、いったん解決すれば、その問題は「政治的」でなくなり、行政上の手続に従う事項となる。また、国家間で行われる事柄のすべてが「政治的」であるわけではない。国家が、郵便や運輸業務を行うために、あるいは流行病の蔓延を防ぐとか麻薬の輸送を抑えるために、相互に協力する場合の行為は「非政治的」ないし「技術的」と形容される。ところが、国家相互の関係のなかで、それぞれの国家権力に実際にかかわるとか、そのように考えられる問題が起ると、それはただちに「政治的」となる。政治をもっぱら権力の見地から説明するのでは十分とはいえないが、しかし、権力がつねに政治の本質的な要素であると言うことはできる。政治的な問題を理解するために、問題の争点が何であるかを知るだけでは十分でない(技術的あるいは法律上の問題の場合において、そうであるのと同様である)。その問題がいかなる者の間に起きているのかを知ることもまた必要である。個々ばらばらの少数の個人によって起される問題は、同じ問題が組織のととのった強力な労働組合によって起される同じ問題とは、同等の政治的事実ではない。イギリスと日本との間に起こった政治問題は、形式の上で同じであってもイギリスとニカラグアとの間の問題とは全く異なるのである。レーニンはつぎのように言った、「政治は大衆が存在しているところにはじまる。数千人がいるところにではなくて、数百万の人びとがいるところに、そして、そこでほんとうの政治がはじまる」(1)と。

この明白な事実を述べることが余計なことであるような歴史上の時期があった。エンゲルスの「実力と鉄のような無慈悲さなしには、なにごとも歴史上成しとげられていない」(2)という断言が、平凡な言葉として通った時期があった。しかし、一九世紀的自由主義下の比較的に秩序のととのっていた世界においては、強制が複雑微妙な形をとって、政治権力の絶え間なくしかし密かに行われるはたらきを、素朴な人びとからは巧みに包みかくしていた。そして、民主主義諸国家においては、この隠されたものが、いまもなおどこかで何かのはたらきを発揮しているのである(3)。第一次世界大戦の後、自由主義の伝統が国際政治にもちこまれた。英語諸国家のユートピア論者は、国際連盟の設立が国際関係から権力を駆逐し、陸海軍の代りに討議を活用することを意味するのだと真面目に信じたのであった。「権力政治」は、悪しき旧時代の痕跡とみなされ悪く言う言葉になった。このような思いこみが十年以上もの間保持されたということは、現状の維持を主要な利益とする大国が、この時期を通じて権力の事実上の独占を享有していた事情によることであった。チェス・ゲームの世界選手権の保持者と学童とでは勝負があまりに早くあっけなく片づくから、何も知らない傍観者は、チェスには熟練などかかわりのないことだと考えてしまうかもしれない。同じように、国際政治の舞台を単純に観察するものは、一九二〇年と一九三一年の間には、権力はこの舞台でほとんど何の役割も果していないと考えたにちがいない。一九三一年に「権力政治に返れ」と一般に呼ばれた事柄は、実際には、現状派国家が享有している権力の独占に終止符を打とうとしてのことであった。「われわれの時代には、弱者を考慮に入れる風習はない」というスターリンの嘆きにせよ、さらに「われわれが今日当面している世界には、非武装の国家の発言が耳をかたむけられる機会はほとんどない」というネヴィル・チェンバレンの批評[4]にせよ、ともに、かつては、非武装の弱小国家も国際政治においてめざましい役割を果した時代があったのだという見果てぬ夢に対する関心をひく賛辞であった。——しかも一段と驚かされるのは、それが後者のようなイギリス一九世紀の伝統の継承者にきかれることよりも、前者のような自称マルキストからの言葉であったことである。

政治から権力を追放しようという考えは、政治問題に対する全く無批判的な態度から生れたものにほかならない。国際連盟のかかわる問題で、形式上の平等と全加盟国による討議参加とが認められたからといって、権力の要因がそれだけ決定的なものでなくなったわけではなかった。連盟の創唱者たちすら、そのような幻想はいだいていなかった。ハウス大佐はもともと、大国だけは何としても連盟に参加すべきだと考えていた。[5]最初のイギリスおよびアメリカの連盟規約草案では、連盟理事会の構成は大国に限られるとされていた。したがって、セシル卿はこれらの草案の一つについて、「小国はいかなる場合にも何ら言うに足るほどの力をはたらかすことはないだろう」と指摘した。[6]はたして、この予見のとおりであった。イタリアの一代表は、つぎのように証明した、彼はジュネーヴで欠かさず会議に出ていたが、その長い期間「大国間の一致があった場合をのぞいて重要な議題が解決されたのを見たことがなかった」し、また連盟の手順は「迂回の方式で、それはすべてのことをイギリス、イタリア、フランスおよびドイツ間の一致か不一致かという二つの到達点のいずれかに導くものであった」[7]と。少し後にデ・ヴァレラ氏は、「この連盟でのわれわれの規約上の平等性にもかかわらず、ヨーロッパの平和というような問題では、小国は無力である」と語った。[8]一九三五—三六年の冬のイタリアに対する制裁適用の決定〔一九三五年一〇月イタリアはアビシニアに宣戦。英が中心となり連盟をして経済制裁を加えしめる〕は、実質的には、地中海に軍事的経済的実力をもつイギリスとフランスのみによって行われた。小国はこれらの国家の指導に従ったのであり、そしてある小国はそうすることによってイギリスおよびフランスから実際上の「償いをうけた」のであった。

弱国が彼らの進路を強国のそれに合わせたのは、ジュネーヴでのことだけではなかった。イギリスが一九三一年九月に通貨の金本位制を廃したとき、諸小国はその例にならわざるをえなかった。フランスが一九三六年九月に金本位制をやめたとき、スイスとオランダ——最後に残った兌換自由の国——とは、足並みをそろえざるをえなかったし、他の諸小国もその通貨の価値基準を変更しなければならなかった。一九二〇年代のヨーロッパにおいてフランスが軍事上優位にあったとき、多数の小国がフランスの後楯《うしろだて》で団結していた。ドイツの軍事力がフランスのそれを凌駕すると、これら小国のほとんどは中立を宣言するか、ドイツ側に傾くにいたった。いわゆる「大国の絶対支配」は、しばしばユートピア論者からは、一定諸国によって慎重に採用され悪賢い政策であるかのように非難されはするが、国際政治における「自然法則」ともいうようなものを構成する事実である。

この点では、一般にもたれているつぎのような幻想をとりはらうことが必要である。それは、概して現状に満足し「安全保障」を合言葉としているような諸国家の政策は、不満足国家の政策に比べて、権力にかかわることが少ないという幻想であり、また「権力政治」と一般に言われている言葉は不満足国家の行為に対してはあてはまるが、満足国家にはあてはまらないなどという幻想である。この幻想は、満足国家の政治評論家たちには、ほとんど抗しがたいまでの引力となっているが、国際政治についてのきわめて混迷した思考の原因となっている。満足国家が「安全保障」を求めることは、しばしば権力政治の特に悪い諸事例の場合の動機となっている。敗戦国の復讐にそなえて、自国の安全を護るために、それぞれの国家は、過去には人質をとるとか兵役年齢の男子の手足を切断したり奴隷とするなどの手段をとったのであり、現代では、領土の分割や占領あるいは武装解除の強制などの方策をとる。

満足国家と不満足国家との争いをもって、一方における道義と他方における権力との闘争としてとりあげることは、大きなあやまりである。この争いは、道義的争点はともかくとして、権力政治がいずれの側の国においてもひとしく優位を占めているための衝突なのである。

ロカルノ条約の歴史は、権力政治の実際の動きを簡明にあからさまに説明している。ドイツの西部国境を保証する条約の最初の提案が、一九二二年一二月ドイツによってなされたが、それはポアンカレーによって手厳しく拒絶された。この時期にあって(それはルール侵攻の前夜であった)、ドイツは何につけてもフランスを恐れねばならない状態下にあり、フランスは何一つとして無力なドイツから脅威をうけるものはなかったのである。したがって、その条約はフランスにとって何の関心もなかった。ところが二年後には、情勢は変ってしまっていた。ルール侵攻は、フランスにほとんど利益をもたらすことがなかったのであり、むしろ次の手を打つうえにフランスを窮地に立たせるだけとなった。ドイツが他日力をもりかえすであろうと思われていたからである。他方、ドイツはフランスの軍事的優位をなお恐れていたのであり、保証ということを強く望んでいた。それは、ドイツに対するフランスの恐怖と、フランスに対するドイツの恐怖とが、まさに同程度で均衡を示していた心理的な時点であった。したがって、二年前には可能性がなかったわけであるし、五年後なら可能性がなくなったかもしれない条約が、この時期に両国に歓迎されたのであった。そのうえ、イギリスの権力上の利害がドイツのそれと一致していた。ドイツはその西部国境の改訂を得る望みを捨ててはいたが、その他の国境についてはそうでなかった。イギリスは、ドイツの西部国境を保証する用意はあったのであり、しかもその他の国境についてのそれはなかったのである。ドイツは、ラインラント〔フランスはこの地方を独立させて緩衝国家としようと考えていた〕から連合国軍隊が撤退することを速めようとあせっていたが、ヴェルサイユ条約の軍備撤廃条項によって課せられた制約を破棄しようという望みはそのときはまだもっていなかった。したがって、ドイツとしては、これらの条項を受諾することを再確認し、それらの条項をある保証のもとにおくことにより、新しいとりきめに応ずる用意が完全にあったのである。

このような事情が、有名なロカルノ条約の背景であった。この条約の成功は注目すべきものがあった。その後数年間は、他の分野においても、この条約を想起させる試みが行われた。地中海「ロカルノ」、東欧「ロカルノ」が検討されている。それらが実現され得なかったことは、一部の人を失望させ当惑もさせたが、彼らはどこで起きる国際問題でも同じ標準様式の手配で解決されることができると信じ、ロカルノ条約が特殊の時期と特定の地方とにおける権力政治の一つの現われであるということが理解できない人びとであった。この条約が成立して十年後、この条約を支えていた微妙な均衡が破れた。フランスはかつてないほどドイツを恐れた。ところが、ドイツの方はもはやフランスから何らの脅威も感じなくなっていた。ロカルノ条約は、ドイツが、その廃止に希望を持ち得たヴェルサイユ条約の軍備禁止条項の確認として以外、自国にとって何の意味も持たないものとなっていた。権力政治の情勢に対応していたロカルノ条約の唯一の部分は、フランスとベルギーとに対するイギリスの保証であった。これは、この条約の他の部分がドイツによって否認された後も、イギリスにより繰り返し行われた。ロカルノの歴史は権力政治の古典的一例である。それは、安全保障の問題について一様の演繹的解決を求めたり、権力政治を危機の時期にのみ見られる異常な現象とみなす人たちには、いつまでも理解できないものである。

権力が政治の本質的要素であるのを認め得なかったことが、国際的な統治形態を設立するあらゆる試みを、いままで不成功に終らせたのであり、この問題を討議しようとしたほとんどの試みを混乱させてしまったのであった。権力は、統治の欠くことのできない手段である。およそ現実的な意味での統治を国際化するというのは、権力を国際化することを意味する。そして、国際的な統治は、実際において、統治するために必要な権力を提供する国家が行う統治である。ヨーロッパの諸方面においてヴェルサイユ条約によって行われることになった国際的統治は一時的な性質のものであり、したがって長期の政策問題に対処すべきものではなかった。しかし、これらの統治さえ、統治と権力との根本的な関連性を明らかに示すものである。占領下のラインラントにおいて連合国軍隊の安全保障に必要とされたような統治の諸機能を果した連合国国際委員会は、イギリスとフランスの政策が一致していたかぎり円滑に動いた。ところがルールの危機が原因となってイギリス政府とフランス政府との間に重要な意見の相違をきたしたとき、フランスの政策はフランスとベルギーの軍隊によって占領されていた地域に適用され、イギリスの政策はイギリス軍隊の占領地域に適用され、それは統治政策が統治を支えている権力の国籍によって決定されるという事実を示すものであった。上シレジアの国民投票を管理する任務をうけた連合国委員会は、その権能を支えている連合国軍隊が主としてフランスから派遣されていた間は、ポーランドに好意的であったフランスの政策に従っていた。その政策は、イギリス軍隊がこの地域に送られたときはじめて修正された。およそ統治が有効な統制を行いうるのは、その統治権力の源泉しだいということである。

国際的な統治と権力との問題は、委任統治体制によって、そしてまたある種の植民地あるいはすべての植民地の統治を「国際的なもの」にしようとしてしばしば持ち出された提案によって、一段と切実な形で提起された。ここにおいて、われわれは永久統治の問題に当面するのであるが、それは長期政策を立てる問題を含むのであり、戦争の圧力下に、あるいは共同に義務を負う条約履行の目的で、連合国の間に一時的に行われる国際的協力の問題とは性質を異にする。この問題の性質はパレスチナの場合を例にとれば、はっきりする。パレスチナにおける政策は、そこで動かすことのできる軍事力の量にかかっており、したがって、自由に行使できる権力を何ら持たない委任統治委員会によってではなく、この軍事力を提供しているイギリス政府によって決定されざるをえなかったのである。というのは、いかなる見解を委任統治委員会がとろうと、イギリスの軍隊が、イギリス政府ないしイギリスの有権者の認めない政策を遂行するために動きだすとは考えられないからである。(9) およそ国際的な統治組織のもとにおいて、政策は、危機に際しては、その統治の権威を支えている力を提供している国家の決定にもとづくことになる。その場合にほとんど避けようなく起ると思われることがある。ある国際的領域の支配が、諸国家それぞれの実力の下に地理的に分轄されるとするなら、それぞれの地域には国際的な一致が得られない期間まちまちの政策が行われることになる。したがって、旧い国際的対立関係が新たに前と同じ危険な形で再現することになろう。経済的発展の問題も依然として厄介なものでありつづけるだろう。植民地諸領域の国際行政は、「国家意識を欠き、愛国心を全く窒息させてしまう超官僚的な機構の「死の手」によって、あらゆる直接的な発議権を国家が行使できなくすることになり、したがって関係諸国にとってきわめて不利益なこととなる」と、みずからも経験のある聡明な行政官のラガードは述べている。(10) およそ事実上の国際的な統治は、統治の本質的条件である権力が国家的に組織されているかぎり、行われる可能性はない。国際連盟の国際事務局は、まさにそれが非政治的な行政機関であり政策に対して責任なく、したがって権力にかかわりをもたなかったからこそ、その役目を果し得たのであった。

国際的分野における政治的権力は、ここでの論述の目的から、つぎの三つの部類に分けられる。(a)軍事的な力、(b)経済的な力、(c)意見を支配する力。しかし、やがてわかるように、これらの類別されたものは緊密に相互依存の関係をとるのであり、それらは理論的には区別されるが、実際上は、国家がこれらの力のうち一つだけを他から切りはなしてある期間保有することは考えられないことである。その本質において、権力は不可分な統一体である。現代の一批評家がつぎのように述べている、「社会力学《ソシアル・ダイナミックス》の法則は、権力の見地からはじめて述べることのできる法則であって、権力のあれこれの形態になおして述べられるものではない」[11]と。

第一節　軍事的力

軍事的手段の最高の重要性は、国際関係における権力の最後の手段が戦争であるという事実に伏在している。国家の行為は、その権力の面ではすべて戦争に向けられ、戦争は望ましい武器としてではないが、国家が最後の手段として用いることを必要とすることになる武器とされる。クラウゼヴィッツの有名な警句「戦争は、政治とは別の仕方による政治関係の継続にほかならない」ということは、レーニンによっても共産主義インターナショナルによっても是認されて繰り返された[12]。さらに、ヒットラーが「同盟の目的が戦う意図を含んでいないようなら、そのようなものは無意味であり無益である」[13]と言っているのも、全く同じである。同じ意味でホートレイ氏は、外交を「潜在的戦争」と定義する[14]。これらの言葉で述べられているのは真実の半面である。しかし、重要なことは、そこで述べられていることが真実であるのを認めることである。戦争が国際政治の背景に伏在していることは、ちょうど、革命が国内政治の背後に潜んでいるのと同じである。過去三十年間のある時期に、潜在的な革命が政治を動かす重要な要因でなかった国家はヨーロッパには少ない[15]。この点で、国際共同体は、革命の可能性を最もしばしば最も注意深く人びとが心にとめていた国家にきわめてよく似ている。

潜在的戦争は、このように国際政治における支配的な要因であるから、軍事力の強さが政治的評価のわかりやすい基準となる。過去の偉大な文明はいずれも、当時において軍事力のうえで優位を保持していた。ギリシアの都市国家が強大になったのは、その重装兵軍団がペルシアの遊牧民集団よりはるかに強いことを立証したときであった。現代の世界において、「列強」(この言葉 Powers 自体、たしかに意味深長である)については、それぞれの自由に動員しうる人的資源を含む軍事装備の性能とその推定上の実戦力とによって、段階がつけられる。大国として認められるのは、通常、大規模な戦争に勝利を得たことへの見返りである。普仏戦争後のドイツ、対スペイン戦争後の合衆国、さらに日露戦争後の日本などは、よく知られている最近の例である。大国としてイタリアの地位を考えることに、なんとなく疑問が感じられるのは、イタリアがかつて第一級の戦争においてその武勇を立証したことがないという事実に幾分もとづいている。大国に、何か軍事能力の不足とか軍備の欠陥を示すものがあらわれると、そのことは直ちに、その国の政治的地位に反映する。一九三一年九月におけるインヴァゴードンでの海軍の叛乱は、イギリスの威信に決定的な打撃をあたえたのであって、イギリスは平価切り下げを行わざるを得なかった。一九三七年六月に反逆のかどで、指導的なソヴィエトの将軍連が処刑されたが、そのことはソヴィエト軍部機構にひそむ多大の弱点を明るみに出したものと考えられ、ソヴィエト・ロシアの政治的影響力が急激に失墜したほどである。どの大国の政治家も、定期的に、自国陸海空軍の性能を讃美する演説を行う。そして軍の観兵式・観艦式が、国の軍事力ひいては政治的地位を世界に印象づけるために行われる。国際的な危機においては、艦隊や軍隊または航空機隊が、この同じ目的のためにこことを先途とその存在を誇示した。

これらの事実は、対外政策が戦略から分離され得ないことを教え、また分離されるべきでないという教訓をあたえる。一国の対外政策は、その国の目的によってだけでなく、その軍事力、より正確には他国の軍事力との対比によっても制約される。対外政策の民主的統制に内在する最も重大な問題は、どの国の政府も、自国の軍事力について包みかくしのない情報を公表するとか、他国の軍事力について得ている知識を全部明らかにするなどの余裕はとてもないということである。それゆえ、対外政策についての公の論議は、政策がきまる上に決定的な要因であったにちがいない事実について全貌は不明なまま全く知られないままに行われるわけである。長年の国憲上の規則では、閣僚でない下院議員には、公の出費をともなう動議を提案することが認められていない。同様な制約が、戦争の危険をともなう政策を唱導することについても行われるのは当然であろう。というのも、関係事実についての完全な知識に近いものをもって見通しを立てることができるのは政府とその助言者だけだからである。国際政治についての現代の書物や言明は、象の重量を測定することなく理窟をならべて答えを出す、あの巧妙にしくまれた数学問題のことを思い起させるものがある。そこに示された解答は、抽象的な平面においては手際よく的確である。しかしそれは、最も大切な戦略的要因を考えに入れないままで出された解答である。「国際問題研究」年報のようなきわめて重要視され多くの点で非常に評価の高い刊行物までも政策の批判に乗り出すと憶測の世界に舞い込んでしまうことがしばしばである。それは、実際の場で外交問題を解決しなければならない人たちがつねに心にとめている軍事的条件をなおざりにしていることからきているのである。もし、過去二十年間において、国際的な事態について見通しを行った論者がみな、基本的な戦略を必修コースとして履修していたなら、あの多量の無意味な書き物は現われずにすんだであろう。

軍事力は、国家活動における本質的な要素であり、単に手段であるだけでなく、それ自体が目的となっている。過去百年の重要な戦争のうち、取引の増進とか領土の拡大を慎重に意識的にめざして戦われたと思われるものは、ほとんどない。最も重視すべき戦争は、自国を軍事的により強大化しようとして行われた戦いであり、他国が軍事的により強力となるのを妨げるために戦われている。その点、「戦争の主要目的は戦争そのものである」(16)という警句の正しいことをきわめてよく実証するものである。ナポレオン戦争のどの段階も、つぎの段階への道を用意するために企てられたものであった。ロシア侵攻は、ナポレオンがイギリスを攻略できる力を獲得するために行われた。クリミア戦争がイギリスおよびフランスによってしかけられたのは、これらの国の近東における領地と利益をいつかロシアが侵略し得る強い勢力にならないうちにと英仏がはじめた戦いであった。一九〇四―五年の日露戦争のはじまりは、一九二四年にソヴィエト政府が国際連盟に差し出した覚書にこう記されている。「一九〇四年、日本の水雷艇が旅順港でロシア艦隊を襲撃したのは、技術的な観点からは明らかに攻撃行為であったが、政治的に言えば、日本に対するツァー政府の侵略政策が原因で行われたことであって、日本は危険を予知して機先を制するために敵艦に第一撃をあたえたのであった」[17]と。一九一四年、オーストリアは、セルビア人がオーストリア＝ハンガリー連合帝国の崩壊をもくろんでいる〔セルビア民族は、彼ら中心のユーゴ・スラヴ族の国家をつくろうとして、オーストリア＝ハンガリー連合帝国治下の自民族をも吸収し、その居住地域の併合を熱望していた〕と信じたので、これに最後通牒を発した。ロシアは、オーストリア＝ハンガリーがセルビアを打破することで、自国にとって脅威となる強大さを得ることをおそれていた。ドイツは、ロシアがオーストリア＝ハンガリーを負かすなら、自国を脅威する強大さになるだろうとおそれた。フランスは、ドイツがロシアを破ったならば、自国を脅威する強大さになるとずっと信じており、そのため、フランス＝ロシア同盟を結んだ。イギリスは、ドイツがフランスを破りベルギーを占領するなら、自国を脅威する強大さになるであろうとおそれた。ついには、アメリカも、ドイツが戦争に勝ったなら、アメリカを脅かす強大さになるであろうと危惧するにいたった。このように、大戦は、主要交戦国すべての心底ではいずれも、防禦的ないし予防的な性格をもっていたのである。これらの国家が戦ったのは、将来いつかの戦争において自国が今以上の不利な立場に立つことがあってはならないためであった。植民地の獲得も、これと同じ動機にそそのかされていた。オーストラリアにおける最初のイギリス植民地が団結し正式に併合されたのは、そこにフランス植民地をつくろうとしてナポレオンが立てた計画をおそれたのがきっかけとなったのである。一九一四年の大戦中ドイツの諸植民地が占領され、その後もドイツに返還されることが阻まれているのは、経済的理由よりも、むしろ軍事的理由によることである。

権力の行使がつねにより強力になることへの欲求を生むとみえるのは、おそらくこのためであろう。ニーバー博士が言っているように[18]、生きる意志と権力への意志との間に明確な一線を引くことは不可能である。国家主義は、国家的統一および独立という形でその最初の目標を達成したのであったが、ほとんど自動的に帝国主義へ発展する。国際政治は、「人は他の人からさらに何かを獲得しないかぎり、現在もっているものを安全に保持していると思えないのである[19]」というマキアヴェッリの警句を多くの事例によって確証するのである。また、人間は「現に持っている生きてゆくうえの力と手段とを確実に保持できるためには、それ以上の力と手段とを獲得することを必要とする[20]」というホッブスの言葉についてもそうである。

安全保障という動機で始まった戦争は、たちまち侵略的となり自国本位の戦争となる。「スペイン政府とキューバの人民との間の敵対を決定的になくし、さらにこの島に安定した政府を樹立する保障のため[21]」に、大統領マッキンレイは、スペイン対キューバ問題に合衆国が介入することを要請した。しかし、戦争が終ったときには、フィリピンを併合することによる自国の膨脹への誘惑に抗しがたくなっていた。第一次大戦に参加したほとんどすべての国家は、この戦争をはじめは防衛のための戦争とみなしていた。そして、この信念はとりわけ連合国側において強かった。しかし、戦争がつづいている間にヨーロッパの連合国各政府が発表した戦争目的はいずれも、敵国から領土を獲得することを含むものとなっていた。現代の諸条件のなかで目標の限定された戦争は、責任の限定された戦争と同様にほとんど不可能なこととなっている。戦争が、「侵略に抵抗する」というすぐれて公正無私な目的のために行われうるとするのは、集団安全保障の理論に含まれている誤謬の一つである。一九三五年の秋、国際連盟がイギリスの指導のもとに、イタリアに対する「軍事的制裁」に乗り出していたとしても〔経済制裁がとられることになったのみ。しかもその禁制品から石油が除去されていたこと、制裁に参加せぬ国があったことのため、実効性がうすかった〕、アビシニアからイタリア軍隊を駆逐するほどまで戦線をせばめることはできなかったであろう。作戦では、うまくゆけば、イタリアの東アフリカ植民地を英・仏が占領し、トリエスト、フューメ、アルバニアをユーゴスラヴィアが、そしてドデカネソス諸島をギリシアないしトルコが、もしくは両国で占領することになっていたでもあろう。そして、これらの領土をイタリアには種々の特殊な理由にもとづいて返還しないとする戦争目標も発表されたことであろう。領土的野望は、戦争の原因であると同様に、戦争の所産である。

第二節　経済的力

経済的な強さは、つねに政治権力の助けになる力であるが、それは軍事手段と結びつくことではじめて役立つのである。ただきわめて原始的な争いだけが、経済的な要因と無関係であった。やがて、最も富裕な王侯とか最も富裕な都市国家が、最も大きく最も実力のある傭兵隊を活用することが出来たので、どの政府も富の獲得を助長することをめざす政策をとらざるを得なかった。文明の進展は全体として経済の発達ときわめて密接に結びついているので、近代史を通じて軍事力と経済力との連関がますます緊密になってゆく。それをわれわれは別に意外としない。西欧において中世の末期に目立ってうちつづいた闘争では、組織された経済力を頼みとする都市の商人が、個々の軍事的勇武を確信していた封建貴族を打倒した。近代国家の擡頭は、どこにおいても、経済的には、産業と貿易とを基盤とする新興の中産階層の出現を特色とした。貿易と金融とは、ルネッサンス期のイタリア諸都市やその後のオランダが、短命であったとはいえ政治的に優位したことの基盤であった。ルネッサンス期から一八世紀の中頃にいたる時代の主な国際的な戦争は貿易戦争であった(ある戦争は実際にそう名づけられた)。この時期を通じて、富は政治権力の源泉でもあったから、国家は富の獲得を増大することに積極的にならねばならないとされていた。したがって、国を強大にする正しい道は、国内における生産を奨励し、国外からはできうるかぎり購入せず、貴金属という便利な形で富を蓄積することにあった。このように論じた人たちは、後に、重商主義者として知られるようになった。重商主義は、富の獲得を増進することが国家の正常な機能の一部であるという、それまでは問題にされなかった考えの上に立つ経済政策の体系であった。

1　政治からの経済の分離

この考えを、古典経済学者の自由放任《レッセ・フェール》の理論が正面から攻撃した。自由放任《レッセ・フェール》の原理的な意味については前に述べた。ここで関係のあるこの理論の意義は、この理論が経済と政治との完全な理論上の分離をもたらしたという点にある。古典経済学者は、それ自体の法則をもつ自然的経済秩序を想定したが、その秩序は政治とは無関係であり、この秩序の自生的自律的な在り様に、政治的権能の介入が最小の時、万事に最大の利益をもたらすというのである。この理論が一九世紀の経済思想を支配し、そしてある程度までは経済の実際を左右した(イギリスにおいては他のどこよりも、この理論の力は大きかった)。一九世紀の自由主義国家の理論は、二つの異なる体制の並立を前提とした。政治の体制は、統治の分野として、法と秩序との維持および一定の基本的公務の規定などにかかわるのであり、主として、やむをえない悪か必要悪と考えられていた。経済の体制は、私的企業の領分として、市民大衆の物質的要求をみたし、そうすることによって彼らの日常生活を組織化したのであった。[22] 当時一般的であったイギリスの理論においては、政治と経済との分離論が、おどろくほど長々と論じられることもあった。ノーマン・エンジェル卿が第一次大戦の直前に、つぎのような問を出した、「富と繁栄と福祉とが諸国家の政治権力に依存しているというのは真実であるか？実際に一方が他方にかかわりのある何かがあるというのは真実であるか？」[23] と。これは、聡明な読者なら否定的に答えるであろうという確信にもとづいた考えの上に議論が立てられている。イギリスの一哲学者は、一九一五年になっても、「富とその管理および享有が生産者層に移ってゆくのと同様に、権力と威信とがその方面の本職筋に移ってゆくという阻止しがたい動向」をみてとって、この政治権力からの経済の分離を、阻止しがたいだけでなく、「まともな社会には本質的なこと」[24] とみなしていたのである。

一九〇〇年以前でさえ、透徹した分析がなされていたなら、政治と経済との分離という幻想は破綻し去ることが明らかにされたはずである。一九世紀後期の帝国主義は、政治の武器を行使していた経済運動とみるべきか、それとも経済の武器を活用した政治運動とみるべきかが、今なお論議されているのである。しかし、経済と政治とが同じ目的に向って手をたずさえて進行したことは、たしかに明らかである。「政治的な強みから経済的利益を引き出し、経済的利得をことごとく政治権力に変容させるというのが、まさにイギリス的政治手腕の特質ではないのか[25]」と、ヒットラーは糾弾したものであった。第一次大戦は、内政外交の両政策ともに公然と経済と政治とを再び結び合わせることによって、すでに進行しつつあった展開過程を促進した。一九世紀は、経済を政治の分野から全く切り離すことをめざしつつも、実際には、国策に活用するための経済的武器を無比の強さに鍛えあげていたことは、いまでは明らかである。ドイツの一幕僚は一八八〇年代に、エンゲルスに「戦闘状態の基盤は、第一に、国民の一般的経済生活である[26]」と語ったが、この診断は、一九一四—一八年の経験によって十分に確証された。それ以前のいかなる戦争においても、交戦国の経済生活がこれほど完全に仮借なく政治的権能によって組織されたことはなかった。軍事的装備と経済的それとの長年にわたる提携連動において、経済的装備の側がはじめて優位に立たないまでも対等に組むこととなった。敵国の経済体制を痛めつけることは、その軍隊や艦隊を撃破することと同程度の戦争目的であった。「計画経済」は、政治的目的のために国民の経済生活を国家が管理することを意味するのであるが、第一次世界大戦の一展開でもあった[27]。「戦争潜在力」というのは、経済的力の別名となるにいたった。

　こうして、一九世紀の重要ではあるが異常な自由放任《レッセ・フェール》の幕間《まくあい》の後に、経済を政治の一部として率直に認めることができる立場にわれわれは立ち返ってきたわけである。われわれは、今ここで、いわゆる経済的歴史観についての、そのほとんどが一九世紀の観念と術語とから成る論争を解決することができる。経済的諸力が政治の分野において果す役割がますます重要となってゆくことを強調したマルクスはたしかに正しかった。そしてマルクス以後、歴史はマルクス以前に書かれていたようには二度と書かれ得ないこともわかった。しかしマルクスは、ちょうど自由放任《レッセ・フェール》の自由主義者と同様に断固として、国家とは無関係にそれ自体の運動法則で働き、国家を付属物とし手段とする経済体制を確信していた。これはあたかも経済と政治とが別々の領野であるかのように一方が他方に従属するということであり、この点でマルクスは一九世紀の諸前提によって支配されていたのである。このことはまさに彼の最近の反対者たちが一様に「歴史の第一法則は政治的諸法則であり、経済的諸法則は第二次的のものである(28)」と確信していたのと全く同じである。

経済的な力は実際において政治的な力である。経済学を、歴史の小物アクセサリーとみなすことはできないのであり、また、歴史解釈の拠りどころとなる独立の学問としてみることもできない。「政治経済学《ポリティカル・エコノミィ》」という用語へ一般的に復帰することによって、多大の混乱が避けられるであろう。この専門用語はアダム・スミスが自らの新しい学問に与えたものであるが、一九世紀の末までイギリスにおいてさえ、抽象的な「経済学《エコノミックス》」のために見捨てられていたのである(29)。経済の学問は一定の政治的秩序を前提とするのであり、政治から引き離して研究されては何ら得るところはないのである。

2　政治から経済を分離することの誤り

この政治と経済との分離という問題がもつ重要性が、全く歴史的なことであったのなら、あるいは純粋に理論的なものであったのなら、この点に長くかかわって論じることは不必要であっただろう。政治と経済との分離という幻想——自由放任主義の一九世紀が残した行き場のない遺産——は当面の現実のいかなる局面にも対応しなくなっていた。ところが、その幻想が国際政治にかかわる思考には頑強に存続して、そこでは、少なからず混乱を起こしたのであった。(一九二七年の経済会議が推測したように[30])われわれを政治的に悩ましている原因は経済であるのか、それとも(ファン・ゼーランド報告が示唆したように[31])われわれを経済的に悩ましているのは政治なのか、という無意味な問題に多くの論議が費やされた。原料資材の問題は政治的問題か経済的なものか、というこれまた同様に無意味な謎なぞのようなことに論議が重ねられた。同じような混乱は、一九二二年イギリス政府が、パレスチナにユダヤ人が移住できる割合は、「この国の経済的能力」によって決定されることになろうと言明したために起こったが、一九三一年にはこれはさらに「吸収能力の限界に関して考慮されるのは、純粋に経済的な考慮である」との声明によって補足された。「アラブ人がユダヤ人の移住に反対であるがゆえに、〈これら二民族間の敵対〉の要因が必然的に明白な経済的重要性をおびてくる[32]」と、イギリス調査委員会にわかったのは一九三七年になってからであった。

事実、移民と亡命との問題はすべて、吸収能力というなにか客観的な経済的判定基準があると考えられることによって複雑になった。「エーゲ海へのブルガリアの経済的出口を確保する」というヌイーエ条約における約定について、二つの等しく理由のある対立解釈が衝突したのは、このような捕えどころのない言葉を、あまりにも気軽に用いたことから起こった混乱の、いま一つの例であった。政治から引き離した経済原理を適用して、国際問題を解決しようとする試みは、つねに成果なく終ることになる。

この一九世紀の幻想を固守したために起こった最も目立った失敗の事実は、一九三六年における連盟の制裁が挫折したことであった。規約第一六条を注意して読むなら、制裁規約の立案者にその責任はない。本条の第一段は、規約違反に行使される経済的武器が規定されており、第二段は軍事的武器が規定されている。第二段は明らかに第一段の補足であって、制裁の適用にあたって「武力」が「連盟規約を守るために」要求されるのを当然のこととしている。この第一と第二段とのちがいは次の一点にある。経済的武器は全加盟国家が行使することにならなければならないが、必要な武力の方は違反国に対して確実に強力であること、そして地理上に相対的に近距離にある加盟国から求めるのが自然だということである。[33] その後に出た規約註解には、経済と政治とが分離しており別々の領域であるとの考えに立って、本条の第一段と第二段とは補足しあうものではなくて二者択一の関係にあり、「経済的制裁」は義務的で、「軍事的制裁」は選択的である点が両者のちがいである、という説が示された。

この説は多数のつよい支持を得たが、支持者らはおそらく、連盟は二、三百万ポンドの取引額には値するが、二、三百万の人命では、と思っていた連中であろう。そして、イギリスでは有名な一九三四年の平和投票において、二百万ほどの惑った投票者が一斉に経済制裁を是認し、軍事的制裁は非認するという態度を表明した。(34) このときボールドウィン卿は、「私が引き出すことになった多数の結論の一つは、発動される制裁で、それが戦争を意味しない制裁であるなどというものはあり得ない、ということである」と語ったのであった。しかし、一九三五―三六年のもっと苦い教訓は、制裁においても戦争におけると同様に唯一のモットーは「すべてか無か」であること、さらに、経済的な力はそれを支えるために軍事的武器が用意されていなければ無力であること、このことの真実性を深く心しておくことの必要を教えた。(35) 力は分割できないもので、(36) 軍事的武器と経済的武器とは、別々の異なる手段の形をとる力にほかならないのである。

このように政治と経済とを切り離す幻想が尾を引いている別の形で等しく重要なのは、「力」と「福祉」、「銃」と「バター」とを区別する一般に行われている言葉づかいである。(37)「福祉論は経済的であり、権力論は政治的である」とアメリカの一論者は評している。このことは、それが熟知されている事実から推論できることと思われるために、その誤りを明かすことがとりわけむつかしい。現代のどの政府もどの議会も、軍備に支出すべきか社会奉仕に出費するかのディレンマに当面している。そして、このことが、現実には「力」と「福祉」とのいずれを選ぶべきか、政治的銃と経済的バターとのいずれをとるべきかという幻想を一層助長しているのである。しかし、よく考えてみれば、実際の問題は、そのようなことにはないことがわかる。そこで問題となっているのは、銃を選ぶかバターをとるか、などという形をとるものではない。なぜなら、(文句のつけようのない安全安定の長い伝統を継承してきているアングロ＝サクソン諸国に住む僅かの平和主義者たちは別として)すべての人は、事あれば銃がバターに優先しなければならないことを一様に認めるからである。この場合の問題は、つねに、われわれがいくらかのバターに事欠かずにおれるだけの銃を、われわれは今はたして持っているだろうかということであり、あるいは、われわれがxだけの銃を必要とすることを認めた上で、より多くのバターにも同様に事欠かぬだけの税収入を増すことができるだろうか、ということである。しかし、上述の誤謬をきわめて手際よく公にしたのは、ジンマーン教授のペンであり、しかもその摘発は意識してなされていないにもかかわらず、あざやかなものがある。現在の諸国家を、よく知られている線で画して、「福祉」を進める諸国家と、「権力」を求める諸国家とに分けて、教授はつぎのようにはっきり附言している、「福祉国家が一緒になれば、権力国家に対して力と資源とで優位に立つことになる」(38)と。このように述べて、教授は、われわれを的確につぎの結論に導いてゆく。「福祉国家」はすでに権力上の優位を享有している国家であり、権力を増大することには主たる関心はないのであり、したがってバターには事欠かないでおれる。他方「権力国家」は、権力の上で劣っているので、その増強が何よりの関心事であり、したがってその資源の大部分をこの目的にもっぱら向けることになる。このよく知られている術語に関して言えば、「福祉国家」とは優越した力を持つ国家のことであり、「権力国家」とはそのような力を持たない国家のことになる。この分け方は、非論理的と思われるかもしれないが、そうではない。どの大国も、その必要とするだけの力を擁護するのに必要最小限度の銃砲がバターよりも重要であるとし、また、この最小限が達成されるときにはじめて「福祉」を進めることができるとする見解をとっている。一九三三年に先立つ数年の間、イギリスはその力に満足しており、「福祉国家」であった。一九三五年以後、その力に挑むものが現われ、その力に不足を感じてきた。イギリスは「権力国家」になっていった。そして、野党も社会奉仕という優先する要求を主張して押してゆくことをやめてしまったのである。対立は「力」と「福祉」との間のそれではなく、まして「政治」と「経済」との間にあるのではなく、力の程度の差に存するのである。この力の追求に、軍事的手段と経済的手段とがともに用いられることになる。

3　自立経済主義

このように、経済は、正確には、政治の一様相とみなされなければならないのであり、そのことを確認したうえで、われわれは、経済力を国家政策のために推し進めてゆく方法を、二つの部類に大別することになる。第一は、自給自足《オータ－キ－》という便利な言葉で表現される自立経済主義の諸手段が入る。第二の部類には、他の諸国家に対する自国の勢力を強化することを直接にめざす経済的諸方策が入る。

経済自立政策ないし自給自足は重商主義政策の目標の一つであり、実に原初の時代から諸国家が追求してきていることである。しかし、それにもかかわらず、経済自立政策の問題は、きわめて現代的な問題である。中世期においては、自給自足が経済生活の自然で必要な条件であった。というのは、かさが小さく価値が大きい商品以外には、どのようなものでも遠路の輸送は採算の合わないことだったからである。中世の末期から、輸送は漸次安全となり費用が安くなり迅速になってきた。諸国は、なにからなにまで自己依存することはなくなった。したがって、生活水準の向上は、ある点で各国の特産物の国際的交換にもとづいていた。蒸気の出現が、陸上および海上の運輸を速めたうえに安価にし、たいていの物品の輸送費が生産費に比べてとるに足らないものとなり、さらに、商品が使用され消費される地点から五百マイルのところで生産されるか五千マイルのところでつくられるかなどは、多くの場合重要な問題ではなくなった。しかし、それは僅か百年この方の現象にすぎないのである。同じ場所で生産される商品が多ければ多い程その商品は安くなるという仕組みの大量生産の方法が、ますます集中を増大させてきている。今日のわれわれの需要は、かつてなかったほどに高度に特殊化してきているが、それだけでなく、われわれは歴史上はじめて、人類が消費する小麦の全量をカナダにおいて生産し、羊毛の全量をオーストラリアにおいてつくり、自動車の全量をデトロイトで、綿織物の全量をイギリスないし日本で製造することが、費用の観点からして可能である――そしておそらくは望ましくさえある――世界に生きている。絶対的な自由放任《レッセ・フェール》のもたらすものは、国内における自由放任《レッセ・フェール》の結果と同様に、国際的にも非現実的であり受け容れがたいことである。現代の諸条件の下では、ある程度の自給自足を作為的に増進することが、秩序ある社会の在り方に必要な条件である。

しかし、自給自足は、その社会の必要に迫られてのことだけでなく、政治権力がとる方策でもある。それは、何よりも、戦争準備の一形態である。重商主義時代には、イギリスにおいてもその他のでも、国家の軍事力は製造業生産に依存したと普通言われていた。アダム・スミスは、自由放任《レッセ・フェール》の理論に、彼の有名な例外を付け、イギリス航海条令を認めてイギリスの帆布とイギリスの火薬とに政府助成金を是認したのである。しかし、自給自足の原理は、その古典的定義をアレキザンダー・ハミルトンの論述からあたえられている。ハミルトンは一七九一年、当時合衆国財務長官であったが、全く近代的な自給自足論を、今日書かれているような言葉で明確に表明した報告を下院に提示した。ハミルトンは、「合衆国が、軍事的その他重要な必需品を諸外国に求めずにすむ方向(製造工業)を増進する方策」について勧告することを議会から求められていたのであった。そのときの報告から、短い一文を引用しよう。

　一国の富のみならず、国の独立と安全とは、製造工業の繁栄と実質的に結びついていると思われる。これらの重大な目的をめざして、各国は、国家の基本的な必需物資はすべて自国内において保有すべく努めざるを得ない。……さきの戦争中、合衆国が必要なものの不足を補充できなかったことから、この上ない苦境に陥った事実は今なお痛切に想起される問題である。時宜を得た強力な処置によって変革されないかぎり、将来、戦争があるとすれば、それは、悲惨危険な状態を生み出すものと覚悟すべきであって、これに対処しうるためには、なお、きわめて高度の工業生産能力が必要とされる。

ついで、ハミルトンは、望ましい結果に到達しうるためのあらゆる方法――関税、禁止令、助成金、褒賞金――の検討にすすんでいった(39)。それからまさに五〇年後に、ドイツでリストが、「ドイツ保護貿易体制の発展にこそ、ドイツ国家の存立と独立および将来がかかっている」と論じたのである(40)。そして一九世紀の後半には、相次ぐプロシアの戦勝が、高度に発達した工業組織と軍事力との緊密な関連性を十分に納得させたのである。

この時期を通じて、イギリスは、その工業上の優位のゆえに、あらゆる工業生産物においては実質上完全な自給自足の態勢にあった。もっとも、これらの生産に必要な原料に関してはそうではなかった。食糧の供給量において、イギリスは一八三〇年ごろには自力でやってゆけなくなっていた。しかし、その不足は、イギリスの海軍力によって補充されたので、この海軍力の維持がイギリスの最大関心事の一つとなった。イギリス戦時食糧原材料供給委員会は、一九〇五年、予備的補給について用心のための貯蔵を英国で行う企画の報告を受けたが、これは討議された結果採用されず、さらに国内生産を奨励するための企画が論議されることは全くなかった。海軍の実力に全面的に頼ることによって、通常の貿易経路を護り、それによって国内で必要十分な糧食がどうしても不足するのを補充することにしたのである。[41]一九世紀の政治家たちが、経済的自給自足あるいはそれに代る何か適切な方策の政治的に望ましいことに気づいていなかったという現在の一般的見解には、事実による裏づけがない。

第一次世界大戦が、経済という概念全体にあたえた影響については前述した。この大戦が経済自立主義への動向にあたえた衝動は、直接的であり強力であった。封鎖が行われたこと、世界の船舶の大部分が軍隊と軍需品との輸送にふり向けられたこと、これらのことが、交戦国と中立国とに多少の差はあれ、逼迫した厳しさで自給自足の態勢をとらせることになった。四年間というものは、中欧諸国は、もっぱら自国の資源に依存せざるを得ず、フィヒテの封鎖商業国家の理想を現実化するという全く意志に反する成り行きに陥った。連合諸国にとっても、潜水艦という新武器が現われたので、自給自足と二者択一の関係にある海外からの輸入に対する依存が今までにない危険な状態に追い込まれた。連合国の諸政府も、自給自足を、遺憾な方策で一時的な便宜手段とみなしていたわけでもなかったようである。一九一六年の六月、連合国諸政府はパリに会して戦後の経済政策を討議したが、「諸国の正常な経済活動に不可欠な原材料と製造品に関するかぎり、敵国との関係にかかわりなくすむために必要な手段を遅滞なくとる」ことを決定した。[42]翌年、イギリス国家委員会は、「原料資材の供給を制御しようとする外国の経済的圧力が働くことを特に警戒されなければならないこと、および、経済的独立を増進するためには政府の行動が最も必要とされること」を確認して、それにかかわる一連の品目表を作成した。そして、この政策は、一九二一年の産業保護法となってあらわれた。国内供給に依存できないところでは、海外からの供給を妨げられることなく調達できることが最重要な目標となった。この目的を満たすのに十分な石油の供給を制御したいという欲求から、イギリスが積極的な政策で向った産油国家は一国にとどまらなかった。

国際的には、封鎖が戦争を勝利に導く上に果した重要な役割から、国際連盟の憲章において「経済的制裁」がどうしても大きな意味をもつことになった。封鎖が、いままでのどの戦におけるよりも強力に実施される可能性があることは明らかであった。したがって、経済的自給自足は、封鎖の武器に対抗して自然にとられることになる防禦の軍備としておしすすめられた。一九三五年に、イタリアに対してこの封鎖の武器が実際に行使されたことは、この教訓を一段とはっきりさせた。「一九三五年一一月一八日は、イタリア史上における新しい一章の冒頭に記される」と、一九三六年三月二三日の国家協同組合会議においてムッソリーニは述べている、「……イタリア史の新しい局面は、つぎの前提条件のもとに確定される。可能な最大限の経済的独立を可能な最短期間に確立することである」と。この説にほとんど新しいものが感じられないのは事実である。それは、すでにハミルトン、リスト、さらに一九一七年のイギリス国家委員会などによって述べられた事柄の言いかえにすぎない。しかし、きびしくなってきた国際的緊張が、この問題を鋭く浮彫りにした。有名なアメリカの一公法学者は、イギリスと合衆国とが、「戦略上重要な金属」を、「独裁的な〈持たざる〉諸国家がそこでしか購入できない市場から大量に運び出す」目的で、これらを共同購入したことを批評した。[43]イギリスの一論者は、「ドイツの再軍備計画の効果をなくする方法としては、イギリスが手近なスウェーデンの原鉱の全部を買い占めるのが第一だ」[44]と言った。経済的自給自足の軍事的価値を政府に確信させるのに、このような警告はまず必要のないことであった。ドイツの行った合成原料の開発と、イギリスの場合の食糧および不可欠な原材料の貯蔵蓄積は、このことの数多くの重要な兆候のなかの二つの事例にすぎない。自給自足は、権力の他の諸要素と同様に、費用のかかることである。国家がある重要物品に関して自給自足の体制をとることは、戦艦を建造するぐらいの費用を要するであろう。その支出は、結果において浪費となるかもしれないのであり、それで得たものが出費に値しないことかもしれないのである。しかし、自給自足が権力の一要素であり、その意味で要望されるということを認識しないと、問題点を見失うことになるのである。

4　政策の一手段としての経済的力

国家政策の一手段としての経済的武器の第二の用い方、すなわち経済的武器を国外において権力および勢力を獲得するために行使することは、すでに十分認識されていることであり、さまざまに論議されてきていることであるから、ここではごく簡単な要約で足りるだろう。それは、つぎの二つの主要な形をとる。(a)資本の輸出、(b)外国市場の支配。

(a)　資本の輸出は、近来、有力な国家が普通に行っていることである。一九世紀を通じてイギリスの政治的優位は、世界の経済的中心としてのロンドンの地位と密接なつながりをもっていた。イギリスが政治的勢力をあえて伸ばそうとしなかったヨーロッパにおいてだけは、イギリスの投資はわずかなもので、海外へのイギリスの投資額の五パーセントにもとどかないものであった。二〇世紀に入って、合衆国が政治的権力を高めたのは、大規模な援助国として世界市場に、とりわけラテン・アメリカに対して、さらにまた一九一四年以後はヨーロッパに対して、貸与の手を伸べたことにもとづいている。直接の政府投資によって政治的目的が達成された例は、スエズ運河会社とイギリス＝イラン石油会社との株をイギリス政府が買った場合とか、ロシア政府の資本で東支鉄道が敷設された場合などにみられた。さらに多くの事例があげられるのは、政府がその権力を行使して、銀行や私人に国策のために投資するようにさせた場合である。仏露同盟は、フランス投資家たちがロシア政府に貸与したフランス資本約四億ポンドによって結ばれたものである。ドイツでは、「株式銀行は、単に信用機関ではなくて、政治＝経済的機構であった。ということは、それはドイツの権力政策の一手段であった」[45]。一九世紀の帝国主義の政策は全体として、ヨーロッパ資本の投下によって世界の後進地域を発展させるということに基礎がおかれていた。政治的な利益は、一九世紀の特許会社のように、政府の保護を受け、より一般には外交上の支援を受けた私的投資家によって推進された。[46] マルクスは、この政策を、「戦争遂行の封建主義的方法を……重商主義的方法に代え、大砲を資本に代え」た政策だと述べた。[47] さらに新しい表現力をもつ言葉がつくり出されて、合衆国の「ドル外交」が語られだした。

（一九一二年にタフトは語った。）現政府の外交は、通商の近代的な観念に即応しようと努めている。この政策は、弾丸に代わってドルで行われることが特色である。それは、理想主義的なヒューマニストの心情にと同様に堅実な政策および戦略の指示にも、さらに筋の通った商業上の目標にも、等しく訴えるところがある政策である。[48]

ラテン・アメリカの海上にアメリカ艦隊がしばしば出現したことは（他の場所にイギリスの艦隊が現われるのと同様に）、もしドルが弾丸の人道的な装いをした身代わりであるなら、政治的必要のある際には、ドルは弾丸によって増援され得るのであり実際に強化されることを、この事実が一層よく示したのであった。

海外投資を、政策の手段として用いることが、一九一九年以後減少したのは、世界中の過剰資本の蓄積が急速に減退したこと、および、借り手となるはずの国の多くに返済能力が持たれていないことなどによって説明がつく。それでもなお、多くのよく知られている実例をあげておこう。フランスは、ポーランドおよび小協商諸国〔ユーゴスラヴィア、チェコ＝スロヴァキア、ルーマニアが平和条約による新国境を護ることに協力する目的で結ぶ〕に向って、公私にわたり、多額の貸付および信用を行って、これら諸国に対するフランスの勢力を強化した。数カ国の政府は、オーストリアの独立を維持する政治的目的のために、同国に無償資金を供与するとか保証を行った。一九三一年には、フランスの財政的圧力におされてオーストリアは、自国とドイツとの関税同盟の計画を破棄せざるを得なかった。一九三一年以後、中欧におけるフランス勢力の急速な凋落は、フランスがこの危機以後、これらの諸国に対する財政的援助政策を継続し得なかった事実に深く関連していた。一九三八年の一二月に、フランスのシュナイダー＝クルゾー・グループが、チェコ＝スロヴァキア政府を代表するチェコ＝スロヴァキア・グループに対して、スコダの諸工場におけるその利権を売ったと発表されたとき、タイムズの通信員はつぎのように論評した、「この取引は、フランスの中欧からの後退を示す今一つのあらわれであって、フランスの政治的膨脹の一章に終止符を打つものである」[49]と。イギリス市場において外債の発行に対して非公式の停止が行われた一九三二年以後は、イギリスの対外貸付は政治的指導に服するにいたったというのが妥当であった。一九三八年と三九年には、イギリスおよびドイツのトルコに対する、合衆国およびイギリスの中国に対する、ほとんど隠しようのない政治的動機をもつ「商業的」信用の供与が行われた。

(b)　外国市場を支配しようとする争いは、政治と経済との相互作用を、さらによく説明するものである。というのも、市場をその経済的価値のために獲得すべく政治権力が行使されるのか、それとも、政治権力を確立し強化するために市場が求められているのか、その決定は多くのばあい不可能だからである。市場を求めての争いは、二つの世界大戦の間に行われた経済戦闘の最も著しい特色である。到るところで現われた輸出に対する圧力の強化を、もっぱら政治的敵対関係のせいにすることは、まちがいであろう。現代の産業機構のもとでは、多数の商品の最も経済的な生産量でも、たいていの国内市場の消費能力を超えるのである。したがって、保護された国内市場で高く売り、自由な外国市場で安く売ること(これが「ダンピング」の基本である)は、純粋に商業的な観点からは、全く健全な政策であろう。いまなお、政策の一手段としてダンピングを行うことには反論の余地がない。したがって有力国家は、その政治的利害関係の存する地域、その政治的勢力がきわめて容易に進出できる地域に、その「自然な」市場を見出した。中欧および東南ヨーロッパがドイツの「自然な」市場であった理由の主なものは、これらの地域がドイツの軍事力に左右されやすい状態にあったことにある。ドイツの再軍備とこれら地域へのドイツの経済的浸透とが、同時に進行したのである。しかし、このことは何も新しい現象ではなかった。政治力と経済力との織り合せの見事な実例は、エジプトにおけるイギリスの地位に見出される。一九世紀の最後の二十年において、エジプトにおけるイギリスの経済的浸透は、イギリスの軍事的占領の結果であり、この占領はスエズ運河におけるイギリスの利権を保護するために行われていたのであったが、この運河に関する利権は、イギリスの貿易路および戦略的な情報伝達路を守護するために獲得されていたものであった。

輸出を推進し外国市場を獲得するために用いられる方法は、あまりに周知のことであり論議の必要はない。その最も単純な方法は、輸入国に財源を与えるために借款ないし信用を付与することである。一九一四年までは、イギリスとしては市場問題に気をとられるなどということはなかったので、外国の借り手がロンドンで得た借款に、それがどう使われるべきかについて、およそ何の制約も設けることはなかった。イギリス以外の国では、どこから受けた外国借款も、借り手はその全部ないし一部を貸与国において費消すべきであるとの条件がついているものが多かった。[50] 一九一九年以後は、この条件が、ほとんど世界的にとりあげられるようになった。イギリスでは、二つの政府機関――植民地開発基金と輸出信用保険庁――が、イギリスの輸出の財務に当った。前者は大英帝国のための、後者は諸外国のためのものである。一九三九年までは、輸出信用保険庁の仕事は純商業的性質のものであると公式には述べられていた。しかし一九三九年に通過した法律によって、この機関が与える保険の限度が増大し総額一千万ポンドが「それに関して保証が与えらるべきことが国家の利益に適したことだと(商務省に)思える」[51] 取引の保証に用いるべきことが指定された。この法案を下院に提出するにあたって、商務相は、イギリスが「ドイツに対して貿易戦争を宣告した」という風説を否認したが、この法案を「経済的再軍備」の一つとして述べ、「われわれが今や手をつけようと試みている経済的再軍備は、われわれの他の再軍備と全く同じである」[52] と付言した。一九三九年七月には、一千万ポンドの額が六千万ポンドに増加された。輸出奨励金と通貨操作とは輸出信用の間接的な形態にほかならなかった。

しかし、市場およびそれと並進する政治力を獲得する最も特色のある近代的方法は、相互取引協定——なんとか姿を変えた物々交換に返ること——である。こうして、アルゼンチンの肉や穀物、デンマークおよびバルト諸国のベーコンやバターなどをイギリスへ購入することで、イギリスの石炭およびイギリスの工業製品のための市場をこれらの国々のなかに確保したのである。オタワ協定〔一九三二年、オタワにおける英本国と自治領との協定。保護関税を採用してブロック経済の体制をとり、大戦後の国際貿易の不振にそなえた〕は、この同一テーマでの幾らか複雑なヴァリエーションであった。中欧およびバルカンの諸国において、ドイツは、他に有利な販路のなかった地方物産(主として穀類と煙草)を買付けることによって、ドイツ商品の市場のみならず、政治の勢力分野をも確保した。この地域におけるフランスの政治勢力が作り事でしかなかったことの症状の一つは、上述の取引になんら実質的にあずかることができなかったことに現われた。購買力は、一つの国際的な資産となっていた。そして、価格がもはや支配的要因ではなくなったという事実(ドイツは、東南ヨーロッパにおけるその購入品のほとんどを世界価格を超える値段にした)によって、生産者ではなくて購買者が決定権をもつ地位に立った。新しい力は、こうして、多くの人口と高い生活水準とをもつ国家が握るところとなった。だが、この力は、浪費されがちで国力を消耗させる資産であり、過度に使われるなら元も子もなくなるおそれがある。

5　経済的力と国際道義

政治権力の一手段として経済的武器を用いることについての以上の概説をここでまとめて結びの考察とする。軍事的武器に代えるに経済的武器をもってすること――マルクスが、資本をもって大砲に代えると言った事柄――は、優越者の強さを示すものであっても、優越者の道義を示すことではない。このことは、二、三の単純な事例からわかることである。イギリスは、モスクワにおけるメトロ＝ヴィカーズの技師たちの裁判に憤慨して、ソヴィエトからの輸入品を押収することによって報復することができた。だが自国官吏が謀殺されたことに憤慨したイタリアは、その報復に経済的方策をとることはできなかった（というのは、ギリシアからの輸入品をイタリアが押収してみても、それはとるに足らぬものであったからである）。そこで、イタリアはコルフ〔イオニア諸島第二の同名島の海港〕を砲撃するという荒々しい軍事的方法によって報復し得たとするしかなかった。一九三一年に、イギリスは、政治的な方法ではなくして、たまたま拡がった状況という形で、「スターリング〔英貨〕ブロック」（ポンド圏）として後に知られることになるものを確立した。他方ドイツが、これに対応する「マルク＝ブロック」を中欧および東南ヨーロッパに確立するためには、あからさまに政治的方法をとり実力の行使や力ずくの脅しなどの仕方に訴えなければならなかった。イギリスは、その経済的財政的強味から、スペインの内乱に介入しないですむことができた。イギリス政府は、この場合、戦いの成り行きがどうであろうと、「スターリングの弾丸」を頼みとしてドイツおよびイタリアがスペインにおいて恒久的な優位を占めるのを阻止しようとしたのである。極東に関しては、同じ時期にイギリス首相はつぎのように論じている、「戦いが終り、中国の再建がはじまるとき、中国は、わが国からの何らかの援助なくしては再建できそうにない(53)」と。合衆国が、国際貿易および国際融資においてますます強力な存在となったことが、ともかく、一つの理由となって合衆国政府は、反抗を続けていたラテン・アメリカ諸国の地に海兵隊を進駐させていた伝統的な慣行をとりやめて、「善隣」政策を採用するにいたった。

しかし、この点は、「侵略」および領土の併合の問題全体にわたって、もっと広くあてはまる。権力のこの面を最も明らかに示している文書の一つとして、一九一〇年にロシア政府に対して北京駐在のロシア代理公使から送られた報告があげられる。(この率直な外交官は、こう述べている。)われわれが、経済的に十分強力であるのなら、経済的条約の締結にわれわれのあらゆる努力を向ける方が、はるかにやさしいことでありましょう。しかし、私が危惧するのは、われわれがそのような努力をすることは、ただ他国人に役立つだけであって、われわれ自身は、やりとげたとしても、そのことから何らかの利益が確保できるというものでもないのであり(われわれとしては、一八八一年の通商条約に示されたきわめて有利な立場にありながら実益を得ることができないでいるという実例のなかにいるわけです)、そうだとするなら、われわれは、従来とっ

てきた政策、すなわち、領土獲得政策の基本線からそれる理由は全くないというのが私の意見であります。(54)

最近イギリスのある論者が極東に関して同様な観察をしている。

一九世紀にイギリスが勝利を占めた自由貿易は、純粋な商業競争における強者の行動理由であった。特殊の利権を内に含みもっている「勢力分野」こそ、政治権力を直接に用いることで、この競争における弱点を補強しようとした諸国家の目標であった。(55)イギリスは、一九世紀を通じて保持した不敗の海軍および経済の優位によって、最小限の軍事力と経済的(関税)差別とで、中国において支配的地位を確立することができた。ロシアのような経済力が比較的弱い国家は、むき出しの侵略と併合によることで、はじめて、なにがしかの成果を得る期待がもてたのであった。日本が後に、この手本に倣っているのである。

クロウェは、一九〇七年一月のよく知られている彼の覚書の中でつぎのように論じている、イギリスは「より弱い諸共同体の自然な保護者」であり、そしてイギリスが採った開かれた市場という自由貿易政策によって「イギリスは他の諸国と有益な友好関係の保持を、疑いもなく強化したのであった(56)」と。この論旨の筋を、さらにおしすすめるためにつけ加えるならば、イギリスは本来の経済的強味とそのために可能であった自由貿易政策とのおかげで、多くの国々において、他の国家ならば相手国の政治的独立を侵すことなしには達成できないような間接の影響力や支配をある程度行うことができた。また、この有利な立場のために、イギリスは、諸小国の政治的独立の擁護者として立つことが自然な姿として受けとられ得たのであり、他国にはそのような在り様は容易なことではなかった。エジプトにおいて、イギリスは、自国の軍事的および経済的優位とエジプト国家の形式的独立とをうまく両立させたが、弱国ならこれと同じ効果を生み出すためには併合という手段に訴えねばならなかったであろう。イギリスは、イラクに対する形式上の権威を放棄して、しかもそこでのイギリスの利益を維持することができたが、フランスはシリアにおいてイギリスと同じ方式をとる勇気がなかった。経済的武器は、たしかに、強国の武器である。「経済的不侵略」協定のために一九三一年ソヴィエト政府が行った提案が、当時の三大強国である英仏米によって、最大の敵意をもって受けとめられたのは意味の深いことである。

それにもかかわらず、経済的武器の行使は軍事的武器よりも道義に反することが少ないとする一般の見解を、根拠のないことと片づけるわけにはゆかないであろう。しかし、この見解は真実であるとはかならずしも言えない。戦時における封鎖は、空襲の連続におとらぬ大きな災禍をもたらすかもしれない。だが一般的に言って、ドルと弾丸とは、たとえ用いる目的が同じであっても、ドルの方がより人間的であるとする意識がある。ギリシア人を砲撃することよりも、ソヴィエトからの輸入品を押収することの方が、道義に反することが少ないというわけである。ある程度の政治的独立は保護するという形での経済的支配(中央アメリカにおける合衆国のそれのごとき)は、直接の政治的支配(ボヘミアおよびモラヴィアに一九三九年にドイツが確立したそれのごとき)よりも、従属国家には受け容れやすいのであり、したがって、それだけ道義に反することが少ないということになる。このちがいは、合衆国が経済的にドイツ同様の弱い国であるとするなら、同じ手段をとることは十分にあり得たと指摘して、否定し去られるものではない。なるほど、貧乏人は、金持よりも盗みをする可能性が多いのであり、このことが個々の窃盗事件についての、われわれの道徳的判断に影響をあたえはする。しかし、窃盗それ自体は一般に反道徳的と考えられている。このことは、道義そのものが権力の諸問題にどのようにまきこまれているかを説明するものである。

道義の問題点は後に考察することであるが、この分野から導き出される最も重要な教訓としては、経済的力と軍事的力との一般にとられている区別は思い違いで実在しない性質のものだということである。権力は、あらゆる政治的行為の一要素であるが、実は一つのものであり不可分のものである。権力は、同じ目的のために、軍事的武器を用い、経済的武器を用いる。強者は、重くない方の、より「洗練された」武器を選ぶことになろう。なぜなら、彼の目的を遂げるのに、それで一般的には十分だからである。そして、それで十分とするかぎり、より危険な軍事的武器に訴えようとする気持にはならない。しかし、経済的力は軍事的力から分離され得ないし、軍事的力も経済的力から分離され得ないのである。両者はともに、政治権力の構成要素であり、したがって、結局いずれも他方なくしては無力なのである。

第三節　意見を支配する力

意見を支配する力は、力の第三の形態である。「われらは船を持った、われらは人びとを得た、われらには金もできた」と唄った「主戦論者たち《ジンゴース》」は、政治権力の三つの基本的な要素——軍備・人力・経済力を、正確にみてとっていたのである。しかし、人的力は頭数を単にかぞえるだけで見込みがつけられるものではない。ヒュームが論じているように、「エジプトのサルタンやローマ皇帝は、罪のない民を、彼らの心情も性向も無視して野獣のように駆使したらしい。しかし彼は、少なくとも、エジプト騎兵団やローマの近衛兵団については、彼らの意見を汲んで人間らしく統率したにちがいない[57]」。意見を支配する力は、それゆえ、軍事的力や経済的力に比して政治目的にとって基本的でないものではなく、つねに両者と緊密に結合しているのである。説得する術は、つねに、政治的指導者に必要な素養である。雄弁術は、政治的手腕の歴史において長い名誉ある記録をもっている。だが、宣伝をすぐれて現代的な武器とみる一般の見解は、それにおとらず事実上正しい。

1　現代世界における宣伝

近時、意見を支配する力が、ますます重要視されてきた最も明白な理由は、政治の基盤が拡大してきたことであり、政治的に重要な意味のある意見を持つ人の数がいちじるしく増大したことにある。近年までは、その意見が政治に影響力をもつほどの人の数は少なく、それに彼らは利害関係を共にし、さらに一般的に言えば高い教養のつながりによって結ばれていた。したがって、説得の方法は、かれらの意見に適応するものでなければならなかった。ヒットラーの言葉をかりれば、「科学的な説明」はインテリゲンチアのためのものである。宣伝という近代的な武器は、大衆に対するものである。[58] キリスト教は、大衆に訴えるところあったことでは、史上最初の偉大な運動であったと言えよう。広範多大の意見を支配する力のふくむ潜在力を最初に理解して展開していったのが、カソリック教会であったことは十分にうなずける。中世期のカソリック教会は、一定の意見を普及し、これに対立する他の意見を根絶すべく設立されたのであった——そして、教会の力の及ぶかぎりで今なおそのような存在であり続けているのである。こうしてカソリック教会は、史上に最初の検閲制と最初の宣伝組織とをつくりだした。中世の教会が最初の全体主義的国家であったことは、近時の一史家の所見において重視されている点である。[59] 宗教改革というのは、意見を支配する教会の力、教会の富、さらに神聖ローマ帝国皇帝の軍事力が教会に与えていた権威などを、ヨーロッパの諸地域で、教会から同時に剝奪した運動であった。

人の意見を支配する力の問題が、近代的な集団形態をとる意見を支配する力のそれとして現われたのは、経済的および軍事的な技術上の諸発達によることであった——個人的な工匠技術に大量生産工業が代り、志願による職業兵団に徴集された市民の軍隊が代ったことなどがそれである。現代の政治は、多少の差はあれ政治意識をもった広範な大衆の意見に依存せざるを得ないのであって、それらの人びとのうち最もよく発言し最も影響力をもち、宣伝に最も敏感であるのは、大都市およびその周辺に住む人たちである。この問題は、およそ現代の政治が無視しえないことである。表面上は、この問題に対して採られる姿勢は、民主制国家と全体主義国家とでは正反対とみえる。民主制は大衆の意見に従うとしているのであり、全体主義国家は基準を設けてそれに従うことを強いる。しかし実際のところ、この対立は、そうはっきりと分かれているのではない。全体主義国家は、その政策を決定する場合に、大衆の意志を表明しているように装うが、この装いは、全く空々しいこととも言えないのである。民主制国家ないしそれを運営する集団が、大衆の意見を形成し方向づける操作を全然やらないわけではない。全体主義の宣伝家は、マルキストであれ、ファシストであれ、民主主義諸国において享有されている意見の自由が幻想性のものであると強調しつづけている。大衆の意見に対する民主制と全体主義国家との姿勢にみられる差異の堅い下層は依然としてそのままであるが、この大衆の意見こそ危機の時代における決定的要因となってくることがわかるであろう。しかし、両体制とも、大衆の意見に最高の重要性を認める点では合致しているのである。

大衆の意見を政治において最重要なものとしたのは経済的社会的条件であるが、その同じ条件がまた、大衆の意見を形成し指導するために無類の射程と能率とをもつ諸手段を生み出した。これらの手段のうち、最も古くしかも今なおおそらく最も有力なのは、普通教育である。教育を用意し提供する国家は、当然に教育の内容を決定することになる。どの国家も、その将来の市民を国家の基礎原理の破壊を教える学校に収容するのを許すわけがない。民主制にあっては、子供はデモクラシーの権利自由を尊重することを教えられるが、全体主義国家においては、全体主義の強味と訓練を讃美することを教えられている。いずれの体制においても、子供は、自国の伝統、信条、制度などを尊敬するように教えられ、自国が他のいかなる国よりもよいのだと考えるようにしつけられる。この幼児期に巧まずして型にはめて性格を形成してゆく影響力は、いくら強調してもよいほど重要である。マルクスが言った「労働者に祖国なし」の断言は、労働者が国家の学校を卒業している以上、真実とは言えなくなっている。

しかし、ここで、今日の宣伝について語る場合のわれわれは、主として、普通教育のおかげで利用することができる他の手段のことを考えているのである。ラジオ、映画、一般の出版物などである。ラジオ、映画、出版などは、ともに、現代産業の特質が生み出した最も特徴的なものである。その大量生産、準独占企業、価格統一などは経済的能率的作業の条件である。ラジオ・映画・出版の経営は、その発展上の自然な成り行きとして、ますます少数の手に集中されることになる。そして、この集中が、意見の中央集権的統制を容易にし、さらにそれを不可避にする。意見の大量生産は、商品の大量生産の当然の結果である。ちょうど、一九世紀の政治的自由の概念が、経済力の成長と集中という事実のため、大多数の人々にとっては絵に描かれた餅でしかなかったように、一九世紀の思想の自由の概念も、意見を支配する力の新しいきわめて強力な諸手段——ラジオ・映画・出版——によって、根本的に変容されつつある。宣伝という言葉が今日多くの人びとの心に植えつける偏見は、産業および貿易についての国家統制に対する先入観によく似ている。(60) 意見は、通商や産業と同様に、古い自由概念にしたがえば、作為的な規制なしに、それ独自の自然な水路を流れてしかるべきものであった。この自由の概念は、現代の諸条件のなかでの意見が、通商と同様に作為的統制から免れるものでなく、また免れることができないという厳しい事実の上に崩れてしまった。問題は、今では、人びとが意見を表明する政治的自由をもつかどうかではなくなっている。意見の自由が人民大衆にとって、何かある種の既得権によって行われる宣伝の様々な形態の働きかけに服すること以外の意味をもつのかどうか、それが問題である。全体主義国家において、ラジオ、出版、映画は、政府による絶対的な統制下にある国家産業である。民主主義国家においては、条件はちがうが、どこでも、中央集権的統制の方向に傾きつつある。およびただしい数の団体が設立されつつあるが、それらはいずれもきわめて強力であり、その社会にとってきわめて不可欠なものであるだけに、政府の機関から全く独立した存在としておくわけにはゆかないのである。さらに、これらの団体自体も、国家による公式の統制に服するか、それとも、国家との協力を自発的に受け容れるかということになると、後者を採る方向にかたむいている。意見の国有化は、いたるところで、産業の国有化と同一歩調ですすんでいる。

2　政策の手段としての宣伝

対外政策の正規の手段として、意見を支配する力を組織的に行使することは、近代になって発展したことである。一九一四年以前に、国際関係において政府が宣伝を利用した場合はあった。出版はビスマルクやその他の政治家たちにより自由に利用された。もっとも、それは広く世論に働きかける手段としてよりは、むしろ外国政府に向けて発言するのが目的であった。宣教師と貿易業者との協力および両者への軍事力による支援は、国力の膨張のために行われた宣伝と経済的軍事的力との非公式な連携であり一九世紀における周知の事実であった。しかし、そこでの宣伝の分野は限定されていた。そして、少しでも集中的にこの分野を開拓した人たちはまさに革命家であった。宣伝に政府が組織的に訴えるなどということは、みっともないというより、訝《いぶか》しいことと考えられていたからである。

「心理戦争が、経済戦争および軍事戦争に伴って必ず起きる」ことは、一九一四―一八年の交戦国がすぐに悟ったことであった。[61] 自国側の「士気」が維持されるべきこと、相手側のそれが打ちのめされること、それが、軍事的経済的戦線における成功の条件であった。宣伝は、これらの目的が二つとも成し遂げられるための手段であった。敵の部隊に反乱を起こさせる扇動の印刷ビラが、敵陣地の上に落されるなどしたが、このようなやり方は、最新の兵器と同様に、当初は、国際法に反することとして非難された。[62] さらに、戦闘の新しい諸状態が、この面においても他の多くの局面におけると同様に、軍人と一般人との区別をなくしてしまった。したがって、軍人でない一般民衆の士気が、はじめて軍事的な目標となった。（一九一八年一月、イギリス参謀総長がこう述べている。）長距離砲は砲撃目標の各地域に持続して不安をあたえるように、絶え間なく繰り返し砲弾を見舞いさえすれば、この砲の最大限の士気上の効果をあげることになろう。工業生産を中断させ、一般国民の信頼を浸食してゆくのは、散発的・発作的な攻撃とは全く異なる上述のような繰り返し行われる攻撃である。[63]

他の交戦諸国の軍部首脳たちも、当然、この同じ問題を同じように考えていた。一般民衆の士気沮喪こそ、度重ねて行われる空襲の第一目的であるだけでなく、それはドイツが「ビッグ・バータ」によってパリへの長距離砲撃を行った主目標でもあった。そしてこの爆弾や砲撃の働きは、とくに大戦最後の数カ月において、宣伝用印刷物を猛烈に流すことによって一段と強化された。第一次世界大戦を通じて、力の三つの形態の緊密な相互依存関係が絶えず展開され実際に証明された。自国内にあっても中立国および敵国においても、双方の側での宣伝の成功は、軍事的および経済的戦場での勝敗の波とうねりを同じくするものであった。

最後に連合軍側の封鎖と戦場における勝利とが、ドイツの諸資源に大打撃を与えたとき、連合軍側の宣伝はめざましく効果をあげ、最後のとどめをさすうえに相当の役割を果した。一九一八年の勝利は、軍事力、経済力および意見を支配する力、この三者の巧みな組合せによって達せられたものであった。

この大戦の後期段階では宣伝の重要性が一般に認識されていたにもかかわらず、宣伝はまだ、敵対関係にある時期だけ特に適応する武器として一般には考えられていた。レーニンや彼の仲間を封印列車でロシアへ送る責にあたったドイツの将軍がつぎのように述べている、「敵の塹壕に砲弾を打ち込むとか敵陣に毒ガスを放つなどと同じように、敵に対抗して宣伝を活用する権利を私は相手国の一人としてもっている(64)」と。戦争が終るにあたって、宣伝に従事した省庁や部局が廃止されたのは、戦時編制の解除にともなう自動的な方策ではあった。しかし、休戦から二十年の間——表向きはなお平和の時期ではあったが——多くの政府は、大戦中に劣らぬ真剣さで宣伝を遂行してきた。そして、どの国家にも、国内および国外における人びとの意見に働きかける新しい公式・準公式の機関が設けられた。このような新しい展開は、国際政治が一般民衆にかかわることになり、宣伝方法がしだいに効率を上げてきたことによって可能となったのであり、またそれが不可避な動向であった。

宣伝を国際関係で常に活用される手段として導入した先達として、ソヴィエト政府にその名誉が認められなければならない。もっとも、それは幾分偶然な理由によることであった。

ボルシェヴィキがロシアで権力を把握したとき、国際的紛争に通常用いられる軍事的経済的武器についてひどく弱い立場にあることがわかった。彼らの立場に強味があるとすれば主として、他の諸国における世論に対して彼らが働きかけてゆくということであった。したがって、彼らとしては、この武器を最高度に利用すべきことは当然であり必要なことであった。以前に、彼らは、宣伝ビラの散布や戦線間の友好親善などによって、ドイツ軍隊を崩壊させることができると確信していた。その後も彼らボルシェヴィキは、内乱中の彼らに対する連合国の干渉を効果なくするため、連合諸国内への宣伝に力をいれた。しかし、それも、実戦的な赤軍の創設によって効力が補強されなかったなら、宣伝を行うだけでは成果を得ることはできなかったであろう。しかし、この宣伝が果した役割の重要性は、その後数年の間ボルシェヴィキの宣伝に対する恐怖が抱かれて、いまなお多くのヨーロッパやアジアの諸国において消滅してはいない事実が十分に示している。ソヴィエト・ロシアは、「共産主義インターナショナル」という形で、大規模の恒久的な国際宣伝組織をうちたてた最初の近代国家であった。

しかし、なぜ意見を統制することがソヴィエト・ロシアの政策において首位を占めることになったのか、それにはより奥行きの深い理由があった。中世期末以降、どのような政治体制も普遍的真理の保有者とか普遍的福音の伝道者などと主張することはなかった。ソヴィエト・ロシアは、国際的な理論を唱導し整備された世界的宣伝組織を擁した最初のインターナショナル構成の単位国家であった。この新機軸の出現はまさに革命的であって、共産主義インターナショナルは、ソヴィエト政府の権力とは全く関連をもたないことをはじめは意図されていたほどである。しかし、そのような権力との分離は、行政の細部に関しては能率的であったかもしれないが、大きな政策問題となるとそうはゆかなかった。したがって、ソヴィエト国家がスターリンのもとに統合されてからは、この分離はしだいに折り目をつけただけの虚構にすぎなくなった。このような事態の展開は、局地的な意義をはるかに超えるものがあったのであり、これによって、われわれは、「イデオロギー」として現在知られていることが、国際政治において占めている位置の問題を全体として把握するための鍵をあたえられる。というのは、意見を支配する力が他の形態の力と不可分離のものであるなら、つぎのように考えることができるからである。すなわち、力が国際化されることができないなら、国際的意見などというものは政治に関しては存在するはずがなく、また、国際的宣伝などということは国際的軍隊と全く同様に用語上の矛盾であるということになる。この考えは、いかに逆説的と思えようと、きわめて強力な論拠によって支持されうるものである。そこで、この考えとその意味するところとを、慎重に検討しなければならない。

3　国家的宣伝か国際的宣伝か

人類に強く働きかけた政治理念は、たいてい、普遍的原理と自ら称するものの上にたてられており、したがって理論上は一応、国際的な性格をそなえていた。フランス革命の諸理念、自由貿易、一八四八年の初期共産主義あるいは一九一七年の再生共産主義、シオニズム、国際連盟の理念、これらはすべて一見(それらの理念が志向していたように)、権力からはなれ、国際的宣伝によって育成された国際的意見の実例である。しかし、よく考察すると、この第一印象は無制限には是認されないことがわかる。これらの理念は、それが国家的色彩を帯び、国家権力によって支えられるまでは、どれほどの政治的効果を実際に発揮しただろうか、答は簡単に出せないのである。アルベール・ソレルは、熱狂したフランス革命家たちによってたどられた過程について、有名な文章を残している。

　彼らは混同しているのだ、……新しい諸理論の宣伝とフランスの権力の拡大とを、人類の解放とフランス共和国の偉大さとを、理性の支配とフランスの支配とを、人民の解放と国家の征服とを、ヨーロッパ革命とヨーロッパに対するフランス革命の制圧とを。[65]

ナポレオンの有していた軍事力は、あきらかに一七八九年の諸理念を全ヨーロッパにわたって宣伝するうえに最も力強い要因であった。自由貿易の理念が政治的な働きかけをしはじめたのは、それをイギリスが国策の基礎として採用したときからである。一八四八年の革命家たちは、いたるところで政治権力を握ることに失敗したが、そのため一八四八年の理念は実を結ばないままになってしまった。第一インターナショナル〔一八六四年ロンドンにて。国際労働者協会〕も第二のそれ〔一八八九年パリにて〕も、何ら現実的な権能を獲得しなかった。一九一四年にみられたように、国家的な労働運動はあったが、国際的な労働運動は起こらなかった。第三インターナショナルないし共産主義インターナショナル〔一九一九年三月、モスクワにて。コミンテルンと呼ばれる〕は、ロシア国家の権力をその背後に持つまでは、ほとんど影響力を発揮し得なかった。そして、スターリンは、ちょうどナポレオンが一七八九年の諸理念を勝手に選り抜いて播き散らしたのと全く同じように、一九一七年の諸理念から選びとったものを広めていったのであった。国家権力によって支えられていなかったトロツキズムは、何らの影響力ももちえないままにとどまった。シオニズムは、それが単に国際的な宣伝に頼っていた間は政治的に無力であったが、大国の政治的後楯に依拠し得たかぎりでは実際の効果をあげることになる。宣伝は、それが国家的本拠を獲得して軍事的経済的な力と結ばれるようになるまでは、政治的な力としての効力を発揮し得ないのである。

国際連盟の成り行きおよび連盟のための宣伝の結末は、おそらく、以上の趣旨を最もよく説明する現代の事例である。すでに述べてきたように、ウッドロー・ウィルソンやセシル卿のような人達は、国際連盟を、諸国家の軍事的経済的力を統制する「人類の組織された意見」の表現と考えていた。国際的世論は、力の最高の手段(「いままでわれわれが有する最強の武器」)であった。したがって、この意見は、国境などに留意しない国際的宣伝によって、つくりだされるはずのものであった。[66] 一九二〇年代を通じて、国際的な意見の力についてのこの間違いがしだいにあらわになっていった。それがどうにか存続しえたのは、連盟の熱烈な支持者たちが平和とか軍縮などという普遍的に訴え得るスローガンを執拗に利用しつづけたことによる。しかし、それもこのスローガンが、それぞれの国民にそれぞれ異なる意味で、実際には相互に矛盾する意味でさえ受けとられたからである。各国は、戦争に訴えることなく国策の目標を達成することを欲してその意味であくまで平和を支持していたのであった。どの国も、他の諸国の軍備縮小を要求し、あるいは自国にとって枢要とは考えないような武器について軍縮を主張した。軍縮会議が挫折した後、国際連盟が、その最も強力な加盟諸国の国家政策の手段であったかぎりで実際に活動ができたにすぎないことは、だれにも明らかとなっていた。連盟に与《くみ》する意見は、国際的なものでは全くなくなり、連盟が自国の政策目的に役立っていると感じることのできた国家に持たれただけであった。そしてイギリスでは、国際連盟は、保守党のナショナリスト・ウィングと呼ばれるような人たちにはじめてなじまれることになった。

国家権力から分離された国際的世論の実効性を信じることのあやまりは、他の地域で展開された事態によって、さらによく説明できる。ファシズムという名のもとに便宜上分類されている一群の運動は、デモクラシーおよび階級闘争の否定、指導者原理の強調などのような一定の普遍的原理と自称するものにもとづいている。もともと、ファシズムは「輸出用品ではない」ものとしてその権威筋から論述されて、そのように長年の間ファシズムを堅持する諸国では取り扱われていた。後に、この制約は公然と否定され(67)、ファシズムは世界の多くの地域において、強力な国際的宣伝のテーマとなった。しかし、国際連盟と共産主義インターナショナルとが、国際的意見の手段として始まり国家政策の手段として終ったのに反して、ファシズムは国家政策の手段として始まり国際的意見の手段として終ったなどとするのは、皮相な見立てであろう。どちらの場合も、その国際的な面は一個の幻影であった（ということは、多くの人びとがそれを真面目には信じないだろうという意味ではない）。ファシズムにとって国際的宣伝は、特定の諸国家の国策の手段であったのであり、それは、これらの国家の軍事力経済力の増強とともに増大した。しかし、国家政策の覆いとしての国際的なイデオロギー宣伝の背理法が、積極的なイデオロギーをなんら共有していない諸国家を一つの政治的同盟に結合させるための消極的なスローガンの採用という形で現われた。こうして生れた「反コミンテルン協定」であったから、ドイツは、国家政策の要求するところとなると、最高の共産主義国家と条約を結ぶこともあえて辞さなかった〔一九三六年、日独防共協定。一九三七年、日独伊防共協定。一九三九年、独ソ不可侵条約〕。さらに他方、民主主義諸国家の「反ファシズム」も、それらの国家が、ファシズムとは区別のつきかねる政治形態の諸国家と同盟する妨げとなるものではなかった。これらのスローガンは、これを用いる国家の政策をはなれては、なんらの意味も内容ももたなかったのである。意見を支配する力は、軍事的経済的力から分離され得ないからである。

4　宣伝に関する国際協定

宣伝は、現在では、国家の政治的武器としてよく認識されているので、この武器の使用に関する約定は、国際的な諸協定においてかなり共通している。そのような約定が、共産主義インターナショナルの活動を制限する目的のために、ソヴィエト政府との間に結ばれた諸条約にはじめてとりいれられたことは、十分うなずけることである。しかし、このことは、なお、例外的な場合としてしか考えられなかった。ソヴィエト・ロシアのほかに、敵対的宣伝をさし控えようという条約の最初の記録されるべきものが、ドイツおよびポーランドの放送会社の間に結ばれたが、それは、「放送事項が一方の契約当事国の国民である聴取者の国民的感情を害しない」ことを保証する約束であった。[68]宣伝は、ポーランド政府が「道義的軍備縮小」に関する協定のために軍縮会議に提案を行った際に、はじめて全世界的な問題として脚光をあびた。一般的な協定によって宣伝という武器を制限することは、軍事的武器を制限するのと同じぐらい見込みのないことであることがわかった。[69]しかし、敵対的宣伝をなくするための双務条約は、一九三四年にドイツとポーランド間で結ばれ、一九三六年にはドイツとオーストリアとの間に締結された。[70]そして、一九三八年四月一六日の英伊協定において、両国は、当事国がその「相手国の利益を害するために公表および宣伝の方法を自国の裁量で用いることは、本協定の目的とする友好親善関係の樹立とまさに矛盾するという取り決めを明文で行った」。

このような協定は、民主主義国家にとっては明らかにむつかしい問題を生む。民主制の国家は国際問題に関する諸意見の自由な表明や出版を制限しようとすることはないのであり、したがって自国内で行われるいかなる国家に向けての宣伝もそれを阻止するようなことを公式に示すことはできないのである。そして、このむつかしい立場は、英伊協定のずれのある用語法となってあらわれている。しかし、実際は、こうである。意見の分野においても、経済的分野におけるのと同様に、一九世紀の自由放任《レッセ・フェール》の諸原理はもはや民主主義国家にとってすらあてはまらなくなっている。民主制の諸政府が、全体主義国家との競争のために、自国における経済活動の統制と組織化とを強いられているのと同様に、これらの政府は、自国が意見を統制し組織化できる立場にないかぎり全体主義国家との関係において不利な立場に立つことになるとするのである。このような事実認識は、イギリスにおいてすら、急速に増大していった。国際関係にかかわる諸問題について、危機の時代には非公式とはいえ直接の検閲とまでなった政府の力の慎重な働きかけが、放送・映画・出版にむけて、第二次大戦の勃発する以前でさえ加重されていったのである。したがって、このような圧力に対しては、個々の場合にしばしば批判が行われたのであったが、いかなる政府が権力の座につくことになっても、同様の情勢下ではこれに類する規制手段がとられることは明白となった(71)。同時に、外国人の意見にイギリスの考え方をなじませるための宣伝が急速にひろく行われることになった。一九三五年以来、ブリティッシュ・カウンシルと呼ばれる団体が、「イギリス国民の生活と思想とをもっと広く海外に知られるようにする」機能を営むことになった。一九三八年には、イギリス放送会社が、諸種の外国語でニュース公報を定期的に放送しはじめた。一九三九年の六月には、首相が外務省対外広報局の創設を発表した。これが、戦争の勃発とともに設けられた情報省の中核となるのである。

5　宣伝における真実と道義

ここまでは、意見を支配する力を、軍事的力および経済的力と全く同一の見地からとりあげてきた。そして、それぞれの形態をとる三つの力の緊密な関連性は、きわめて重要であるのに、従来は理論的な論議においてあまりにもなおざりにされており、この閑却視がまさに現在における問題への最も効果的な接近の手がかりになると思われるのである。事実、このことが唯一の正しいとりあげ方だとする人もいる。というのは、第一に、意見は、身分と利害関係とによって条件づけられる。第二に、前章でみたように、支配階層ないし支配国家あるいは支配的な国家グループは、その特権的な立場を維持する上に有利な意見を展開するだけでなく、その軍事的および経済的優位のおかげで、自らの意見を他の諸国におしつけることがたやすくできる。一九一八年における民主主義諸国の勝利の結果、民主主義は最上の政治形態であるとするほとんど普遍的な意見がつくりあげられた。一九三〇年代に入ると、統治の一形態としてのファシズムの功過についての世界の多くの地域における意見は、他の大国との関係におけるドイツおよびイタリアの軍事力経済力と同一歩調で変化してきたと言ってもあながち誇張ではないであろう。これらの命題は、無数の事例によって実証され得た。もし、それらの命題が真実であるなら、意見を支配する力は、実際において軍事力および経済力とは性質上区別され得ないであろうし、そして十分な力と技術的な熟練とがあたえられるなら、人を信じさせ得ないものは全くないことになろう。それが事実であるということを、実際に時として感じさせられることがありはした。ヒットラーはつぎのように述べている、「巧みで執拗な宣伝をやれば、天国をも地獄として国民に示してみせることができる、この上なく惨めな生活すら楽園として示してみせることができる」と。(72) さらにアメリカの広告専門家たちは、「いかなる題目についての、いかなる方面における世論の表明にも、制限を加え得るのは、ただ費用だけだ」という見解をとると言われている。(73) しかし、これらは専門の実際家だから赦される誇張である。後にみるように、ヒットラーでさえ、意見を製造する宣伝の力が無制限なものであるなどと実際には信じていなかったのである。他の場合と同様こここにおいても、極端なリアリストの立場が支えられ得なくなってくる。われわれが意見に対する力を軍事的および経済的力と並べて考える場合、われわれはもはや純粋に物質的な要因をとりあつかっているのではなくて、人間の思想と感情とをとりあつかっているのだということを銘記すべきである。

意見を支配する絶対的な力も、二つの形での制約を受ける。第一には、ある程度は事実と合致する必要があり、そのための制約をうける。意見の形成に全く無関係ではない客観的な事実というものが存在する。巧みな広告をやることによって、粗悪な材料からつくられた美顔クリームをも最上のものだと世人に思いこませることができよう。しかしいかに専門の広告家でも、硫酸塩からつくられた美顔クリームを売り出すことはできないだろう。ヒットラーは、敵を嘲笑的侮蔑的に絵や文で書きたてた第一次大戦中のドイツの宣伝を軽薄なやり口として非難した。その宣伝は、当時のドイツ兵士も塹壕の中で感じとったように、それが真実でないという単にそれだけの理由ですでに成功していなかったのである。とくに宣伝競争が行われる時代には「真実は現われる」という脅威が、意見を支配する力に課せられる重大な制約である。教育は、意見を支配する力の最も強力な手段の一つであるが、同時に、この力に対する最強の対抗手段の一つでもある独学の精神を増進させるのである。特定の目的のために事実をまげて解釈するようなことをすれば、宣伝はその内に潜在する自滅の要素が働き、自ら墓穴を掘ることになる。

第二に、意見を支配する力は、人間性に固有なユートピアニズムによって制約される――おそらく一段と実質的に制約されさえするであろう。軍事的および経済的力に利用されて協力する宣伝は、人心を刺戟してかえって反抗させ、その宣伝目的をみずから挫折させることになる傾向をつねにとる。人間は、力が正義をつくるという説を結局は容れない、それが、人間性についての基礎的な事実である。圧迫は、むしろその犠牲者の意志を強くし知恵を鋭くする結果をもたらしがちであるが、そのことからしても、特権的グループが非特権者の犠牲において意見を統制することができるということは、普遍的にも絶対的にも真実ではない。ヒットラーさえ述べているように、「精神的基礎を欠く迫害はすべて」[74]、「野蛮な実力で理念を打ちくだこうとする試みに対する反感」を覚悟しておかねばならない。そして、この重要な事実が、政治は権力の見地からだけでは説明できないという真実への今一つの鍵をわれわれにあたえるものである。意見を支配する力は、あらゆる力に不可欠な要素ではあるが、けっして絶対的な力であるはずはない。国際政治は、つねに力の政治である。というのも、国際政治から力を除くことは不可能だからである。しかし、それは事実の一端でしかない。国家による宣伝がどの国でもきわめて熱心に国際性を自称するイデオロギーで装って行われる事実は、つぎのことを立証しているのである。いかに制約を受けるものであれ、またいかに脆弱な支えしかもたないにせよ、それに対して訴えることができる共通の諸理念の国際的な根幹と言い得るものが存在するということである。そして、これらの共通の理念は、国家的利害関係を超越した価値の次元になんらかの形をとって立っているという信念が存在することとである。この共通の諸理念の根幹こそ、われわれが国際道義として意味しているものである。

(1)　レーニン、選集(英訳版)第七巻二九五頁。

(2) マルクス＝エンゲルス、全集(ロシア版)第七巻二一二頁。

(3) ボールドウィン卿さえ一九二五年に、「デモクラシーは、討議による統治、話し合いによる統治である」という危険な半面の真実を述懐している(*On England*, p. 95)。タイムズへの最近の寄稿において、フレデリック・ハリソン氏はイギリス連邦について、つぎのように論じた、イギリス連邦は「征服によって基礎ができたものではなく、軍備の力で結合されているのでもない。これが達成されたのは、わが海軍および陸軍の力によるのではなくて、性格の力によるのである。共感の紐帯、共通の利益、共通の言語および共通の歴史の紐帯によって結ばれているのである」と(*The Times*, June 30, 1938)。このことも、また、危険な半面の真実である。それは真実の他の半面、同等の重要性をもつ半面を黙殺している。すなわち、イギリス連邦は大英帝国の強大な軍事力および経済力によって結びつけられており、もしこの力が消去するとしたらたちどころに崩壊するのがこの連邦である。

(4) 『ソヴィエト同盟と平和の根拠』*L'Union Soviétique et la Cause de la Paix*, p. 25 に再録されたロシア共産党の第一六回会議への報告。タイムズ、一九三九年六月二六日。

(5) *Intimate Papers of Colonel House*, ed. C. Seymour, iv. p. 24.

(6) ミラー『連盟規約草案』第二巻六一頁。理事会がその後拡大された結果についてはすでに述べた(第三章注(12))。

(7) *The Foreign Policy of the Powers* (1935: *Foreign Affaires* より再録), pp. 86-7.

(8) *League of Nations: Sixteenth Assembly*, Part II. p. 49.

(9) 一九二六年に、パレスチナが委任統治委員会の論議に上ったとき、ラッパード M. Rappard は「委任統治は、軍隊が不足しているために組織的虐殺《ポグロム》を防止することができない事態に、いつか当面するなら、重大な責任を負わされることになると考えたが、実際には、その責任は、委任統治委員会がこの危険を指摘しなかったなら、この委員会にも負わされることになったであろう」と(「永久委任統治委員会」第九回議事録一八四頁)。こうしてこの委員会の責任は、「指摘すること」に限定されたのである。

(10) ラガード『熱帯アフリカにおける二元的委任統治』Lugard, *The Dual Mandate in Tropical Africa*, p. 53.

(11) B・ラッセル『権力』B. Russell, *Power*, p. 11. 私が上述した権力の三分類はこのラッセル氏の書に負うているのであるが、この書物は「社会科学における基本的概念」としての権力についてのすぐれた刺激をあたえる分析である。

(12) レーニン、著作集(英訳版)一八巻九七頁、タラクーチオ『ソヴィエト連邦と国際法』Taracouzio, *The Soviet Union and International Law*, p. 436 に引用されているコミンテルンの第六回総会のテーゼ。

(13) ヒットラー『わが闘争』七四九頁。

(14) R・G・ホートレイ『主権の経済的側面』R. G. Hawtrey, *Economic Aspects of Sovereignty*, p. 107.

(15) アルスターにおける革命的行動を支持する保守党の迫力におされて、一九一四年にイギリスの政治において演じられた役割を思い起す必要があろう。

(16) R・G・ホートレイ、前掲書一〇五頁。

(17) *League of Nations : Official Journal*, May 1924, p. 578.

(18) R・ニーバー『道徳的人間と非道徳的社会』四二頁。

(19) マキアヴェルリ『ローマ史論』Machiavelli, *Discorsi*, I. i. ch. v.

(20) ホッブス『レヴァイアサン』Hobbes, *Leviathan*, ch. xi.

(21) *British and Foreign State Papers*, ed. Hertslet, xc. p. 811.

(22) 二つの体制の区別は、サン・シモンの予言——「産業体制」が「軍事体制」を受けつぎ、「管理」が「統治」に代るという予言——に示唆されているが、さらによく知られているのはエンゲルスがこの区別を「事物の管理」が「人間の統治」にとって代るだろうとした形においてである(アレヴィ『専制時代』Halévy, *Ère des Tyrannies*, p. 224における引用文)。

(23) エンジェル『大いなる幻想』第二章。

(24) B・ボザンケ『社会的および国際的理想』B. Bosanquet, *Social and International Ideals*, pp. 234-5.

(25) ヒットラー『わが闘争』一五八頁。

(26) エンゲルス『反デューリング論』Engels, *Anti-Dühring* (Engl. transl.), p. 195.

(27) 計画経済は、国際的摩擦にはじまる開発であるだけでなく、国家内の社会的摩擦によっても展開されてきた。そのため、それは、論理的には国家主義的政策(「経済的国家主義」)とも、社会主義的政策とも、みなされるのである。この第二の面は、私の当面の論議には関係がないので、本書では論じていない。ブルックによると(『ドイツ社会経済史』一五七頁)、〈Planwirtschaft〉という言葉が、第一次大戦中ドイツにおいてつくり出された、とされる。しかし〈staatliche Wirtschftsplan〉という言葉が、大戦直前テュービンゲンで出版された『社会経済綱要』*Grundriss der Sozialökonomik* (i.

424)の中に，〈state economic policy〉という一般的な意味で，あらわれている。

(28)　メーレル・ファン・デン・ブルック『ドイツ第三帝国』Moeller van den Bruck, *Germany's Third Empire*, p. 50. この観念は，国家社会主義者およびファシスト論者の月並みな考えである。

(29)　ドイツでは"political economy"は，はじめ Nationalökonomie と訳されたが，これは今世紀に入って一応 Sozialökonomie と直された。

(30)　「経済的衝突が起り経済的利益が分岐することが，おそらく世界の平和を脅かすおそれのあるあらゆる危険のうち最も重大で最も恒久的なものであろう」(*League of Nations*, C. E. I. 44, p. 7)。

(31)　「私は，明らかに政治的である局面にはふれることを慎重に避けてきた。……しかし，われわれがかかる政治的局面の影の中で働いているという事実を無視することはできない」(国際貿易に対する障害の一般的縮小緩和達成の可能性に関する……報告，Cmd. 5648)。

(32)　これらの引用文はすべて，一九三七年のパレスチナ委員会の報告からである(Cmd. 5479, pp. 298-300)。

(33)　この解釈は，第一六条の規定の基礎となった提案を行ったフィリモアー委員会の報告によって確認されたものである。この委員会は「財政的および経済的制裁を，実際上の軍事的援助をあたえ得る立場にない諸国家によって行われるのが妥当な侵略防止に寄与する措置にほかならないと考えた」(「国際的制裁——イギリス国際問題協会の会員グループによる報告」一一五頁，そこでは関係規定が検討されている)。

(34)　一九三四年五月一八日。下院，*Official Report*, col. 2139.

(35)　軍事的武器がつねに行使されなければならないということが示唆されているのでないのは勿論で

ある。イギリスの大艦隊は第一次大戦においてはほとんど用いられなかった。しかし、イギリス政府がそれを用いる準備がなかったとしても結果は全く同じであろうと考えるのは軽率である。一九三五—三六年において制裁を無力ならしめたのは、加盟国家に軍事的武器を行使する用意がないことが一般に知られていたからである。

(36) ドイツが連盟に加入したとき、シュトレーゼマンはこの点を十分感じていたことは注意にあたいする。連盟事務局長が、ドイツは、軍事的制裁に加わらないとしても、経済的制裁には参加することができると論じたとき、シュトレーゼマンはつぎのように答えた、「われわれは、いずれにも参加し得ない。ある有力な隣国への経済的ボイコットにわれわれが加わるなら、その結果は対独戦争宣言を受けることになるであろう。というのは、六千万の市民を擁するわが国との通商にその国家をしめ出すことは敵対行為となろうからである」と(*Stresemann's Diaries and Papers* (Engl. transl.), ii. p. 69)。

(37) F・L・シューマン『国際政治学』F. L. Schuman, *International Politics*, p. 356.

(38) ジンマーン『われわれは何処へゆく?』Zimmern, *Quo Vadimus?* p. 41.

(39) 『アレクザンダー・ハミルトン全集』第四巻 *Works of Alexander Hamilton*, iv. pp. 69 sqq.

(40) リスト『国民経済学体系』List, *The National System of Political Economy* (Engl. transl.), p. 425.

(41) *Supply of Food and Raw Materials in Time of War*, Cmd. 2644.

(42) 決議は、テンパーレイ編『平和会議史』にのっている。*History of the Peace Conference*, ed. Temperley, v. pp. 368-9.

(43) W. Y. Elliott in *Political Quarterly*, April-June 1938, p. 181.

(44) G. D. H. Cole in *Political Quarterly*, January-March 1939, p. 65.

(45) W・F・ブルック『ドイツ社会経済史』八〇頁。

(46) ユージーン・ステイレイ『戦争と私的投資家』Eugene Staley, *War and the Private Investor* の中で、この主題全体が徹底的に検討され、無数の実例が引用されている。ステイレイ氏の重要な結論はつぎのことである。公の政策が、私的投資によって多大の影響を受けるということはほとんどない。しかし、その私的投資が政策に役立つこととして公式に指導され奨励されることは繰り返し行われている。

(47) Marx, *Gesammelte Schriften*, i. p. 84.

(48) 一九一二年一二月三日、議会への大統領教書。

(49) タイムズ、一九三八年一二月二九日。

(50) フランスおよびオーストリアからの実例は、ホブソン『資本の輸出』C. K. Hobson, *The Export of Capital* (1914), p. 16 に引用されている。ロシアおよびベルギーもまた、この条件を共通に課した貸付国であった。

(51) 一九三八年に、外務省の官吏が、輸出信用保険庁の要員に移されたのは、意味のあることであろう。

(52) 一九三八年一二月一五日。下院、*Official Report*, col. 2319.

(53) 一九三八年一一月一日。下院、N・チェンバレン『平和のための闘い』N. Chamberlain, *The Struggle for Peace*, p. 340 に再録。

(54) ドゥ・ジベール『世界大戦の協商外交』B. de Siebert, *Entente Diplomacy of the World War*, p. 20.

(55) ハドソン『世界政治における極東』G. F. Hudson, *The Far East in World Politics*, p. 54.

(56) グーチ＝テンパーレイ編『大戦の原因に関するイギリス諸文書』*British Documents on the Origins of the War*, ed. Gooch and Temperley, iii. p. 403.

(57) 『デヴィッド・ヒュームの哲学論文集』*The Philosophical Works of David Hume*, iv. p. 31.

(58) ヒットラー『わが闘争』一九六頁。

(59) クウルトン『中世大観』G. G. Coulton, *Mediaeval Panorama*, p. 458 et al.

(60) 一九三九年七月二八日、下院において内務大臣はつぎのように述べた、「私はこう願っている、世界中のどこにおいても政府の宣伝広告などというものが必要でなくなるならと。私は、大戦の時代のこのいやな残存物がなくなるのを見ることができるほど長生きしたいと、今なお期待している」(*Official Report*, col. 1834)。

(61) ブルンツ『連合国側の宣伝とドイツ帝国の崩壊』G. G. Bruntz, *Allied Propaganda and the Collapse of the German Empire* の序文において、H・D・ラスウェル。この書物はこの問題についての最も包括的で有益な解明である。

(62) 一九一七年、ドイツ軍に捕えられた二人のイギリス飛行兵は、戦争法規に反するかどで、これらのビラを落したことに対して重労働十年を宣告された。この宣告は、イギリス側が報復手段に出る気配を示したので取り消された。空中戦行為に対しては一九二三年のハーグ法規において、この実行が明文で是認された(ブルンツ前掲書一四二―一四四頁)。

(63)　H・A・ジョンズ『空中戦』*The War in the Air* (British Official History of the War), by H. A. Jones vi. Appendix VI, p. 26.
(64)　ホフマン『戦中日誌』Hoffmann, *War Diaries* (Engl. transl.), ii. p. 176.
(65)　ソレル『ヨーロッパとフランス革命』A. Sorel, *L'Europe et la Révolution Française*, pp. 541-542.
(66)　第三章第四節参照。
(67)　ムッソリーニ『論集』Mussolini, *Scritti e Discorsi*, vi. 151 ; vii. 230.
(68)　*League of Nations*, C. 602, M. 240, 1931, ix. p. 4.
(69)　約定当事国が、他の約定当事国に対する「戦争の挑発」あるいは一般に敵対的宣伝を、自国内から放送することを防止しようとする国際的協約は、一九三六年九月、連盟に当時ふみとどまっていた加盟国のほとんどによってジュネーヴで署名された(*League of Nations*, C. 399 (1), M. 252 (1), 1936, xii)。
(70)　二つの場合とも、宣伝に関する協定は、正式の公表文中にあらわれていないが、それがあったことは、コミュニケにおいて明らかである。一九三六年七月一一日の独墺協定に関するオーストリア外務省のコミュニケは、つぎのことを発表した、「両国は、無線、映画、新聞報道および劇場などを攻撃的な利用に供することはすべてさし控える」と(*Documents on International Affairs*, 1936, p. 324)。
(71)　野党の自由党が発議した、出版に関する糾明の討議が一九三八年一二月七日下院で行われた。自由党の発言者たちは周知の一九世紀的論旨で出版物の自由のために論じたのに対して、野党の労働党のスポークスマンは、出版の自由はすでに幻想となっていると論じ、「この国におけるすべての新聞が、その報ずることごとくの記事に対して責任をもち、本院あるいは公共の権威筋に対して答責を負うものとするように」と要請した(*Official Report*, col. 1293)。

(72) ヒットラー『わが闘争』三〇二頁。

(73) トゥルスロー・アダムズ『アメリカの叙事詩』J. Truslow Adams, *The Epic of America*, p. 360.

(74) ヒットラー『わが闘争』一八七頁。

第九章　国際政治における道義

国際政治において道義が占める位置というのは、国際的な諸研究の全射程内で最も不明瞭で難しい問題である。この問題が不明瞭であることの二つの理由があげられる。一つは一般的な理由であり、いま一つは特殊な理由である。

第一に、道義にかかわるたいていの論議が不明瞭なものとなるのは、道義という言葉が少なくとも三つの異なる事柄を含めて用いられるのが普通の事実だからである。

(1)　哲学者のいう道徳律、これは実行されること最もまれで論議されること最もしばしばな道義のタイプである。

(2)　普通の人の道徳律、これは実行されることはよくあるが論議されることはまれである（ただ、普通人は、自分の行動や判断の根底にある、心の内の道徳姿勢を検討することはまれである。たとえ検討することがあっても、個々にそれなりの自己欺瞞におちいりやすい）。

(3)　普通の人のとる道徳姿勢、これは(2)とはかなり密接な関係に立つことになろうが、(1)

に対してはほとんどかかわりがない。

(2)と(3)との関係が相互的であることは、認められる。普通の人の態度が、彼のとる道徳律によって影響されるものであるのはもとよりであるが、普通人の道徳律はまた彼をも含む普通の人びとのふるまい方に影響を受けているのである。このことは、普通人の政治的道義にかかわる考え方について、とくに言えることである。政治的道義というのは、人格的道義よりも、現に実施実行されていることを体系化・成文化しようとする傾向がつよく、しかも政治的道義においては上述の相互性への期待がつねに重要な役割を果しているのである。

二つの大戦の期間、国際的諸研究がユートピア学派に独占されていた結果、国際道義が理想的にはいかなるものであるべきかの論議に関心が集中した。諸国家の道徳的姿勢については、この理想的な国際道義に照らしてそれを軽く大ざっぱに非難するぐらいで、論議されることはほとんどなかった。国際道義にかかわる普通人の見解にいたっては、全く論じられることがなかったのである。このことは、政治が一般の人びとに普及したことではじめて普通人の考えていることが何をおいても重要な問題となった時期であるだけに、きわめて不運なことであった。そして、国際的ユートピアと国際的リアリティとの間に絶えずひろがっていった間隙は、哲学者の理論と普通人の実際行動——表立てず意識されることさえ少ない内面の姿勢にもとづく実践——との間の上述の相違になおして述べることもできたであろう。そのうえ、ユートピアは、みずからは気づかないままに既得権の道具となってゆくという、ユートピアにおきまりの運命をたどった。国際道義は、現代アングロ＝サクソン系統の論者のほとんどが展開しているように、現状を攻撃する人たちを打ちたたくための使いよい武器でしかなくなっていった。他の諸国と同様にイギリスでも国際政治の研究家は、ユートピアニズムを全く棄て切ることはできないでいるのである。しかし、彼は、地に足をつけて、将来に対する彼の熱情と現在の実情との間に渡りをがっちりとつけてゆくことが大切であろう。このことを到底できないこととすべきではない。食人種の部族の道徳的な慣例や振舞いを調査する人類学者は、この野蛮な行為はしてはいけないことであるという先入観があるから、この行為はなくしたいという気持をもつことであろう。しかし、学者である彼としては、その野蛮性を非難することの意義をよくわきまえているはずである。個人としての自己の評価を、主題についての科学的研究に含めて扱うようなことはけっしてないわけである。これと同様の明晰な思考が国際道義の研究家には必ずしも見当らないのであり、彼らは一般に、科学者としての役割よりも伝道者としてのそれを選んでいたのであった。

　つぎに第二の不明瞭性であるが、これは国際的分野に特有のものである。ふしぎなことのようだが、国際道義についての論者は、彼らが論じようとする道義が、国家の道義か個人の道義かについて、彼らの間で一致するところがない――そして彼ら自身の心のうちにおいても必ずしも明瞭ではないのである。この点は、論議の全体にとってきわめて重要なことであるので、われわれの検討のはじめにあたって、明瞭にしておかなければならない。

第一節　国際道義の特質

近代国家としての形がまずとられはじめた専制的個人支配の時代は、個人の道義と国家の道義との区別が、それほど問題になることはなかった。国家の行為に君主が個人的責任を負うことは、事実を不当にまげることなく受け容れられていた。チャールズ一世は、良い父親であり、また悪い国王でもあったのであり、しかも二つの資格のいずれにおいても、彼の行動は一個人のそれとして取り扱われることができた。(1) しかし、国家機構がしだいに複雑となり、立憲政治が発達してきたために、君主の個人的責任が見え透いたこじつけのようになり、人格(道義的責任の必要条件と思われたもの)が君主から国家へ移ったのである。ホッブスが言ったように、レヴァイアサンを思わせる国家は「人工の人間」である。このことは、重要な一歩の前進であった。国家が人格をもつものとされたことから、自然法を基盤に国際法をつくりだすことが可能となったのである。諸国家は、これらをあたかも人間であるように取り扱う擬制によってのみ相互に義務を有するものとみなされることができたのである。しかし、国家が人格をもつとすることは、単に義務を負わせるだけでなく、権利を与えることが容易となる道を敷くことでもあった。このことから、一九世紀および二〇世紀における国家権力の成長とともに、国家の権利が国家の義務より以上に際立ってくるようになった。こうして、国家の人格化というのは、そのはじまりは自由主義的な進歩的考案であったが、ここにおいて、個人に対する国家の無制限な権利の主張と結びつけられるようになり、今では一般に、反動的で権威主義であるとして非難されている。現代のユートピア的な思考をする人たちは、国家の人格化を強く否定し、[2] あげくのはては、道義が国家に本来持たれている性質であるとすることまで否定するのである。彼らの見解に立てば、国際道義は、諸個人の道義ということになってしまう。

国家が人格性をおびるかどうかという論争は、人を誤解にみちびくだけでなく、無意味なことである。国家に人格なしとすることは、ありと主張するのと同様に話にならないのである。国家の人格性というのは、その真偽が議論の対象となるような事実ではないのである。[3] それは、国際法学者が、国家について「要請される性質」と呼んだところのものである。それは、必要な擬制ないし仮設である――発達した社会の構造を取り扱うために、人間精神が案出した実際に必要な道具である。[4] 個人が単なる個人でしかなかった原初の政治秩序を想像することは、理論的には可能である。それはちょうど、すべての生産者および商人が個人である経済秩序を想定することができるのと同じである。しかし、経済的発展にともなって、株式会社のような形態で団体責任という擬制を用いる必要が生じたように、政治的発展は国家の団体責任という擬制を必要とした。これらの擬制的存在の権利および義務は、いずれの場合も純粋に法制的なだけのものとは考えられない。銀行はその雇員に対する寛大さを示して賞讃される、軍需会社は非愛国的行動をとれば非難される、鉄道会社は「公衆に対し義務」を有し「公正な扱い」を必要とする、——これらのことはすべて、法的基準だけでなく、道徳的基準にも関連のある問題である。道徳的権利義務をもち、したがって道徳的行動の能力があるとされる団体人という擬制は、現代社会の不可欠な手段である。そして、このような擬制的団体人のうち最も欠かせないのが国家である。とくに国際政治については、他の用語で論議することはできそうにない。「イギリス人とイタリア人との諸関係」は、「イギリスとイタリアとの諸関係」の同義語ではない。国家の人格化を奇妙で不気味だとして最も強く否定する国際問題についてのユートピア的論者たちが、それにもかかわらず、「イギリス」「フランス」「イタリア」など、彼らがその実在を否定し仮想の存在とするものに対して、道徳的な賞讃や非難(概して後者)をいつでもそれなりに振り向けているのは、奇態であり意味深いパラドックスである。

継続性ということが、団体人の擬制を必要不可欠とする、社会におけるもう一つの要素である。国家の人格化に最も鋭く反対する論者でも、タイムズの百五十周年記念やボートレースにおける「ケンブリッジ」の第三十八回優勝などを祝うことに良心がいたむなどということはないだろうし、「ロンドン地区参事会」を信頼して「それ」が今日借りて使う金を今後五十年に返済することを期待するであろう。人格化ということは、制度の継続性を表わす思考の部類に入る。そして、あらゆる制度のうち、国家は、その継続性を表示することが最も必要な制度である。一八三九年のベルギー保証条約が一九一四年においてのベルギーを援助する義務をイギリスに課すものかどうかの問題が、法的および道徳的争点を提起した。しかし、この問題を明確に論議するためには、つぎのことを前提として考えなければならない。問題の義務は一八三九年の条約に署名したパーマーストンその人個人が負うものでなく、また一九一四年にこの争点を決定しなければならなかったアスキス首相とグレイ外相とに個人的に義務があったのでもなく、さらに一八三九年に生きていたすべてのイギリス人や、一九一四年当時のすべてのイギリス人に義務があったのでもない。義務を尊重するとかしないという道徳的あるいは反道徳的行動力があるとみなされた擬制的団体人である「イギリス」に、その義務が存したと考えなければならない。(5) つまり、国際道義とは、諸国家の道義である。国家の人格性および国家の責任性を仮定することは、真偽の問題ではない。なぜなら、この仮定は、これが事実であると主張しているのではなくて、国際関係について明確に考えてゆくうえに必要な思考空間に立つためのものだからである。たしかに、一九一四年には、いま一つの道徳的争点——個々のイギリス人の義務の問題——が起こりはした。しかし、この個人の義務は、「ベルギー」に対する「イギリス」の義務から生じたもので、「イギリス」にとっての義務であった。これら二つの義務は別々のものであった。したがって混同して考えるのは、両者を区別できないことから受ける避けられない結果ということになる。

実に奇妙なことであるが、この区別が、普通の人によりは哲学者にとって、むつかしいことらしいのである。普通の人は、国家に対する個人の義務と、一国家の他国家に対する義務とを、わけなく区別している。一九三五年、下院の野党は、ホーア＝ラヴァール案〔英外相ホーアと、仏外相ラヴァール。イタリアのエチオピア侵撃当時、連盟の中心となって活躍〕を「おそるべき犯罪」として非難した。しかし、それは、S・ホーア卿を犯罪者として非難したのではなかったし、彼をそのようにみなしたわけでもなかった。判断を誤っていることについてのみ、彼に咎《とが》ありとしたのである。一九三八年、イギリス人のなかには、ミュンヘン協定を「恥ずかしく」感じていたものもあった。彼らはみずからを「恥じ」たのではない。なぜなら、彼らはそれを阻止すべき力があれば何かやっただろうから。彼らは首相チェンバレン氏を「恥じた」のでもなかった。なぜなら、彼らはほとんど、氏は誤った行為をとったが正直に行動したことを認めており、だれも律義なために過失を犯した人を「恥ずかしく」感じはしないからである。彼らが「恥じた」のは、卑怯な面目のない行為のために名声をおとしてしまったと思われた「イギリス」をである。以上の二つの場合のいずれにおいても、(批評家の見解では)個人にあってはその知性的失格を示す行為が、同じ行為でも「イギリス」ということになると、その道徳的失格を示すことであった。イギリスがチェコ＝スロヴァキアに与えた一千万ポンドの借款は「罪滅ぼしの納金《コンシャンス・マネイ》」だという警句が一般にひろがった。“conscience money”の本質は、それが道徳上の義務不履行者が支払うものという点にある。一千万ポンドを支払った道義的義務不履行者は、チェンバレン首相ではなかったし、ミュンヘン協定に拍手喝采を送った個々のイギリス人でもなくして、「イギリス」であった。国家の義務は、およそ個人——一人であれ多数であれ——の義務とは同一視され得ないものである。そして国家の義務とは、国際道義の主体である諸国家の義務のことである。

この見解に対しては、普通、二つの異論が提起される。

異論の第一は、国家の人格化は個人を犠牲にして国家を高めることを助長するものだという意見である。この異論は、自由主義的な思考をする人たちの間に国家人格説が招いた不評を説明するものであるが、とるにたりない。国家の人格は、一個の道具であり、したがって、それが時たま向けられる用途を理由に非難することは、道具を濫用して人を殺すことに使うのと同様、利口なことではない。この道具は、個人に対してと他の諸国家に対してとの双方に国家が負う義務を強調することを通じて自由に用いられることが、いずれの場合にも妥当なのである。民主主義も、個人の義務を強調する手段として、人格化を全く使わないですますことはできない。いかに如才のない人でも、個人である同じ市民の団体に納税することはしないだろう。しかし、われわれは人格化された国家にはかなり気さくに税を納める。同じことは、もっと大きい犠牲にあてはめてみるとそれだけ大きい力を示す。「君は、若者たちに、アイルランドのような不幸な国のために自己を犠牲にするようなことはさせられないだろう、彼らがアイルランドを一婦人として心に描いていたのでさえなければ」とパーネルは言った(6)。「イギリスが生きるなら、だれが死のうか」を、「他のイギリス人が生きるのなら、だれが死のうか」という言葉で言いかえるのは適切でない。さらに、イギリス人、フランス人、ドイツ人が、「イギリス」「フランス」「ドイツ」は相互に道義的義務を負うのであり、それらの義務を履行することによって声望をあげねばならぬと信じないかぎり(この信念がいかにおかしなことであっても)、秩序のある国際関係がどのように運営され得るのかを知ることはむつかしい。国際関係を貫く精神は、この信念を非難することによってよりも、これを鼓舞することによって、高揚されると思われる。いずれにせよ、明らかなことは、人間社会が実質的な変革に遭遇することではじめて、国際関係の政治的単位を人格化することに代る何か他の等しく使いよい擬制を見つけ出すことになるのであろう。

つぎに第二の異論は、もっと重大である。国際道義が擬制的な存在のもつ道義であるなら、国際道義は、それ自体擬制的で非現実のものではないか？　道徳的行動は個人が行い得るだけであるという見解を、われわれはそのまま受け容れることができる。「イギリスとイタリアとの関係」は「イギリス人とイタリア人との関係」と同じだということを認めないのは、「イギリスとイタリアとの関係」が個々のイギリス人やイタリア人の行為にもとづいているということを否定することではない。国家の道徳的行動は一個の仮設である。しかし、一定の関係において個人の行動を指導するものとして受けとめられている仮設であり、実際に個人の行動に働きかけている仮設を、「非現実的」とみなす必要はない。政治家たちや、国際問題の処理に影響力をもつ他の人びとが、国家は義務を負うと考えることで合致しており、この見解のもとに彼らの行動を律しているかぎり、上述の仮設は実際に働いているのである。国際道義にかかわる諸行為は、個人が、自身のためにでなくて、上述の擬制的団体人「イギリス」や「イタリア」のために代って履行しているのである。このように国際道義というのは、これらの団体「人」に持たれている道義である。国際道義について有益な検討はいずれも、この事実を認識することから出発しなければならない。

第二節　国際道義の諸理論

国際問題についての一般の思考を裏づけている道徳観を考察するまえに、われわれは、国際道義に関する一般に知られている諸理論について一応の説明をしておかなければならない。というのは、一般に受け容れられる道徳律を決定して道徳的行動を律するのは、普通の人がもつ考えであって哲学者の考え方ではないのであるが、その哲学者の諸理論もまた普通人の思考に(そして、思考ほどにではないにしてもその行為に)影響をあたえるのであり、したがって全然度外視することはできないからである。国際道義にかかわる諸理論は、二つの部類に分かれてゆく傾向がある。リアリスト――そして、すでに述べたようにリアリストではないが一部の論者――は、国家間の関係が力だけに律せられて道義はそこでは何らの役割も果さないと主張する。これに対する反対理論は、主としてユートピア論者によって展開せられるが、道義の同じ規律が個人にも国家に対しても適用され得るとするのである。

倫理的基準は国家間の諸関係には適用され得ないとするリアリストの見解は、マキアヴェルリからスピノザやホッブスを経てヘーゲルへとたどることができるが、ヘーゲルにおいて最終的で徹底した表現をとるものである。ヘーゲルにとって、国家は、完成した道義的に自立している実在である。したがって、国家間の関係は、相互的義務などによって結ばれているわけでなく、独立の意志がそれぞれに合致をあるいは衝突を示すだけのことになる。これに反して、同じ基準が個人にも国家にも適用され得るとする見解は、国家の人格化という当初の考えに含まれていたもので、哲学者たちの論述だけでなく、ユートピア的傾向にある政治家たちの言明にも、しばしば示されている。「道徳法は、人間だけに対して個々の性質の中に書きこまれたのではなかった。……それは国家に対してもひとしく向けられたのであった」と、一八五八年にブライトは対外政策に関する演説の中で述べている。(7) ウッドロー・ウィルソンも「われわれは、文明諸国の個々の市民の間で順守されているのと同じ行動基準と不正に対する責任基準とが、諸国家およびその政府の間で順守されるべきことを強く求められる時代のはじまりに立っている」と、一九一七年に戦争宣言に関する議会演説の中で述べた。(8) そして、一九一八年七月には、国際連盟の忠誠な信奉者ハウスが第一草案に着手したとき、その第一条はつぎのように書かれていた。

名誉と倫理との同一の基準が、国際的に、そして諸国家の問題において他の諸問題においてと同様にひろく適用されなければならない。国家の合意ないし約束は堅く守られねばならない。[9]

これに相応する明文は連盟規約の中には見られなかった。しかし、初めの総会のある会議でベネシュ博士は、つぎのように論評した、連盟は「実際には、個々の私人の相互関係において……用いられる原理と方法とを、国際関係の中に導入しようとする試み」であった、と。[10] ルーズヴェルト大統領はその有名な一九三七年一〇月五日のシカゴの演説中、「国家的道義は、個人の道義とひとしく絶対に必要である」と断言している。[11] しかし、彼は両者を特別に同一視したわけではなかった。

道義的義務は国家を拘束するものではないとするリアリストの見解にしても、国家は個人と同じ道義的義務に服するとするユートピアンの見解にしても、いずれも国際道義についての普通の人の考えに合うものではない。われわれの仕事は、ここに、これらの普通人の考え方を検討することになる。

第三節　国際道義について普通に考えられていること

国際関係に倫理基準が適切に通用しないことを示そうとしたのが、主として哲学者であって政治家や普通一般の人びとではなかったということは、注目しなければならない。われわれが互いに人としての義務を認め合うことは、われわれが考えている文明という事柄に含まれていると思われる。そして、文明の中の人(文明人)には一連の義務が自律として持たれていると考えられることから、それらと必ずしも同一とは言えないが同様の義務が文明国家に持たれていることを考えることができる。つまり、文明人について考えられることが、文明国家について考えられることの産みの親である。自国の市民に対して一定の行動規準に従うことをしない国家、とくに外国人に対してそうである国家は、「非文明」国としての烙印を捺されることになろう。ヒットラーですら、彼のある演説において、「われわれは、人間社会の最も原始的な法をすら無視する国家とは政治条約を結ぶわけにはゆかないから」として、リトアニアと協定を結ぶことを拒否した。(12) そして彼は、諸国家の仲間からソヴィエト・ロシアを排斥する理由として、ボルシェヴィズムの反道義性を、しばしば口にしている。これらの事柄の帰するところは、諸国家を義務づけている国際的な道徳律というものがあるということである。この道徳律の最も重要で最も明確に認められている諸項目の一つは、他の人間に不必要な死や苦しみをさせない義務である。つまり一般的な義務からはずれたことを正当化すべく、よかれあしかれその国家がかかげる何かより高い目的を達成するために、理由のない死に方をさせたり苦痛を与えない義務である。このことは、戦時規約のほとんどのものの基盤であり、国際法に最も古くから見られ、しかも最も発達した項目である。したがって、これらの規則は、それが軍事的行動の有効なはたらきを妨げないかぎりで、一般に順守されたのであった。[13]類似の人道的な動機に刺戟されて、「後進の人種」や少数民族の保護のため、さらには難民の救済のために、国際的な規約が生まれることになった。

いままで述べてきた義務は、個人に対する国家の義務であった。しかし、国家に対する国家の義務もまた明らかに認められる。「国際礼譲」[14]と呼ばれている事柄に当る国際慣行上一般に通用している同義語が多数あることは、国家がこの種の礼譲を守っている団体の構成者であり、その種の義務を負う存在という信念が存続していることを示している。他国家に承認されることによって、国際共同体の構成員となる新登場の国家は、明示の約定がなくても、国際法上に認められている規則と国際道義の規範とに自動的に義務づけられることを自認するものと考えられるのである。すでに述べたように、国際主義という概念は、二つの大戦間の時代には、満足国家の優位を正当化する目的できわめて自由自在に用いられたので、不満足国家の間では評判が悪くなっていた。しかし、この当然な反応は、国際共同体の存在を否定することではなく、むしろその構成者としての諸特権から除外されていることに対する抗議であった。ゲッベルス博士はつぎのように述べた、ヴェルサイユ条約がもたらしたのは、「ドイツを有力な諸国家の友誼関係から追放すること」であった、そして、国家社会主義の機能は、「国民を結合し、いま一度国際礼譲においてドイツ国民が占めていた正当な位置に国民を連れ戻す」ことにある、[15]と。一九三八年五月におけるヒットラーのローマ訪問中、ムッソリーニはつぎのように断言した、イタリアとドイツの共通の目的は、「正義と安全と平和との、より効果的な保証のすべてを諸国家が平等に取り戻すことになる国際的礼譲の体制を、独伊間に、および他の諸国とともに求めることにある」と。[16]これら両国は、過去において彼らに課せられた条件が不当であり、現在彼らが行っている要求が正当なことを、絶えず訴えたのであった。したがって、これらの国家における多数の国民は、疑いもせず真面目に熱情をもって、その国策を国際道義の普遍的基準に照らして正当化することに関心をむけたのであった。

殊に、国家は相互に何らの道義的義務も負わないのだから条約は全く拘束力をもたないとする理論は、国際的協力に全く乗り気を示さない政治家にさえ支持されるものではない。どの国家も、順守されることを期待して条約を結ぶのである。そして、条約に違反する国家は、違反したことを否定するか、その違反とされる行為が法的にあるいは道義的に正当化されることをめざして反論をする。ソヴィエト政府はその成立の当初、前のロシア政府が署名した条約のみならず、ソヴィエト政府自体がブレスト＝リトフスクで署名した条約をも、公然と破り、そのうえ国際的義務および国際道義を否定するような哲学を展開した。しかし、同時にソヴィエト政府は、別の条約を締結したり締結する提案をして、条約を順守する国であることを示し他国が順守することを期待する国であることを明示したのであった。ドイツ政府は、一九三六年に、ロカルノ条約を破棄することにつづいて新しい条約を締結する申し出をした。これらいずれの場合にも、その政府の誠意を疑うのは当らない。条約の違反は、それが頻繁に行われる時でも、その違反を特別に正当とする必要がある何か例外的なことであるかに感じられているのである。そこには、一般的な義務意識がなお残っているのである。

しかし、個人の行動にと同じ倫理的基準が国家の行動にも適用され得るとする見解は、およそいかなる基準も国家には適用され得ないとする見解と同様に、一般に持たれている信念からはかけはなれている。たいていの人びとは、国家は道義的に行為しなければならないと信じていながら、彼らが自分たち相互に期待しているのと同じ種類の道義的行為を国家には期待していないというのが事実である。

ユートピア的な思考をする人の多くは、この現象に大いに悩まされるので、この現象を黙殺し認めようとしない人もいるのであり、なかには自らの当惑を真面目に告白している人もいる。「人びとの道徳は、それが国際的行為となるとき麻痺してしまう」(17)と、デューイ教授は観察している。さらにジンマーン教授は「国際的領域における法と秩序とに対する根深い偏見」を指摘している。(18) 個人の場合と国家間のそれとの間のずれ方は一見したほどには意外なことではない。道徳原理の適用性論議をしている人たちは、個人の道義と専門職の道義と商業上の道義との間の矛盾対立の問題には長い間なれている。しかし、国際道義はそれらとは別の部類のものであり、それ自体に幾分か特有な基準を含んでいる。国家の道義の諸問題のあるものは、団体人の道義の全分野に共通である。しかし国家の道義の別の諸問題は、政治権力の最高の保持者としての地位にもとづくことであるから国家にのみ特有なものである。

したがって、国家とその他の団体人との間の類推は、有益ではあっても、しかし決定的なことではない。

第四節　個人の道義と国家の道義との差異

国家が個人と同じ道義の基準に従うことを普通には期待されていないのはなぜか、その主な理由をここで考えてゆきたい。

(1)　個人の道義においては大きい役割を果している愛情・憎悪・嫉妬そのほかの心情を、国家や他の団体人に持たせるのはもともと困難なことである。一八世紀の論者が言ったような、「国家は、自国同様に他国を愛さなければならない」(19)ということは、率直に言えば場違いの言葉と思われる。このため、国家の道義は、形式性の道義——一連の規則に成文化されることができて、法規に近い種類のもの——に限定されねばならないと言われることがある。また、愛他心・寛大・同情などという本質的に人間的な性質のもので、それを義務とすることが正確厳密に定められるはずのないものを、国家の道義が含み得るはずはないとも論じられる。国家は、公共団体と同様に、公正ではあり得る——と一般に言われている——が、寛大ではあり得ないというわけである。だが、これは全面的に正しいとは思えない。前述のように団体人は、法的権利義務と同様、道義的それをも有すると一般には考えられている。銀行や会社が、なにか大きな災害の犠牲者援助のための市長基金に応募する場合、この鷹揚な行為は、そのポケットに何の影響もない支配人のそれでもなく、相談も通知も受けない株主のそれでもなく、その銀行ないし会社そのものの行為でなければならない。大蔵省がある窮境にあたって「同情による特別交付金」を出した場合、この同情の行為は、決裁をした役人によるものでもなく、大蔵大臣が彼個人の能力で行ったことでもなく、国家によって行われたことである。一部の人びとは、第一次大戦後「合衆国」に、ヨーロッパ諸国が同国に負うている債務を免除することを期待していたが、同国が道義的根拠からそうすることを拒絶したのに対して批判的態度に出た。言いかえれば、逆説的に響くかもしれないが、一定の環境においてわれわれが、国家やその他の団体人に期待しているのは、彼らが形式的な義務として応諾することではなくて、寛大に同情をもってふるまってくれることである。そこで、銀行とか国家のような擬制的存在のとる道義的行動をつくり出すのは、まさにこのような期待なのである。銀行が慈善基金に応募し、国家が救済援助金を提供するのは、世論がこれらの団体にそのことを期待しているからである。その道義的なきっかけは、個人にまでさかのぼれるかもしれない。しかし、その道義的行為は団体人の行為である。

それにもかかわらず、たいていの人びとは、団体人が一定の条件においては公正に行為すべきと同様に利他的に行為すべき道義的義務を有するという説を認めるのであるが、その団体人の義務が個人のそれに比べて自利に一段と限定されることは異議のないところであろう。

理論的には、他人の幸福のために自己の利益や自己の生命すら犠牲にする個人は、道義的に賞讃にあたいするとされるが、この義務は家族や繋累に対する義務に限定されるかもしれない。団体人がその利益の大きな犠牲をはらってまで利他的行為を惜しまないとはだれも期待しない。慈善に対して鷹揚な寄附をしたために配当金の支払いができなくなった銀行や会社は、賞讃されるどころかむしろ非難されてしかるべきだとされよう。一九三二年の大統領選挙戦において、フランクリン・ルーズヴェルトは、ヨーロッパにおける人道的な活動でフーヴァー氏が受けた名声をあざけって、「フーヴァー氏はその眼を氏のいわゆる〈後進の障害諸国〉から、カンザス、ネブラスカ、アイオワ、ウィスコンシンその他農業諸州の広大にわたる疲弊した市場に向ける」べきだと促した。(20) 国外からの無数の難民に国境を開放することで自国市民の生活基準を低めるというのは、国家に普通認められている道義的義務ではない。もっとも、自国民の利益と両立するかぎりで、できるだけ多数の入国を認めることは、その義務であろう。イギリスが「侵略」の犠牲者に援助をあたえるべきだと主張する国内の国際連盟支持者は、イギリスがその枢要な利益を損なってもこのことをなすべきだと主張したのではなかった。彼らは、イギリスが無理なく与えることができる援助を行うべきだと論じたまでであった(21)(ちょうど銀行が地震の犠牲者に五百ギニーを与えるだけのことが無理なくできるのと同様に)。利他的な行為に関する国際道義の一般に認められている基準は、国家は、それが自国のより重要な利益と大きく矛盾しないかぎり、かかる行為を広い心でとるべきだという点にあると思われる。その結果は、こうである。安全と富につつまれたグループは、自分たちの安全と資力の問題に絶えず心をつかっているグループよりも、利他的にふるまう余裕があるということである。そして、このような事情が、イギリス人とアメリカ人とに共有されている、自国の政策は他国のそれよりも道義的に一段とすすんでいるとする考えの基盤となっているのである。

(2)　しかし、普通の人が、個人には求められている道義的態度を団体人からは求めないというのは事実でない。彼は、個人の場合には明らかに反道義的とみる態度を団体人にはむしろ期待するのである。団体は、個人の道義的義務のあるものからは免除されるのみならず、明らかに闘争性をもち自己主張を行うのであり、しかもこれらは団体人の積極的な長所となっているのである。個人は、団体における他の人びととの結合によって強さを持とうとする。したがって、個人の「その共同体に対する献身は、つねに利他の心のあらわれであると同時に転嫁された利己心のあらわれを意味する」(22)。もし彼が強者であるなら、彼は自己の目的を追求するために団体を改変させてしまう。もし彼が弱者なら、自分自身に欠けている自己主張の力を、団体が代ってやってくれる自己主張の形で埋め合わせる。もし、われわれが自分自身で勝つことができないなら、われわれは、われわれの側が勝つことを欲する。団体に対する忠誠は、個人の主要な徳とみなされるにいたり、その忠誠のゆえに自分自身の場合なら咎めるようなことも団体人による行動の場合は恕《ゆる》さねばならないことになる。全体としての団体の福祉を増進しその利益を助長することが、道義的義務となる。そして、この義務は、より広範な共同体に対する義務を見えなくさせる傾向がある。個人の場合には反道義的であるような行為が、団体人のために行われる場合には徳行となることもある。「もし、われわれが、イタリアのためにやっていることを、われわれ自身のためにやることとするなら、われわれは大詐欺師というべきだろう」とカヴールがダザリオに向って語っている。[23] 同様のことが、多くの公募会社の支配人や立派な主義主張の運動の推進者たちによって語られているのも真実にあふれている。「現代の人びとは彼らの悪徳を、より大きい団体に、そしてさらにより広範な団体へと任せることになったために、自らは倫理的だと考える傾向が彼らの間に増大してきている」と、ニーバー博士は書いている。[24] 同じ形で、われわれは、われわれの怨恨をも任すことになる。個々のイギリス人が個々のドイツ人を憎むことよりも、「イギリス」が「ドイツ」を憎むことの方がやさしい。個々のユダヤ人を憎悪することよりも、反ユダヤ主義であることの方がやさしい。われわれは、このような感情を個人としての自身の内にもつことを咎めるが、団体の成員としてのわれわれの資格では憚るところなくそのような気持になってしまう。

(3)　以上考察した事柄は、ある程度は団体人すべてに当てはまるが、とりわけ国家にはよく当てはまる。ところが、われわれが他の団体人に求めるのと同じ道義的行動の基準でさえも、国家には普通求めない別の諸関連事項がある。国家がその成員に心情的に訴える場合、それは、他の団体人が行うそれとは全く異なる種類のものである。国家は、他の団体に比してはるかに広い人間活動の分野をおおっており、はるかに強い忠誠と大きい犠牲とを個人から要求する。国家の福利は、それ自体が道義的目的とみなされることは他の団体の比ではない。もし、われわれが国のために死ぬことを求められるなら、われわれは少なくとも、自国の福利がこの世における最も貴重なものであると信じることができなければならない。国家はこうして、道義的義務に優先する自己保全の権利を有するものとみなされることになる。一九一八年［ママ］

大戦後発行された『ケンブリッジ版イギリス外交史』の中で、ホランド・ローズ教授は、一八〇七年コペンハーゲンにおけるオランダ艦隊の拿捕《だほ》という「不名誉な出来事」を、「イギリスの存立そのものが危殆に瀕していた」とするカニングの信念を根拠に有恕しているのである。(25) これと異なる見解をとる人たちは一様にカニングが誤っていたと論じたが、カニングの信念がたとえ正しかったとしても彼はあの行動をとるべきではなかったという論じ方はしなかったのである。

国家について一般に期待される道義の基準と他の団体人についてのそれとの、別の相違がつぎの事実から生じている。国家は政治権力の保持者であるということ、そして、一定最小限の道義的行動が国家によって他の団体人に課せられるのに、国家に道義的行動をとらせることのできる国家以上の権威が存在しないということである。このことからの一つの結論として、われわれは、国家がその正当とする不満を充たす自助の権利を国家に認めなければならないということになる。いま一つの結論は、一つの共通の基準を、すべての国家に順守させるのはむつかしいということである。というのは、道義的義務には絶対的と考えられるものもあるが、他方、道義的義務の命法を、同じ義務内容が他の人びとによっても履行されるという合理的な期待に依存させる傾向がつよく存在するからである。しきたりは、あらゆる道義において重要な役割を果している。そして、しきたりの核心は、他の人びとが実際にそれを守る間は拘束力をもつということである。バークレイズ銀行とか、帝国化学有限会社などが、競争相手の施設の金庫から機密文書を盗みとるために秘密探偵を用いるとするなら道義的非難を受けることになる。このようなやり方は、公募会社によって相互に用いられないことが慣例だからである。しかし、「イギリス」や「ドイツ」が、このような行為をしても、何の汚名もきせられない。このような行為は、すべての大国に共通なことと信じられているからである。したがって、この種の行為をとらなかった国家は、不利な立場に立つことになったであろう。スピノザはつぎのように述べている、国家は信義を破ったために非難されることはありえない、他の国家もそれが自国の利益になるなら、同様な行為に出ることを誰もが知っているからである、と。(26) なぜ、より高い道義基準が国家に期待されないのか。その理由として、国家は実際において道義的に行動し得ない場合が多いということ、さらに、国家に道義的行動をとらせる手段がないということがあげられる。

(4)　このことは、国家に現在持たれている道義的義務についてのわれわれの分析において当面する最も基本的な難点にわれわれを導くのである。団体人の道義が社会的道義にほかならない(国家や有限責任会社は聖者でも秘法者でもありえない)ことは一般に認められている。そして、社会的道義は共同体の成員相互に対する義務を含んでおり、その共同体が家族、教会、クラブ、民族、あるいは人類でさえあってもそうである。「いかなる個人も自分だけで良心をつくることはできない」と、T・H・グリーンは述べている。さらに「個人が自分で良心をつくるにしても社会を必ず必要とする[27]」と。われわれが、諸国家の社会というものを措定することで、国際道義の基盤を見出し得るとするのは、いかなる意味においてであるか?

第五節　国際共同体というものが存在するか

国際道義などというものを信じようとしない人たちは当然、国際共同体(社会)の存在に異議をとなえる。イギリスのヘーゲル主義者ボザンケは、この見解の典型的な代表者とみられるが、つぎのように論じている。「国民国家は、共同生活を築くに必要な共同の経験をもつ最大規模の組織である[28]」として、「人類は実在する一体性の存在であり、献身の対象、さらには道義的義務の導きであると考えること[29]」を強く否定している。これに対しては、つぎのように答えられよう。

一体性の存在というのは、理論の基礎となる機能的な仮設として働くもので、けっして「現実の」存在ということではない。また、その一体性の存在が献身の対象であり道義的義務の導きであるかどうかは、観察によって決定されなければならない事実問題であって、理論によっては解決されないことであり、時と場所とが異なるにしたがって異なる解答が出されもする事実問題であるということである。すでに述べてきたように、諸国家をその構成単位とする世界的規模の共同体《コンミュニティ》が存在するという一般的な考えが実際にあるのであり、諸国家の道義的義務の概念は、この考えと密接に結ばれている。あたかも世界共同体というものが存在するかのように、人びとは語り、一定限度ではそのように考えて行動するために(それ以外に理由はなく)、世界共同体が存在するのである。マダリアガが述べているように、「われわれは、あらかじめ討議もしないで、心の奥底の思考の倉に、その真実性をしのびこませた[30]」ものだから、世界共同体というものが存在しているのである。

他面、このように措定された世界共同体が、国家を含めて、より規模の小さい諸共同体をまとめて統合していると考えることは危険な幻想ということになろう。われわれが、世界共同体というものについて、それがこのような統合の基準となるほど十全なものでない面を検討するなら、われわれは、国際道義について、それが十全のものとされない根本的理由を知る鍵を見出すことになろう。世界共同体は、主として、二つの面において十全とは言えない。

(1)共同体の構成者間に平等の原則が適用されていないのであり、実際にこの原則は世界共同体においては適用が容易ではない。(2)全体の福利が部分の福利に優先する原則が、十分によく統合された共同体の必要条件であるが、これが一般に認められないのが実情である。

第六節　平等の原則

(1)　一共同体の内部における平等の原則は、定義することがむつかしい。平等というのは絶対的なものではないのであり、したがって、不適切だと感じられる理由にもとづく差別が行われないことと定義されることもできる。イギリスで、ある人々が他の人々よりも収入が高いとか税を多く納めるとかの理由が、それほど恵まれていない部類に入る人びとにも、不適切なことではないと感じられている(正しい場合もまちがっている場合もあるが)。そこでは、平等の原則は侵されてはいないわけである。しかし、青い眼をもった人が茶色の眼の人よりも待遇がよくないとか、サレーから来た人がハンプシャー出身者よりも待遇が悪いとかということになると、平等の原則は侵され共同体性は破壊される。多くの国において、少数者は、彼らに適切とは感じられない理由で不利な差別をうけている。したがってこれらの少数者は、その共同体の一員という気持を失い、そのことで共同体の成員としてみなされなくなる。(31)

国際共同体においては、このような差別は、風土的《エンデミック》なものである。それは、まずなによりも、諸個人の態度から生まれる。グラッドストーンは、あるとき、彼の出身地の聴衆に向って、「冬のあいだ雪にうずまったアフガン山脈の村々での生活の尊さは諸君の眼にと同じに神の眼に侵すべからざるものとうつることを記憶すべきだ」と力説したという。[32]神の眼は、この点では、イギリス人の大多数の眼ではないと言えるわけである。共通の利益や義務についてのたいていの人の感じ方は、同国の人びとのなかでもとくに家族や友人について鋭敏であり、さらに、他の国民に対してよりも自国の同胞についての方が強い。家族と友人とは「差し向い」のグループであり、彼らの間にあって道義的義務を感じることは、おそらく最も強いはずである。[33]近代国家の構成員は、程度の差はあれ、一様な教育・一般的な国家出版物・放送・旅行の便、さらに象徴的なものの上手な活用などを通じて、「差し向い」のグループの性質をおびたものを身につけるようにされている。普通のイギリス人は、同じイギリス人たちの態度・日常生活・思想・利害関係などについて概括的な像を心に描きうるが、他面ギリシア人やリトアニア人についてはそのようなことはできない。そのうえ、「外国人」についてイギリス人が描く心像の鮮明度は、地理的人種的言語的な近似性につれてちがってくるのが一般であり、普通のイギリス人は、たとえかすかにではあっても、ドイツ人やオーストラリア人とは共通の何かをもっており、中国人やトルコ人とは共通のものが全くないと感じているようである。[34]ヨーロッパ駐在のあるアメリカの新聞特派員は、死者を出した事件の場合、それがアメリカ人なら一人、イギリス人なら五人、他のヨーロッパ人なら十人の死者だと、報知することになるというルールをつくっていると言われる。われわれはみな、意識するとしないとにかかわらず、そのような相対的な評価の基準を何か用いている。日本軍が中国の諸都市を爆撃したとき、ネヴィル・チェンバレンは下院でつぎのように言った、「中国がこれほど遠く隔たっているのでなければ、また、そこで起きている事態がこれほどわれわれの日常の意識からかけはなれたものでないなら、これらの事件をまともに目撃して起きる同情と恐怖と憤りの感情が、イギリス国民を駆って、おそらく彼らが今まで思いもしなかったような方向に走らせたことであろう(35)」と。同じ調子の論題が、一九三八年九月二七日のチェコ＝スロヴァキアの危機にあたって、彼の全国放送の中で繰り返された。「われわれが全く知るところのない国民間の、遠くはなれた国で起こった争いのために、この国でわれわれが塹壕を掘りガスマスクをつけるなどとは、何たる不快、何たる狂気、何たる心外(36)」と。このような表現は、多くの方面で批判されはした。しかし、これらの言葉が普通のイギリス人の当初の反応を代表するものであったことは、ほとんど疑いがない。外国人に対するわれわれの通常の態度は、われわれが平等の原則として前述した不適切だと感じられる理由にもとづく差別が行われないことという定義を、完全に否定するものである。

個人のこの態度は、国家相互の態度に反映する。そしてその難点は、国際共同体の構成上、一層厄介なことになる。たとえ、それぞれの国家の個人の間に平等が認められていても、国家間の不平等は相もかかわらず目に余るものがあろう。いかなる外からの支配もうけないことで知られている僅少の国家の間にも現に存する不平等は、同一の法に名目の上で一応は服している一般市民大衆の間に存する不平等よりも目立ち、さらにいつまでも続き忘れられにくいものである。国際政治において平等の理念におかれる重要性は、この理念にもとづく諸要請の数と強さによってうかがわれる。「最恵国待遇」「門戸開放」「海洋の自由」、国際連盟規約において人種平等を認めることを求めた日本の主張、「日の当る場所」を求めた旧ドイツの主張、同権《グライヒベレヒティグング》すなわち「対等の地位」をという現代ドイツの要求など、すべて、平等の原則を適用することへの要請である。平等をたたえることは、国際連盟の総会や委員会で繰り返し聞かれた――それはもっぱらというわけでないにしても主として、小国の代表者によってであった。(37) だが、この言葉の使用に一貫性をもたせようとする試みはほとんどみられない。時には、単に、法の前における諸国家の形式的平等を意味するだけであり、他の関連においては、権利の平等、機会の平等、所有の平等などを意味することもある。時には、大国間における平等を意味するともとれる。ヒットラーが、「あらゆる常識・論理・および高度の人間的正義の一般的原理に従って……すべての国民は、世界の物資を平等に分けあたえられねばならない」(38)と論じたが、その場合の彼には、リトアニアが、ドイツと同じだけの「世界の物資」を享有すべきことを語っているつもりはまずなかったのである。しかし、もしわれわれが、権利ないし特権の平等が比例的な平等の意であって、絶対的なそれを意味するものでないと考えるなら、この比例を決定できる一般に認められる基準が存しないかぎり、われわれはほとんど前にすすめないのである。たとえそのような基準があっても、われわれにはたいして役立たないであろう。厄介な問題は、グアテマラの権利と特権が合衆国のそれに比例的に平等であるにすぎず絶対的に平等ではないということにあるのではなくして、グアテマラが有しているような権利と特権が、合衆国の善意によってはじめて享受されるという点にある。力が不断におし入ってくること、あるいはその侵入の可能性があることのために、国際共同体の構成国の間における平等のどのような概念も、ほとんど無意味になるのである。

第七節　全体の福利と部分の福利

(2)　国際共同体に不足しているいま一つの重要なことは、全体の福利が部分の福利に優先するという原理が一般に容認されるにいたっていないのである。サレー出身者も、イギリスの福利はサレーの福利より重要であるとの考えのもとに、通常の行動をとるだろうから、イギリスとしては共通の国家意識をもつことになるわけである。ドイツに共通の国家意識が成長するのを妨げた重要な障害の一つは、プロシア人・ザクセン人・ババリア人などを説得して、ドイツの福利をプロシア・ザクセン・ババリアの福利よりも重視させることがむつかしかったことにある。ところで、高潔な志をもっていても、人びとはひろく世界の福利が彼らの国家の福利より高大であるとの信念にもとづいて行動することには、なおためらいがあるのは明らかである。世界共同体への忠誠の心は、まだ、重要な国家利益を乗りこえるような国際道義を生み出すほどに強力ではない。しかし、共同体という概念には、その福利を、構成員が増進すべき義務を負うものとして認めることが含まれている。そして、道義という概念には、普遍的な義務づけの性質の諸原理を認めることが含まれている。もし、われわれが、全体としての最重要な要求を認めることを全く拒否するなら、世界共同体とかおよそ国際道義などというものの存在を果して語り得るであろうか。

このことは、国際道義のふくむ根本的ディレンマである。われわれは、国際共同体ないし全体としての人類に対する義務の観念を含む国際道義が、ほとんど世界的に認められていることを知っている。しかし他方、われわれには、この国際共同体において、部分(すなわちわれわれの国家)の福利が全体の福利より重要でないとは認めがたい気持があり、このこともまたほとんど普遍的に感得されていることである。このディレンマは、実際には二つの異なる形で解決されている。第一は、ヒットラーがダーウィン学派から借用したもので、全体の福利を適者の福利と同一視する方法である。彼の考えによれば、適者は、「高次の倫理の持ち主」(39)であり、したがって、自国の福利と全体の福利とを合致させるためには、自国が最適者であることを、国家行動において立証すれば足りるわけである。いま一つの方法は、利益調和の新自由主義《ネオ・リベラル》のとる説であって、ウッドロー・ウィルソンやセシル卿、さらにトインビー教授がその代表者とされるものである。この説は、自然的な利益調和のすべての所論と同様に、全体の福利ということを、福利占有者たちの安全保障と同一視する。ウッドロー・ウィルソンがアメリカの諸原理は人類の諸原理であると論じたとき、あるいは、トインビー教授がイギリスの安全は「全世界の最高の利益」であると述べたとき、彼らは実際には、ヒットラーがその国民を「高次の倫理の持ち主」であるとしたのと同じ主張を行っていたわけである。これら二つの方法は、ともに国際道義が実際的な概念であり得ることに致命傷をあたえるものである。[40]

部分の福利が全体の福利の犠牲となるべきであると認めることを、およそ共同体および道徳律は前提とするという、この基本的なディレンマからの遁れ道はない。われわれが国際共同体におけるこの問題に明確に直面してゆくなら、それだけ問題の解決に近づくことになろう。国家共同体から類推するのでは十分ではないが、それをここで今いちど役立てることにする。一九一四年の少し前にホッブハウスはこう述べている。現代の自由主義が「前提とするのは、それが有効に働くうえに思慮と判断とだけが求められる現実の調和が実在していることではなくて、人びとが達成する可能性のある倫理的調和が存在することであり、そしてこの調和に到達することに社会的理想が存するということである」と。[41]この場合の「倫理的」という言葉が、このホッブハウスの議論における破綻をあらわにしている。一九世紀の調和は「それが有効に働くうえに思慮と判断とだけが求められる」ものであったが、それは利益の調和のことであった。ところがここでの「倫理的調和」は、利益の犠牲によって達成される調和である。この調和は、およそ利益の自然的調和などというものが存在しないからこそ必要とされているのである。国家共同体においては、自己犠牲に対する訴えは絶えず行われ、しかも成功しているのであり、その求められる犠牲が生命のそれであるときすらそうである。しかし、その国家共同体においてさえ、いわゆる「調和」がひとり自発的な自己犠牲によってのみ確立されているとするのは誤りであろう。求められる犠牲は、しばしば強制された犠牲である。その「調和」は、そうしなければ強制的に取り上げられることになるものを、自発的に犠牲にすることが個人の「利益」になるのだとする、現実主義の考え方に基礎づけられているのである。国家的秩序における調和は、道義と力とのこの混合によって達成されるのである。

国際秩序においては、力の果す役割が大きいのに比して、道義の役割ははるかに小さい。自己犠牲というのは個人の場合、それが純粋に自発的であることもあり、そうでないこともある。国家の場合、そこでの自己犠牲と言われるのは、よく検討すれば、より強力な国家に強いられ従わされての犠牲とわかることがむしろ多い。とはいえ国際関係においても、自己犠牲が全く行われないわけではない。イギリスが自治領に対して行った多くの譲歩は、イギリスの利益のためとか、強者に対する服従であるなどの見方では説明にならない。一九二〇年代にイギリスがドイツに対してとった譲歩は、実際の効果はなかったとはいえ、イギリスの利益のためとかドイツの力を恐れてとかでは全くなくて、イギリスの利益とはかかわりのないことであり、国際的な道義という考えを信じてのことであった。およそ国際道義的秩序というものがあるとすれば、それは、何らかの力の主導権に依拠しなければならない。ところが、その主導権というのは、国家内における支配階層の優位と同じで、この地位権能にあずからない国々に対して挑みかけるものをそれ自体に含んでいる。したがって、この主導権は、それが保持されてゆくためには、互恵《ギブ・アンド・テイク》の要素——主導権を握っている側における自己犠牲の要素を含んでいなければならない。それによって、この主導権が、世界共同体の他の構成者たちに容れられることになるのである。道義が、国際政治において——また国内政治においても——その最も確実な地歩を見出すのは、この互恵の道を通ることによってであり、力のもつあらゆる特権を強調するようなことはあえて自制する態度を貫くことによってである。もちろん、広範にわたる犠牲ははじめから期待すべくもない。われわれが無理なく遂行できる基準として、あまりに高く定めるべきではない。それにしても、国際道義に最も好ましくない行動のとり方というものがたしかにあり、つぎのような主張の仕方などがそれである。ドイツ人は高次の倫理をもつとか、アメリカの原理は人類の原理であるとか、イギリスの安全は世界最高の福利であるなどである。このような表現では、その国がおよそ犠牲をはらうことなど実際に求めようがないわけである。ジンマーン教授が、「普通の人」にむけて「二〇世紀の公的な問題は世界的な問題であることを心に銘じて視野をひろげる」ようにと強調しているが、[42]この教示の言葉に持たせたい最も具体的な意味は、こうである。自己犠牲の原理が認められるのは、一般に、国境近くまでで、この原理の働きはそこでとまってしまうと考えられているが、むしろ国境を越えてこそ展開されるべきだということである。普通人がこのような訴えに耳を貸さないはずは決してない。もし大蔵大臣が、われわれの暮しをより良くするために、そしてより良くなるという理由で、所得税の増額の正しいことを確証しようとするなら、われわれは彼を、ごまかし屋として免職すべきであろう。ところが、このような言い方が、利益を犠牲にするかに一見思わせる国際政策を正当化するために相変らず用いられる場合の議論である。共通の福利のために自己犠牲が必要であると直接に訴える方が、ときとしては、より効果的であったはずである。

しかし、さらに論考を進めて、多くの幻想が一般にひろがっている点を明瞭にすることが必要である。国家共同体においては、この自己犠牲とギブ＝アンド＝テイクの行き方において、ギブの方を現行の秩序によって最も利益を得ている人びとが主として行わなければならない、と考えられる。国際共同体においては、ギブ＝アンド＝テイクの方法は現行の秩序の内でのみ行われること、そして犠牲はこの秩序を維持するためにすべての構成国によってはらわれるべきであるということが、満足国家の政治家や論者によって普通、述べられている。かつてイーデン氏はつぎのように言った、国際平和は「それを保持すべく同盟を結んだ諸国家間の国際的秩序に基礎づけられる」ものでなければならないのであり、したがって、この国際平和に対して「各国は自国の持続的利益がそこに存することを知っているから、それぞれの寄与を行っているのである」[43]と。この言明にせよ、その他多くの同じような表明にせよ、そこにひそんでいる誤りは、国際道義の実現可能な概念にとって命取りとなる。ギブ＝アンド＝テイクの行き方は、現行秩序に対する挑戦にむけて適用されなければならないのである。現行の秩序によって最も利益を得ている側が、この秩序を維持しうる希望をもつことができるのは、結局は、この秩序では利益を得ることが最も少ない側にも、この秩序が耐えられるものにするだけの譲歩を行うことによってはじめて可能となるのである。したがって、そのような変革が、できるかぎり広く秩序ある方法で行われることを考えてゆく責任を、現行秩序に挑戦する側とともにその防禦側も課せられているのである。このことが、われわれを、つぎに、国際政治における法と変革の諸問題の検討に導くのである。

（1）ヴェルサイユ条約において連合国諸政府は、先のドイツ皇帝に国家の行動に対する個人的責任を負わせることによって、この歴史上かつてとられた考え方を復活させようとした。しかし、この試みは、激情が沈静化すると、ほとんどあらゆる方面から非難された。ところが、現代諸国の独裁制が、この考え方を盛り返させるたすけとなった。こうしてトインビー教授は、アビシニア侵略を「ムッソリーニ氏の入念な個人的罪悪」と呼んだ（*Survey of International Affairs*, 1935, ii. p. 3)。もっとも彼は、ホーア＝ラヴァール・プランをもって、ホーア卿ないしラヴァールの「個人的罪悪」とすることは当らないと感じていたようであるが。

(2)　たとえば、デュギーは、それを「価値なく意味のない擬人観」と呼んでいる(Duguit, *Traité de droit constitutionnel*, i. ch. v)。

(3)　ホール『国際法』Hall, *International Law* (8th ed.), p. 50. ヒギンズ『国際法と国際関係』Pearce Higgins, *International Law and Relations*, p. 38.

(4)　このことは、もちろん、国家が政治的組織として必要な形態であるという意味ではなくて、国家が容認された形態として実在するかぎり、国家の人格化は必要な擬制であるということにほかならない。同じことは、他の形態のもの(たとえば階級)についても言えるだろう。プロレタリアートの人格化は、ソヴィエト・ロシアにおいては、大いに進んでいる(たとえば、それが生産手段を「有する」という擬制)。

(5)　この問題に関する思考が混乱しているよい例がタイムズへの最近の一寄稿にみられた。一九一四年におけるフランスに対するイギリスの義務と言われているものを批評して、ある著名な歴史教授はつぎのように述べている、「グレイはフランスを支持することに彼の個人的信義がかかっていると考えたようであるが、それが内閣の信義の問題であったことに考え及んでいなかったのはたしかである」(タイムズ、一九三九年二月二八日)。フランスを支持するという約束――そのようなものがもしあったとするなら――は、グレイが彼自身のために結んだのではなくして、イギリスのために行ったのでなければならない。イギリスが行った約束を守ることに努めるのが、彼自身もそうだが、内閣全体が同じ義務の下に立っていることを彼が信じなかったかぎり、彼はこの約束を結ぶことは全くできなかったはずである。

(6)　キャトリン編『民主主義と戦争』*Democracy and War*, ed. G. E. C. Catlin, p. 128 の引用。

(7) ジョン・ブライト『国政に関する演説』John Bright, *Speeches on Questions of Public Policy*, p. 479.

(8) ウッドロー・ウィルソンの公文書――『戦争と平和』*War and Peace*, i. p. 11.

(9) 「ハウス大佐の私文書」シムール編、第四巻二八頁。

(10) *League of Nations : Fourth Assembly*, i. p. 144.

(11) *International Conciliation*, No. 334, p. 713.

(12) 一九三五年五月二一日、国会における演説。

(13) 戦争法規は、一九一四年以来、厳しい試験台に立たされてきた。戦闘員と非戦闘員との区別はしだいになくなってゆく。いわゆる非戦闘員に対する反応を十分に考えた攻撃が、実際に重要な軍事目的を達成させる助けとなっている。そして、不必要な苦痛というのは、軍事目的に基本的なことではないのであるから、交戦者の行えないことで、この概念はしだいに適用が制限されて持続されがたくなってゆくのであった。つまり、現代の戦争条件は、重要な一点において、以前から存在し有効であった普遍的な義務の観念を破壊することに大いに役立っている。

(14) 全く区別なく用いられている六箇の同義語が、シュワルツェンバーガー博士によって最近の公文書から引用されている(G. Schwarzenberger, *American Journal of International Law*, xxxiii. p. 59)。一九三三年の日本帝国の詔勅〔国際連盟脱退〕の中に「友邦ノ誼」とあるのを皮肉でないかと疑う理由はないのである。

(15) *Völkischer Beobachter*, April 1, 1939.

(16) タイムズ、一九三八年五月九日。

(17) *Foreign Affairs*, March 15, 1923, p. 95.

(18) ジンマーン『国家政策のために』Zimmern, *Towards a National Policy*, p. 137.

(19) クラウス『国家精神』H. Kraus, *Staatsethos*, p. 187 に引用されたクリスティアン・ウォルフ Christian Wolff.

(20) ニューヨーク・メトロポリタン・オペラ・ハウスにおける演説。一九三二年一一月四日、ニューヨーク・タイムズ所載。

(21) 国際連盟協会が「制裁を唱道するのは、連盟のために協力する諸政府の数と資力とが、仮想侵略国の側の意図の放棄、したがって戦争が決して勃発しないということを十分に確実なものとする場合にのみである」(*Headway*, December 1937, p. 232)。

(22) ニーバー『道徳的人間と非道徳的社会』四〇頁。

(23) ウッドワード『ヨーロッパ保守主義三論』E. L. Woodward, *Three Studies in European Conservatism*, p. 297 における引用文。

(24) R. Niebuhr, *Atlantic Monthly*, 1927, p. 639.

(25) *Cambridge History of British Foreign Policy*, i. pp. 363-4.

(26) スピノザ『政治論』Spinoza, *Tractatus Politicus*, iii. §14.

(27) グリーン『倫理学序説』T. H. Green, *Prolegomena to Ethics*, p. 351.

(28) ボザンケ『哲学的国家理論』B. Bosanquet, *The Philosophical Theory of the State*, p. 320.

(29) ボザンケ『社会的、国際的理想』*Social and International Ideals*, p. 292.

(30) マダリアガ『世界の設計』S. de Madariaga, *The World's Design*, p. 3.

(31)　ある領域の全住民がその共同体の構成員であるということを、一応の仮定として初めて立てられたのさえ最近においてのことである。ナチ・ドイツにおけるユダヤ人のように、南ア連邦の有色住民は今日、その共同体の成員とはみなされていない。合衆国において、南部のたいていの白人は、黒人が彼らと同じ意味で社会の一員であると認めることには躊躇するようである。

(32)　*League of Nations: Fifteenth Assembly*, 6th Committee, p. 43 においてハイチ代表による引用文。

(33)　「道義的態度はつねに、人と人との関係において最も敏感に展開する。それは、直接の忠誠よりもより包括的な忠誠、当然により抽象的なそれが、人間の心を支配する忠誠の力をどれほどか失う一つの理由なのである。さらにそれは、利に敏い社会が、ある者を共同体のシンボルとすることによって、上述の人心を支配する忠誠の力をとり戻そうと試みる理由でもある」(R・ニーバー『道徳的人間と非道徳的社会』五二―五三頁)。

(34)　感じ方の差異は、当然にまた一般にひろがっている政治的偏見に影響されてもいるのである。

(35)　一九三八年六月二一日、下院(*Official Report*, col. 936)。タイムズの特派員は、国際的分野における「同情の矛盾」を論じて、「世界の良心」が「百人の中国人死者あるいは窮乏者を、一人の迫害されたユダヤ人に匹敵する」とみるかどうか、あるいはまた、それは、「ただユダヤ人は近い所にいるが、中国人ははるか遠く離れた地にあり、しかも黄色であるということ」なのかどうか、と設問している(タイムズ、一九三八年一一月二五日)。

(36)　チェンバレン『平和のための闘争』二七五頁。

(37)　大国の中で、フランスだけが、その地位を、諸小国の支持の上に大いに依拠しており、一貫して平等の原則を唱道した。ある機会にブルム氏はつぎのように述べている(*League of Nations: Sixteenth Assembly*, Part II, p. 28)。「国際共同体を形成する諸国家の間に上位での席次というものは存しない。さらに将来もけっしてあり得ないとわれわれは信じる。諸国家の階層が国際連盟の内で確立されるとするなら、……その場合、連盟は道義的にも実質的にも崩壊することになろう」と。——理事会の階層的構成を考慮しての注目すべき言明である。

(38)　一九三九年四月二八日、国会における演説。

(39)　ヒットラー『わが闘争』四二一頁。

(40)　第五章第四節一五一、一五三頁参照。

(41)　ホッブハウス『自由主義』L. T. Hobhouse, *Liberalism*, p. 129.

(42)　ジンマーン『文明の展望』Zimmern, *The Prospects of Civilisation*, p. 26.

(43)　アンソニー・イーデン『外交問題』Anthony Eden, *Foreign Affairs*, p. 197.

第四部　法と変革

第十章　法の基盤

国際問題について現在考察される論題で、政治と法との関係ほど混乱している対象はいまのところない。国際的な諸事態に関心をもつ多くの人たちの間に、法を、政治から独立したもの、そして、倫理的には政治に優位するものとして、とりあつかおうとする強い傾向がある。「法の道義的な力」が、政治にひそむ反道義的な手口と対比される。「国際的な法と秩序」を維持するためにとか「国際法を擁護」するために、「法の支配」を確立すべきことが強く説かれる。そして、これらのことを通じて、われわれは、意見の対立・論争を、利己本位の政治的荒れ野から、純粋清澄な不偏の正義の天地へ移すことになるはずであるとする説が立てられる。しかし、このような一般によく知られている見解にとらわれないで、われわれは、むしろ慎重に、国際共同体における法の特質と機能および国際政治に対する法の関係について、綿密に検討しなければならない。

第一節　国際法の特質

国際法は、未発達で十分に統合されていない共同体の法であり、現代国家の国内法とは異なっている。国際法は、国内法の発達した体系に基本的な要素である三つの制度を欠いている。司法、執行、立法の諸制度である。

(1) 国際法は、法あるいは事実にかかわる争点について、共同体全体にその拘束力が承認されている裁決を下す機関＝裁判所を認めていない。司法的解決を求めて特定の紛争を国際的な法廷にゆだねる上で、そのためだけの特別の協定を結ぶことが、一部の国家の長い間の慣習であった。連盟規約のもとに設置された常設国際司法裁判所は、この慣習を拡張して一般化しようとするものである。しかし、この裁判所の制度は、国際法を変革するまでにいたっていない。それは、自ら従おうとする国家に対して特定の義務を負わせるだけにとどまっている。

(2) 国際法は、法の順守を強制する権限をもつ機関を設けていない。一定の場合、国際法が、侵害者に対して報復行為をとる被害者側の権利を認めているのは事実である。しかし、このことは、自助の権利を理解するということであって、国際法上の機関によって処分を強行させるというのではない。連盟規約第一六条において予期されている諸措置も、それらが懲罰的な措置で、単に予防的なそれでないとみなされ得るだけであって同じ部類に入るものである。

(3)　法の二つの主要な源泉――慣習と立法――のうち、国際法には前者の源泉があるだけで、この点は原始の共同体の法に似ている。ある種の行為なり態度が慣習からはじまって、その共同体の全構成員にとっての義務として認められるにいたるまでの諸段階の跡をたどることは、法学者の仕事というよりはむしろ社会心理学者の仕事である。しかし、国際法が存在するにいたったのは、いくらかこのような過程を経てのことである。先進の諸国家共同体にあっては、いま一つの法源――直接の立法――がむしろ多く、おそらくどの近代国家においても立法が行われざるを得なかったのである。そのような立法が国際法について行われないのは、きわめて重視されるべきことである。この事実のため、一部の権威者の見解では、諸国家は一定の場合に自ら立法機関を構成することになり、諸国家間の多辺的な協定が事実上の「立法条約《ロー・メイキング・トウリーティーズ》」(traités-lois)であるとされているのである。[1]　しかし、この見解に対しては重要な異論が出ている。条約は、その範囲と内容がどうであれ、法の基本的な性質を欠いており、その共同体の全成員に、彼らの同意不同意を問わず自動的かつ無条件に適用されるものではないからである。慣習的な国際法を諸国家間の多辺的な条約において具体化しようとする試みは時折行われている。しかし、そのような試みは、条約がそれを受諾していない国家を拘束し得ないという事実のために一般には意義のないこととなっている。戦争法規に関する一九〇七年のハーグ会議での多数の条約は、しばしば国際的立法の実例としてとりあげられる。しかし、これらの条約は、当事国以外の国家を拘束するものではなかっただけでなく、当事国についてもその国と当事国でない国との関係ではこれを拘束することはできなかった。ブリアン＝ケロッグ協定は、時には不正確な言い方をされるが、戦争を禁じる立法行為ではない。それは、「国家相互の関係において、国策の手段としての戦争を放棄」するという多国家間の合意である。国際的合意は、国際法の主体としての資格において諸国家が相互に結ぶ契約であって、国際的立法者という資格において諸国家がつくりだす法ではない。国際的立法は、まだ存在しないのである。

国際法のこれらの欠陥は、それがいかに重視されることであっても、法とみなされる資格を国際法から奪うものではない。それは、国際法が法の基本的な性質はすべて備えているからである。とりわけ、法の政治に対する関係が、国際の分野においても、国家の分野におけるのと同じであることはやがてわかるであろう。

政治哲学の基本問題が、人はなぜ支配されることをみずからゆるすのか、にあることはよく知られている。これに対応する問題として法理学の根底にあるのは、人はなぜ法に従うのかである。なにゆえ、法は拘束力のあるものとみなされるのか？　答は、法そのものからは出てこない、ちょうど、ユークリッドの仮説の証明がユークリッドから得られないのと同様である。法は、この問題が十分解決されているという仮定のもとに行われているのである。

しかし、この問題は、「法の支配」を正当化しようとする人たちによって揉み消され握りつぶされてはならないのである。この問題は、国内法にと同様に国際法にもあてはまる。国際法において、この問題はつぎの形をとることが多い。条約は拘束力をもつかどうか、いかなる理由で拘束力をもつのか。この設問に対する法的な答は、こうである。条約は国際法上の拘束力をもつのであり、それは国際法が条約は守られなければならないという規則(後述するように、いくつか留保を伴う)を含んでいるからであると。しかし、設問者がおそらく尋ねるつもりであるのはつぎのことであろう——国際法、ひいては、条約が守られなければならないという規則は、なぜ拘束力をもつのか? そして、それらはおよそ拘束力をもつとみなされるべきなのか? これらは、国際法によって答えられる問題ではない。これらの問に対する解答は、いかなる領域において見出されるべきか、そして、その答はいかなるものであるべきか、これを尋ねてゆくのが本章のめざしていることである。

法の究極の権威という問題に入ってゆくと、われわれは、倫理の見地から思考するユートピアンと、力という点から思考するリアリストとの間の、政治の分野において既にたどった基本的な分岐と同じものを、ここにも見出すのである。法を研究している人たちの間では、ユートピアンは一般に「自然主義者《ナチュラリスト》」として知られ、自然法に法の権威をみる。そしてリアリストは「実証主義者《ポジティヴィスト》」といわれ、国家の意志に法の権威を見出す。術語というのはしだいに不明瞭になり動揺する傾向がある。ユートピアンの中にも、自然法を否定して、理性とか効用とか「客観的な正しさ」[2]「正しさの究極の意味」[3]あるいは「根本規範」などというような何か別の基準を採用しようとする人たちもいる。反対に、実証主義者のなかにはスピノザのように自然法を認めようとするものもいるが、自然法を強者の権利とほとんど同一視することによって自然法としての意味をないものにしてしまう人もいる。また他の実証主義者は「歴史法学派」とか「法の経済的解釈」などの旗をかかげている。しかし、根本的な相違は、法を主として倫理の一部門とみなす人たちと、法を主として権力の乗り物であるとみる人たちとの間に依然として残っている。

第二節　自然主義者の法の見方

自然主義者の法律観は、ユートピアンの政治観と同様に、実証主義者の法律観やリアリストの政治観よりも、背後に長い歴史をもっている。原始の共同体においては、法は宗教と結びついており、人類進歩のかなり後の段階になるまで、法はつねに神ないし神に任じられた立法者から発するものであったようである。ギリシア人の現世的な文明において、法は宗教から分けられたが、道徳からは分けられなかった。ギリシアの思想家たちは、自然法という概念で、人間のつくった法に実効性をあたえ法である資格を証明する基準としての高次の不文の法を考えたのであった。ところが、ローマ帝国によるキリスト教の容認が、神の権威を復活させたので、自然法は一時、神の法と同一視されることになる。そして、自然法が非神学的な倫理基準として、独自の役割を取り戻したのは、ようやくルネッサンスにおいてであった。すでに述べたように、一七、一八世紀になって自然法と理性との同一視が新しい形をとって復活した。モンテスキューは「法一般は、それが地上すべての人びとを律するかぎり、人間理性である」(4)と言っている。このような情勢に後押しされて、近代の国際法が、中世世界の崩壊のあとに台頭してきた新しい国民国家の要請にこたえ、グロティウスおよびその後継者たちによってつくりだされたのであった。

それゆえ、国際法は、起源的にはユートピア的な血統を濃く引いているのである。このことは、必要なことであったし、また不可避なことでもあった。国家間の関係を、多かれ少なかれ有効に律することになる新しい協定が、実際的な要請から成長したのは疑いのないことである。しかし、これらの協定にしても、自然法および普遍的理性によって拘束力をもつとされなかったなら、それらの協定が実際に受けたほど広範な容認を得ることはできなかったであろう。

しかし、ここで、われわれは、政治の分野において出会った逆説が再び現われることに注目しよう。実際が最も倫理的でないところでは、理論は最もユートピア的となる、という説である。国際共同体の状態が未発達であればあるだけ、国際法の実際において道義が果す役割の効果は、国内法の実際におけるそれよりも小さい。国際法の理論においては、法学の他の部門にその比をみないほどに、ユートピアがリアリティに優位する傾向がある。さらに、この傾向は、諸国家の実際においてアナーキイが最もひろがっていた時期に、最もいちじるしい。一九世紀の間、国際状態が比較的に秩序を保っていた時期には、国際法学は、リアリストの表情をとった。しかし一九一九年以後は、自然法が揺り戻しをかけて支配的となり、国際法の諸理論は、以前のどの時代よりも、いちじるしくユートピア的になっているのである。

しかし、現代の自然法観は、重要な一点で、一八世紀の末まで支配的であった自然法観とは異なっている。一八世紀末以前は、自然法が、本質的に静的なもの、正しさの一定不変の基準として、事物の本性上に昨日も今日もさらに永遠に同じでなければならないと考えられていた。この自然法をはじめは全く侵蝕するかの勢いであった一九世紀思想の歴史主義的傾向が、自然法というものに新しい方向をあたえた。一九世紀の末近くに、「変遷する内容の自然法」(5)という新しい概念が登場した。この解釈での自然法は、もはや、外在的な一定不変のものを指すのではなくて、「正当な法」であるべきものへの特定の時ないし所において人びとが心に感じとるものを意味する。自然法についてのこの修正された定義は、われわれに少しは役立つ。自然法によって、奴隷制度がある時は認められるものと考えられ、他の時には禁じられるべきこととされたり、私有財産があるところでは自然的権利とみなされ他のところでは自然権の侵害とみられたことなど、これらの古くからの難題を、この定義は片づけてくれるものであった。いまや、法は、それが永遠の倫理的原理というようなものから発するのではなくて、特定の時と共同体での倫理的諸原理から発したものであるから拘束力をもつものとして認められることになる。このことは、ともかく、一面の真理を含んでいる。国内法および国際法の多数の規則——条約は守られなければならないという国際法の規則をも含めて——の背後に伏在して心情に訴える働きの含む倫理性は、およそ分別のある人なら否定しないであろう。法と倫理との境界にまたがっている数々の言葉が、たいていのヨーロッパ言語のなかに広く見出されるのは、法と倫理との密接な関係が広範に確信されていることを表すものである。

それにもかかわらず、法が拘束力をもつとみなされる理由についてのこの説明は、さらに検討することで、その妥当でないこと、そして幾分とも人を誤らせるもとであることが明らかとなる。自然法についての主要な難関は、自然法の定める特定の規則がどのようなものかに関して、時により所によって人びとの意見が異なってくることにあるのではない(というのは、この難関なら「変遷」理論で乗り越えられたであろうから)。難関は、自然法(あるいは理性、「客観的正しさ」、その他それに代るもの)が、法への服従を正当化するためにと同じように、法に対する不服従の行動にかりたてることにも容易に援用され得るという点である。自然法はつねに二つの面をもち二つの用途をもつ。自然法は現行秩序を正当化するために保守主義者によって活用され、支配者の権利とか財産上の権利は自然法にもとづくものと主張される場合がその例である。また自然法は、現行秩序に対する反抗を正当化するために革命家によっても等しく持ち出され得るのである。自然法には、法に正面から対立する無政府的要素が伏在している。法の究極の権威を法の倫理的内容に求める法理論は、良い法律(特定の時と所において、良いとみなされる法)がなぜ拘束力をもつとされるかを説明し得るだけである。しかし、悪いとみなされる法律も拘束力を有するとする、かなり一般的に一致した意見がある。そして、このような意見が支配的にならなかった共同体が果して長く存続し得たかどうか、これは疑わしいことであろう。悪法には従わない権利ないし義務があるかもしれないことは、一般に認められている。しかしそのような場合、二つの義務の間に矛盾のあることが認められる。よほど例外的な事情でもなければ、服従しない義務を支持する決定が正当とされることはない、と一般には感じられる。法が拘束力をもつのは、それが自然法に合致するからであるとか、良い法であるからだとする法の理論では適切な説明とならず十分でないと思われる。

第三節　現実主義者の法の見方

実証主義者ないし現実主義者の法律観は、ホッブスによって、はじめて明晰に腹蔵なく述べられた。彼は、法を命令として定義した。法は掟とされたものであった。こうして法は倫理から全く分けられる。法は圧力的でありうるし、法であるのでなければ不道徳ともなるかもしれない働きをもする。法が拘束力をもつとみなされるのは、それに服従することを強制する権威が存在するからである。法は、国家の意志のあらわれであり、国家を支配している人たちによって彼らの権力に反対するものに向ける強制手段として用いられる。法は、それゆえ、強者の武器である。かの矛盾にみちた思想家ルソーには、法を専制の対立物としてとりあつかっている論述がある他方で、彼は、この強者の武器説を強い語調でこう述べている、「すべての国における法律の真意は、弱者を抑えて強者を支え、持つ者に都合よく持たない者に不都合であるのがつねである。この法という障害物は避けられないものであり、それに対する例外はゆるされていない(6)」と。またマルクスによれば、すべての法は「不平等の法」である(7)。この問題に対するマルキシズムの主要な寄与は、それが法の相対性を強調した点にある。法は、固定した倫理的基準の反映ではなくて、特定の時期における特定国家の支配集団の政策と利益とを反映しているものである。法は、レーニンが言っているように、「権力関係の公式化であり表示」で、「支配階級の意志の表現(8)」である。法の究極の基盤についての現実主義者の考えは、ラスキ教授によってよく要約されている。「法規は、つねに、ある集団の人びとが念願している目的を達成することを求めている。そして、この目的が何であるかを絶えず系統立てて明示されることではじめて、われわれは現実主義の法学を持ち得ることになる(9)」と。

なぜ法が拘束力をもつとみなされるかという問題に対する現実主義者の答は、「自然主義者」の答と同様に、一面の真理を含んではいる。法に違反すれば警察や裁判所と嬉しくもない接触をしなければならないから、ともかく法律には従っておくのだとする人もいるのは事実である。しかし、その構成員のほとんどが処罰を絶えず怖れることだけで法を順守しているのなら、共同体というものがこうも存続し得ているはずはないのである。ロードが言っているように、「およそ法律は、それに対する良心が存在しないところでは、拘束力をもち得ない[10]」。そして、共同体の良心、あるいは共同体のかなりの部分の良心を強く傷つける法律を執行することの、いかにむつかしいかはしばしば証明されている。法は、それが共同体の正義観を明示するものであるから拘束力をもつとされる。それは、共通の福利について公の文書である。法は、それが権威の強い腕力によって強制されるがゆえに拘束力をもつとされ、それは、圧制的でもあり得るし、それが多くの場合の事実である。このような現実主義者の答は、前の「自然主義者」の答とともに真実であり、そして、ともに真実の半面しか伝えないものである。

第四節　政治社会の機能としての法

そこで、法についての両立しない二つの見方の、共に半面の真実しか含まないものを、われわれが融合して、なぜ法が拘束力をもつのかという問題への唯一の解答を得ようとするなら、われわれは、これを、法の政治に対する関係の中に求めなければならない。法が拘束力をもつとみられるのは、もしそうでないなら、政治社会は存立しえず、したがって法も存しないはずだからである。法は抽象的なものではない。法は、「社会的な機構の内ではじめて存在しうる……法が在るところには、それが働く領域である社会が存在していなければならない」(11)。実証主義者が主張するように国家が法をつくるのか、それとも、自然主義者の主張するように法が国家をつくるのか、などという古い論議に、われわれはとどまってはいられない。どの政治社会も法なしには存在できないわけであり、法も政治社会のほかに存在する場はないというだけのことである(12)。この点は、現代ドイツの一論者によって明確に述べられている。

法はすべてつねに共同体を表現するものである。どの法的共同体もそこでの法の内容によって決定された共通の法の見方をとっている。そのような共通の法観念なしに法的共同体を構成しようとしたり、その共同体の法の内容についての最小限の共通観念も持たれないうちに法的共同体を建てようとするのは不可能なことである(13)。

政治と法とは、からみ合っていて、ひきはなすことはできない。一方の主要な内容である社会における人と人との関係が、また他方の主題でもあるからである。法は、政治と同様に、倫理と力との相会する場である。

同じことは、国際法についても言えるのであり、「最小限度の共通観念」にもとづいて、この法に拘束力を認める国際共同体が存在するかぎりでのみ、国際法は存在しうるのである。国際法は、諸国家からなる政治的共同体の一機能である。その欠陥は、およそ技術的な弱点があることによるのではなくて、それが機能する共同体の未発達な性質にもとづくことである。国際道義が国家道義よりも脆弱であるのと同様に、国際法は、高度に組織化された現代国家の国内法に比して、内容においてどうしても貧弱なのである。国際共同体を形成する諸国家のなかのごく少数が、倫理における と同じ特殊の問題を、法に関してもつくりだしている。すべての国家に平等に適用され得る一般的な規則が立てられ実践されることが、法における倫理的要素の基盤であるが、このことが現在きわめて困難となってきている。規則は、形式上いかに一般的につくられていても、それらが特定の国家ないし特定国家グループに向けられていることがわかるのがつねである。このために――他の理由がないとするなら――国際法においては、不特定の諸個人の団体を対象とする国内法におけるよりも、力の要素が優位し際立つのである。同じ事情が、国際法を法の他の部門よりも、あからさまに政治的なものとしているのである。

そのように、法が一定の政治秩序の機能であり、政治秩序が存在する事実だけで法が拘束力をもつことになり得ることが理解される。そして、「法の支配」とか「人間の統治でなく、法による統治」などという周知の言葉に示される法を人格化することの誤りであるのがわかる。普通一般の人びとは自分なりに納得できようと、できまいと、ともかく自分を拘束するものとして法を認めることで、法を人格化することになりがちである。そのように法の人格化は、国家の人格化と同様に、日常生活の上では自然なことなのである。それでもやはり、事を明確に考えてゆく上では、この法のとらえ方は危険である。法は、完全に独立の完備した存在であるはずはない。まず、法に従わせる義務づけからが、法以外の何かに依存しなければならない。法は、おのずから生れ出るものでもなく、ひとりでに適用されてゆくものでもない。中国の一哲学者が言うように、「治める人たちがいるのであって、治める法律があるのではない」(14)。ヘーゲルは、最高の道義的福利の体現を国家にみるが、われわれはこうたずねることができる、「いかなる国家にか?」より適切には「誰の国家にか?」と。国際政治の近年の論者たちは、最高の道義的福利を法の支配にみるが、われわれはまた同様にこうただすことができる、「いかなる法にか?」、そして「誰の法にか?」と。法は、抽象物ではない。法は、それが拠って立っている政治的基盤と、それが仕える政治的利益とから切り離して理解されるものではありえない。

法は政治よりも道義的であるという誰にも持たれている幻想の誤りを指摘することは、これもまたむつかしいことではない。事の処理が法的になることによって、道義的になるわけではない。労働者に生活給より低い給料を払うことは、その賃銀がその労働者の署名した契約にきめられていて法律上正当な根拠があるからといって、それだけ道義的となるわけではない。一八七一年〔普仏戦争、一八七〇―七一年〕におけるフランス領土の併合〔フランクフルト条約により、アルザス、ロレーヌの二州を〕、さらには一九一九年における連合国側によるドイツ領土の併合などは、道義的でもあったろうし反道義的でもあったであろう。しかしこれらのことは、戦敗国が署名した条約によってきめられ、国際法上有効であるという事実のゆえに、それだけ道義的とされることではない。ユダヤ人を追い立てるために法律によって彼らの財産を没収することは、同じことを単純に騎兵部隊を強襲させて行うのと同様に、それ自体けっして道義的なことではない。メディア人〔Mediaはイラン高原西北部に位置した古代国家〕やペルシア人の法律は、際立って道義的なものではなかったと思われるが、その法律が「つねに、ある集団の人びとが念願している目的を達成することを求めている」〔前述ラスキの言葉〕ものであるなら、その法の倫理性は明らかにこの目的によって条件づけられている。その場合、反道義的ないし圧制的な法律を矯正することを求め得るのは政治行為である。事実、政治にはそれが求められているのである。どの政治社会においても法を必要なものとさせているのは法に特有の性能であり、それは規定されている事項に見出されるものでなく、またその法律の倫理的内容に含まれるのでもなくて、その法律の安定性に存するのである。法は、一貫した生活が営まれるためには欠くことのできない不変性と規則性と継続性との要素を社会にあたえる。市民相互の関係、および市民の国家に対する関係における権利と義務とが法によって定められるべきことが、組織化された政治社会の根本的な基礎である。その解釈が確定しておらず、その適用が当てにならない法は、法としての基本的な機能を果しえない。

しかし、安定性と継続性とが、政治生活の唯一の要請ではない。社会は、法だけでは成り立ってゆかないし、法が最高の権威ではあり得ない。政治の舞台は、現行の法制を一般的な方法で維持したいと念願する保守派と、これを重要な諸点において変革しようとする急進派との、程度の差はあれ絶え間のない闘争の場である。そして、国家的保守派も国際的保守派も、法の擁護者としての態度をとり、反対派を法の攻撃者として非難するのがつねである。民主主義国においては、保守派と急進派とのこの闘争は、法規にしたがって公に展開される。しかし、それらの法規それ自体は、法以前の政治的合意の所産にほかならない。どのような法体系の設定も、法の制定・改廃の資格をもつ権威について最初に行われる政治的決定——それが明示の決定か黙示のそれか投票によるか取引によるか実力によるか、そのいずれにせよ政治的な決定——を前提とするのである。すべての法の背後には、この不可欠な政治的下地が伏在する。法の究極の権威は、政治に源をもつのである。

（1）　たとえば、カーネギー基金は「一般的利益の多次元諸手段」について編集・公刊した彙報に、*International Legislation* というタイトルをあたえている。

（2）　デュギー『憲法論』Duguit, *Traité de droit constitutionnel*, i. p. 16.

（3）　クラッベ『近代国家理念』Krabbe, *The Modern Idea of the State* (Engl. transl.), p. 110.

（4）　モンテスキュー『法の精神』Montesquieu, *Esprit des Lois*, Book I. ch. iii.

(5) この言葉はシュタムラーが用いたものである〔原文は Naturrecht mit wechselndem Inhalt〕。彼の『正法論』Stammler, *Die Lehre von dem richtigen Rechte* (1902-7) は *The Theory of Justice* という題名で英訳されている。

(6) ルソー『エミール』Rousseau, *Émile*, Book IV.

(7) マルクス＝エンゲルス、全集(ロシア版)第一五巻二七二頁。

(8) レーニン、全集(ロシア版第二版)第一五巻三三〇頁、第一二巻二八八頁。

(9) ラスキ編『ホームズ判事の代表的意見』の序文。

(10) ロード「説教」第四、全集第一巻一一二頁。

(11) Zimmern, *International Affairs*, xvii (January-February 1938), p. 12.

(12) 「われわれは、もはや、国家が法より先か、法が国家より先か、などとは問わない。われわれは、国家も法もともに人間という観念から切り離すことのできない共同生活に固有の機能と考える。国家も法もともに最初の事実と言えよう。人間そのものと同時に、種子や胚として、あたえられたものであったろう。相互に同時に、両者ともおたがいのおかげで発育した果実として現われるものであろう」(Gierke, *Natural Law and the Theory of Society*, Engl. transl., p. 224)。

(13) バーベル『確信と正義』F. Berber, *Sicherheit und Gerechtigkeit*, p. 145.

(14) 梁啓超『中国政治思想史』Liang Chi-chao, *History of Chinese Political Thought*, p. 137 に引用された荀子。法を、それだけで完備したもの、ひとりでに適用されてゆくものとしてとりあつかうことから生まれる混乱を、きわめてよく説明するのは、ウィンストン・チャーチル氏の報道されたつぎの言明であろう。「法を維持し強制しみずからも順守する威厳のある国際法廷が設立さるべきだとする確信が存在しなければならない」(*Manchester Guardian*, December 12, 1938)。もしチャーチル氏が、誰が威厳のある法廷を設立するのか、誰がその判決を執行するのか、誰が法をつくるのか、誰がその法廷の法順守を監視するのか、などという問に対して戸惑ったとするなら、この明らかに単純な言明のもつ意味は見えすいたものとなるだろう。

第十一章　条約の不可侵性

文明生活に必要な法の機能の一つは、法の認める方式で結ばれた私的契約上の権利をまもることである。国際法は、国際条約ないし協定にもとづく権利をいくらかの留保を付して擁護する。この原理は、どの種の国際共同体の存立にも本質的なことであり、すでに述べたように、すべての国家によって理論上認められていることである。諸国家の唯一の成文上の義務は条約に定められたそれであるというのが事実であり、さらに、国際慣習法は範囲が限定されており、時には内容が確定していないという事実がある。これらの事実から、国際法上における条約の地位は、国内法において契約が占める地位よりも高いとみなされている。実際に、条約の内容が、しばしば国際法そのものの一部であるかのように語られることがあるが、これはあやまっている。スミスとロビンソンとの契約の内容を国内法の一部とみるものはないのである。条約の不可侵性の原理は、このように、不相応な受けとめ方をされてきたうえに、一九一九―二〇年の平和条約に関する論争によって、それがさらに強化されている。二つの大戦の間の時期に、とくにヴェルサイユ体制の維持を有利とする国々の論者たちは、合意は拘束するpacta sunt servandaの原則を国際法の基本原則としてだけでなく、国際社会の礎石とみなそうとした。これは、ドイツの一論者によって「合意拘束主義pacta-sunt-servanda-ism」と嘲笑された判断である。(1) この争点は、国際政治の全分野を通じて最も論議のある問題の一つとなっている。その混乱は、国際法上の一準則としての「条約の不可侵性」と、国際倫理の一原理としての「条約の不可侵性」とを区別することができないことから起きている。

第一節　条約の法的および道義的妥当性

条約は原理上法的拘束力をもつことが、すべての国家によって認められていたにもかかわらず、一九一四年以前の国際法は、条約上の義務の拘束性を絶対視することにきわめて消極的であった。現状の維持を利益とした諸国家は、国際法における条約の無条件な妥当性を強力に主張したが、条約によって不利な影響を受ける利害関係に立つ国家は、拒否しても済ますことができるとなると、この条約を拒否するのがつねであった。この事実には注意すべきものがあった。一八四八年にフランスは、「一八一五年の諸条約はフランス共和国にとってもはや効力を持たない」と宣言した。(2) 一八七一年にロシアは、クリミア戦争の結末としてロシアに課せられたロシア艦隊の通路を制約する「海峡協約」を破棄した。これらは、一九世紀に起こった幾つもの類似の事件のうち最も顕著な例にすぎない。このような事態に対処するために国際法学者は、いわゆる事情不変更の条項 clausula rebus sic stantibus〔契約時の事情がそのまま変らないならその契約は有効とされる条項〕がすべての条約にも暗に含まれているが、それは条約上の義務のばあい締結された当時の一般的な諸事情が続いているかぎりで国際法上拘束力をもつもので、事情に重大な変化が生じたときはもはや効力をもたない、という理論を展開した。この理論は、論理的におしつめてゆくと、条約は当事国のこの条約に対する実力関係のほかには権威をもたないこと、そして、この実力関係が変れば条約は消滅するとする立場にまでいたるように思われる。この立場がとられたことはしばしばあった。ビスマルクの有名な言葉がある。

「どの条約も、ヨーロッパの諸事態における特定の立場を実際に立証しているだけのものである。もし事情が同じなら rebus sic stantibus という留保は、つねに暗黙のうちに諒解されているのである[3]」と。同じ結論は、国家はいかなる時においてもいかなる条約をも拒否する無条件の権利を有する、と時に主張される理論からも生まれる。この見解は、セオドア・ルーズヴェルトによってきわめて妥協性のない形で述べられた。「国家は、当然のこととして、十分に理由があるとすることのために条約を厳粛に公式の手続きで終了にする権利を有する。それは、国家が十分な理由にもとづいて、戦争の宣言その他の実力行使を行う権利を有するのと同じである[4]」と。ウッドロー・ウィルソンは平和会議の期間中の私的な談合で、自分が国際法の教師であった間、国家は拘束されているいかなる条約をもいつでも破棄を通告する権限をもつとつねに考えていたと語っている。(5) 一九一五年、「自然主義」学派の有名な中立国国際法学者は、合意は拘束するの原則について、つぎのように述べている、「この原則を、国家の内外を問わず例外なく妥当する法律上の規則とみるものはない」と。

世界の最強国として条約の妥当性を擁護することに最大の利益を有していたイギリスさえ、条約上の義務が無条件に拘束力をもつとする見解を容認することには明らかに躊躇した。その最も有名な例は、イギリスを含むヨーロッパの主要国家による一八三九年のベルギー保障条約の場合である。この条約では、ベルギーの中立を条約加盟の一国でもが侵した場合、他国は合同で、あるいは各国それぞれに対抗すべきことになっていた。一八七〇年、グラッドストーンは下院でつぎのように論じている――これは、グレイによって一九一四年八月三日に行った演説の中で賛意をもって引用された――、「保障条約に従うべき理由が生じた時に当事国が置かれている特定の立場とは全く無関係に、この条約が存在するというそれだけの事実が各当事国を拘束するという主張に簡単になってしまうことを、この下院へ持ち出す人たちの説には同意を表することができない(7)」と。この解釈を、グラッドストーンは、「硬直した」そして「非実際的な」ものと考えたのである。当時の外務事務次官であったハーディング卿によって、一九〇八年に書かれた機密の覚書は、同じ精神でしたためられている。

責任は疑いもなく存する、……しかしわれわれの義務を遂行し、ベルギーへの侵犯に反対してその中立性を擁護することをわれわれが要求されることになるかどうかは、その時期のわが国の政策およびその時機の諸情勢に必然的にかかってくることでなければならない。かりにフランスが対独戦争においてベルギーの中立を侵したとするなら、イギリスないしロシアがベルギーの中立を維持するために手を出すかどうか、現在の情勢のもとでは疑問である。これに反して、ベルギーの中立がドイツに侵される場合、事態は反対に動くであろうことは考えられることである。

覚書のさらにさきの方につけ加えて、グレイは、この推考は「的を射ている」と述べているが、それにとどめている。(8)

この「もし事情が同じなら」という事情不変更の条項におとらず弾力性のあるいま一つは、国際的義務の不履行を正当化するために時に持ち出されるもので、「必要性」ないし「重大利益」の原理である。なにびとも不可能なことの履行を要求されることはないというのは、よく知られている法の格言である。その不可能なこととして、国際法では、国家の重大利益(主として安全保障を意味する)に有害な行為を含むものと主張されることが多い。ある論者たちは、すべての国家は他の国家に対するいかなる義務をも無視する自己保全の法的権利をもっと強調する。この見解は、戦時において、とりわけ重要視される可能性がある。一九一四年一二月におけるイギリスの封鎖措置に対する抗議通牒において、合衆国政府は国際法上の原理としてつぎのことを述べている。交戦国は中立国の商業に干渉すべきではない、「ただし、その干渉が自国の国家的安全をまもるために緊急の必要性のあることが明白であるなら別であるが、その場合でも、その必要性の範囲にかぎってのことである」と。イギリス政府は、この解釈を有難く受けとめた。その後イギリスは、その諸要件を誰も査定する資格のない「緊急の必要性」という争いようのない理由にもとづいて封鎖行為を正当化することができた。(9)このような緊急の場合、門外漢は法的な細かい処置をとらないで他の仕方で同じ結果を得ようとすることになる。ジェイムソンの侵略〔第四章第七節参照〕の際、タイムズ紙は、桂冠詩人の詩を載せたが、それはつぎのような人びとを安心させるような数行ではじまる、——法の諸点をめぐっては、法律家と政治家とがかれらの脳天を混乱させ悩ませておればよい。わが剣と鞍、銃の備えが十全ならば誰が何を思いわずらうというのか——。(10)「法が何だというのか。自分は運河を開くことを求めている」とは、パナマ運河の危機にあたってセオドア・ルーズヴェルトが言ったと一般によく知られている言葉である。一九三九年、日本の「海軍スポークスマン」は、シナ海航行中の外国船に日本の警邏隊が乗り込んだ事件について、つぎのように言ったと報じられている、「それは、この行動をとる権利があるかどうかの問題ではない。それは、必要なことであり、われわれはそれをやっているのだ」(11)と。ヒットラーは述べている、「国家が抑圧ないし絶滅の危険におちいっている以上、合法性の問題は二の次の役割しかもたない」(12)と。

事実、条約上の義務の不履行を正当化することが明示的にせよ暗黙裡にせよ行われる場合、そのいわゆる正当化が法的理由にもとづいてか道義的理由によってかを、用いられた言葉から見分けることはむつかしい。それは、事情不変更の条項を活用すること〔「事情が同じなら」の事態ではないとしての、事情変更の法理の展開〕によってか、あるいは他の何らかの理由のために義務がもはや法律上の拘束力をもたないからであるのか。それとも、法的義務は認めたうえで、国家は、ちょうど市民が国法を無視することを道義的にはなし得る場合があるように、それが反道義的とか不合理ないしは実行不可能であるという理由で法を無視することが国家にできるという主張なのか。大まかに言って、一九一四年以前では、合意は拘束するの原則は弾力的に解釈されていたし、義務の不履行が法的にゆるされることとして弁護される傾向があったのだが、一九一九年以後は、この原則の解釈が次第に生硬になってゆく傾向をとり、不履行は、理性とか道義の考慮にもとづいて国家がそれを厳密に法的な義務とみなくてもよいのだという理由で、主として弁明されてきている。国際法のディレンマは、教会の教義がもつディレンマと同じである。種々の要請に応じての弾力的な解釈は信徒の数を増すことになる。厳密な解釈は、理論的には結構であるが、教会からの信徒の離脱を呼び起すことになる。一九一九年以後、国際法上の諸規則が一段としばしば公然と違反されたことは、これらの規則を強化して、より厳密精確に解釈しようとした戦勝国側の善意から出た努力に幾分かはもとづいていることは疑いえないのである。

この時期における条約義務の数多くの違反を検討しても、期待せられるほどの確実な結果は得られない。というのは、多くの場合に関係国家は、条約義務の違反があった事実を否定するか、あるいは、条約ははじめ相手国が破ったのだと主張するなどの弁明に終っているからである。一九三二年の一二月、フランス下院は、つぎのような理由で、合衆国との戦債協定の遂行を拒否した(13)。それは六年前の協定締結以後「決定的な事情」が変化したからというものである。これは、一九一九年以後最も近年における、事情不変更の条項のあからさまな活用の仕方である。イギリス=アメリカ戦債協定に関するイギリスの債務不履行は、「経済的逼迫」を理由として弁明された。しかし、その主要な論拠は、法的な正当化ではなくて道義的なそれであった。協定によって課せられた負担が「理に合わない」もので「不公正」だというのである(14)。タイムズも、戦債は「普通の商取引と同じ道義的妥当性をもたない」という見解をとった(15)。この当初の段階では当時の蔵相ネヴィル・チェンバレンが、義務は法的に拘束力をもっていると明瞭に認めていたが、法上の義務よりも高く格づけられた他の義務に訴えてつぎのように述べている。

> 契約は侵すべきでなく守られねばならないとみなされ、われわれは約束した義務から決してはずれてはならないと言われるが、その場合忘れてはならないのは、われわれが他にも義務と責任とを持っていることであり、それも単に自国同胞に対するものだけでなく、世界中の無数の人びとに対する義務を負うているのである。そしてそれらの人びとの幸不幸は、これらの義務の履行がどの程度まで一方の側に向けて要求され他方の側のために果されるか、ということにかかっている(16)。

ドイツは一九三五年の三月にヴェルサイユ条約の軍事条項を不当として拒否したが、その行為をつぎのように理由づけた。それは、この条約の他の当事国は、それぞれの軍縮義務を実行し得ないでいるというものであった。一年の後のロカルノ条約の破棄はつぎの理由で正当化された。この条約はフランス＝ソヴィエト協定を締結したフランスの行為によって、「実際上存立しない」ものとなった(17)、ということである。これらは、一応、表向きは法律的な論拠である。しかし、ラインラント占領直後の公開の演説においてヒットラーは、道義的訴えを有利として法的な弁明はとらなかった。「世界の他のすべての国が条約の明文にこだわっても、私は永遠の道義を堅持する(18)」と述べている。

そこで全体として言えることは、二つの大戦間における諸条約の違反についての弁明は、条約の不可侵性の原理に対する国際法上の軽視という法的な理由からではなくて、倫理的な理由――ある種の条約は法的拘束性はもっていても道義的妥当性を欠いているという道義的な根拠からなされたのであった。このような条約の違反が国際法の技術的な違反であることは否定されない。しかし、それが不問に付されたのは、条約それ自体が国際道義に対する違背であるという理由によるのであった。そのように諸条約が道義的な意味で不評を買い、したがって道義的に妥当性を欠くと一般に考えられているとすれば、そう思わせる条約の諸性質について研究することは、国際倫理および国際法の学究にとって重要なことである。

第二節　強迫下に署名された条約

まず第一には、強迫下に署名された条約であるが、この署名に道義的汚点が存すると感じられるようになったことである。この感情がはっきりあらわれたのは、五日間の猶予を与える最後通牒という強迫のもとでドイツが署名したヴェルサイユ条約に対してであった。ドイツの宣伝は、ヴェルサイユ条約が、道義的妥当性の全くない強制的条約 Diktat だという見方をひろめるために烈しく行われた。そのため、この考えはロカルノ条約の締結後に広範にひろがった。その際、イギリスおよびフランスの政治家たちは、ヴェルサイユにおいて強迫下に受諾された義務のうちのあるものを、ドイツが自発的に容認したことであるとして、その道義的意義を強調することでは、履行政策をとったシュトレーゼマン独外相と思慮の浅さでよい勝負であった。強迫下に締結された条約に対してとられた態度は、戦争に対してとられた態度の尾を引いている。というのは、戦争に終止符を打つ条約はいずれも、強迫下に敗者がほとんど避けようなく受諾させられるものだからである。それゆえ、およそ何らかの種類の戦争で道義的であるとみなされるものがあるとするなら、そのかぎりでは強迫下に締結された条約も反道義的として無条件に非難されるはずはない。ヴェルサイユ条約に反対して最もしばしば表明された道義的異論は、実際においては、その内容の厳しさによりも、むしろ、それが強迫下に署名されたことにもとづいていたと思われる。さらにまた、連合諸国の政府が、ブレスト・リトフスク講和会議〔一九一七年ロシアにおいてボルシェヴィキが政権を握ると独墺側と(勝利者として)単独講和をし、翌一九一八年三月、ロシアのブレスト・リトフスクにおいて平和条約を結んだ〕を含めて、そこにいたるまでのあらゆる重要な平和会議においてとられた手続きとは一変して、戦敗国の全権大使と会談し口頭交渉を行うことを拒否したという事実にも道義的異議の根拠があったようである。この賢明でない行為がおそらく、この平和条約の評判を、その署名に先行した最後通牒以上に下落させたのであった。

第三節　不公正な条約

つぎに第二点として、条約はその内容の性質から道義的に無効とされることもあるという見解が普通とられていたことである。「反道義的」ないし「公共の政策に反する」契約を無効とする規定が国内法にはあるが、これに対応する国際法の規定はありようがないのである。国際的な政治秩序というものが存在しないために、国際的な公共の政策についての法的な定義、あるいは、何が国際的な反道義であるかについての法的な定義などを立てることは不可能である。[19] しかし、特定の国際条約の内容を反道義的とみなす人たちは、概して言えば、その内容による被害国に、条約を拒否する道義的権利を認めることになろう。そうすること以外に、国際法は矯正手段を備えていないからである。さらに注意すべきは、つぎのような条約に対してもこれを破棄すべき同様な道義的権利をあたえる傾向が存することである。それは、正しく言えば反道義的ではなくて、条約上の条件が当事国間の現在の実力関係と非常に矛盾するという意味で不公正である場合である。ヴェルサイユ条約の軍備縮小条項が妥当性を欠くと一般にみなされたのは、ある大国を恒久的な劣等の地位に釘づけにするという理に合わない内容だったからである。一般に、ヴェルサイユ条約に対して向けられた非難は、それが大戦の終末におけるドイツの崩壊にもとづく当時の衰弱をそのまま永続させようとしたことにあった。この論議は、厳密には倫理的とはいえないだろう。というのは、この論議は権力的立場に根をもっており、単純に力の強さに基礎づけられた道義的権利を認めるものだからである。しかしこの議論は、力と倫理があらゆる政治問題において関心を引く絡み合い方をしていることを示す事例である。いくぶん類似した事件が、国際連盟規約の第一六条と関連して生じている。合衆国が規約を批准することができなかったとき、一般に感じられたことは、同条項で課せられる義務は、もはや道義的拘束力をもたないということであった。というのは、合衆国のような極めて有力な国家を敵とすることになる措置を、加盟国に期待するのは無理なことだったからである。何が理に合っていると一般にみなされるかの判断基準は、国際道義の他の問題に対してと同じように、条約の道義的妥当性にもあてはまるのである。

第四節　力の手段としての条約

第三の問題点として、国際条約の道義的拘束性を否定するために時に持ち出される事由は、前述の二点よりも広範囲にわたるものである。それは、特定の条約にかぎらなくて、およそ条約の特性にかかわることである。それは条約が力の道具に使われるものであることから、道義的価値を欠くものであるとされ、条約の道義的信頼性に疑問がむけられるのである。マルキストの論者はつぎのように主張する、資本主義社会における法による締約強制は、支配階級の利益を守り助長するために国家権力を行使する一つの方法にほかならない、と。[20]同じ手法でかなり理由があるかに思わせるのは、国際条約の法的妥当性の強調は、条約を課せられて弱っている諸国に対し支配的な諸国家がその優位を維持するために用いる武器であるという主張である。このような議論は、法を倫理から分離された力の圧制的な手段としてみるリアリストの見解の中に含まれている。

この議論は、条約不可侵性の説を、諸国家が融通の利く一貫しない態度で実際の場で取り扱っている事実によって支えられているのである。一九三二―三三年において、フランスおよびイギリスの政府は、ヴェルサイユ条約の軍備縮小条項が法的にドイツを拘束するものであること、そして関係諸国の承認を得てはじめて変更されうるものであることを、特に厳しい態度で主張しつづけていた。そのフランス下院が、一九三二年一二月に合衆国とのフランス戦債協定の履行を拒絶する理由を見出したのであった。またイギリス政府も、一九三三年六月にはその戦債協定にもとづく一定の分割支払をやめて少額の「代用支払」に代え、一年後には、これらの代用支払で終了ということにしたのであった。ところが、そのイギリスとフランスとが一九三五年には、ふたたび共同して、ドイツがヴェルサイユ条約の軍備縮小条項にもとづく義務を一方的に破棄したことに厳重な抗議を行っているのである。このような矛盾撞着はきわめて普通のことであったので、リアリストはこの事態を単純なルールに難くまとめあげている、力の要素はどの政治的条約にも内在するものである、と。このような条約の内容は、ある程度は締結当事国の間の相対的な力の強さを反映するものである。強い国の方は、弱い国との間に締結した条約の不可侵性を強調するのがつねである。弱い国の方は、力の立場に変化が生じて義務を拒否ないし修正するに足る強さを自覚してくると、強国との間に結んだ条約を破棄することになる。一九一八年以来、合衆国は、自国より強力な国家とは条約を結んでいないのであり、そのため無条件に条約の不可侵性を支持してきているのである。イギリスは、自国よりも財政的に強力な国家と戦債協定を締結し、債務不履行にもおちいっているが、これを唯一の例外として、自国より強力な国家とは他に重要な条約を結ばなかったので、条約の不可侵性を支持した。自国よりも強力な諸国家とできるかぎり多くの条約を結んでいた国で、その結果として立場を強化してきた国家は、ドイツ、イタリアおよび日本である。したがって、これらの国家は、最も多数の条約を破棄ないし踏みにじった国家である。しかし、以上のような異なる態度の間に、何らかの道義的差異があると思うのは軽率であろう。後者の諸国家にせよ、自国より弱い諸国との間に締結した自国に有利な条約については、その不可侵性をイギリスや合衆国のように強調することはないなどとは到底考えられないのである。

この事例は、その件に関するかぎりいかにももっともらしいのである。合意は拘束する(pacta sunt servanda)の原則は、道義的な原理ではない。その適用を正当化することが倫理的理由にもとづいてできるとは必ずしも言えない。それは、国際法上の準則である。そして国際法のルールとして合意の拘束は、国際社会が存立するために必要なことであるだけでなく、そのことは世界一般に認められているのである。しかし、法はどのような政治問題をも解決しようとするものではない。そして、法が問題を解決しえない場合、とがめられるのは、法が向けられるはずのない事柄に法を用いようとした人たちである。法を現行秩序の防波堤であると特徴づけることは、法をとがめているわけではない。法の基本は、安定を支えて推し進め、社会の現行の枠組みを維持することである。したがって、保守主義者が法と秩序の担い手であると自称し、急進主義者を平和の攪乱者とし法の敵と非難するのは、どこでも、きわめて自然なことである。どの社会の歴史にも、現行秩序における重大な変革を求めている人たちの側には、実際に非合法である行為とか保守主義者に非合法よばわりされても仕方のない行為に身を投じる強い傾向がみられる。もっとも、この非合法的行為の傾向は、法律上の変革を行うために合法的に構成された機関が存在する高度の組織をもつ社会においては緩和されている。しかし、この傾向が全く消えてゆくことはない。保守主義者に比して急進主義者が、法律と衝突することになる傾向はつねに起りうる可能性がある。

一九一四年以前は、国際法が、現行国際秩序を変革する目的で戦争に訴える行為を非合法とすることはなかった。他の方法で変革をはかろうにも、それを行う合法的に構成された機関が存在しなかったのである。一九一八年以後は、「侵略」戦争を非難する意見がほとんど世界的になって、世界中のほとんどの国家が、国策の手段として戦争に訴えることを否定する条約に署名した。それゆえ、現状を変える目的で戦争に訴えることは、現在では普通、条約上の義務の違反ということになり、したがって国際法上の非合法行為であるわけだが、他面、平和的手段によって変革をもたらそうとしても、効果的な国際機関は設けられていないのである。大ざっぱな一九世紀的体制は、そのむしろ体制の欠除と言うべきものが現状を変革する効果的な一手段を合法とみなした点では論理的であった。その伝統的な方法を非合法としてしりぞけ、しかもこれに代る効果的な方策を何ら提供しえないことが、今日の国際法に、以前の国際法にはもとより文明国家のどの国内法にも見られないほどに広大な範囲にわたる現行秩序の防波堤としての役割を求めているのである。このことは、国際法尊重の念が近来低下してきていることの最も根本的な原因である。現状をなげいて、その起因を見極め得ない人たちが偽善とか愚鈍とかとそしられるのは、当然といえば当然のことである。

条約の不可侵という法的原則が一般に順守される可能性がうすいことについて考慮すべき諸事情、さらには条約の違反にもっともらしい道義的正当化が行われる事情、これらのことのうち最後の事由についての考慮が最も重視される。現行の秩序の維持から利を得ることが最大であるために法の道義的拘束性を最も強く主張する人たちが訓戒・説法をしても、国際法および条約の不可侵性に対する尊重が一般に増大するわけではない。国際法および条約の尊重が維持されるのは、国際法じたいが、自らを修正・改廃し得る有効な政治機構を認知するところまで進むことによってはじめて可能となることである。このことでは、政治的諸力がすべての法に先行する働きを展開することについて、明晰な認識がまず持たれなければならない。それらの政治的諸力が、安定した均衡を保つ場合にはじめて、法は現状の擁護者たちの掌握する道具となることなく、法としての社会的機能を遂行することができるのである。この均衡状態をつくりだすことは、法の仕事ではなくて、政治の仕事である。

(1)　*Deutsches Recht*, Jg. IV. (1934), p. 525 におけるワルツ Walz。合意は拘束する、の原則が国際社会において「最高の、まげることのできない、最終の基準をなす」というラウターパハト教授の論(『国際共同体における法の機能』*The Function of Law in the International Community*, p. 418)は、ここに批判されている態度の好例である。

(2)　一八四八年三月五日のラマルティーヌの声明。その日附の Moniteur 紙に発表された。

(3) ビスマルク『見解と回想』Bismarck, *Gedanken und Erinnerungen*, ii. p. 258.

(4) H. F. Pringle, *Theodore Roosevelt*, p. 309 における引用。

(5) Miller, *The Drafting of the Covenant*, i. p. 293.

(6) クラッベ『国家の現代理念』Krabbe, *The Modern Idea of the State* (Engl. transl.), p. 266.

(7) Grey, *Speeches on Foreign Affairs, 1904-1914*, p. 307 における引用。

(8) グーチ、テンパーレイ編『大戦の起源に関するイギリス公文書』第八巻三七七―三七八頁。

(9) この往復文書の発表は Cmd. 7816 of 1915.

(10) タイムズ、一八九六年一月一一日。

(11) タイムズ、一九三九年五月二六日。

(12) ヒットラー『わが闘争』一〇四頁。

(13) 一九三二年一二月一四日の決定 *Documents on International Affairs, 1932*, pp. 80-82.

(14) 引用は一九三四年六月四日イギリスの通牒文から(Cmd. 4609)。

(15) タイムズ、一九三四年六月二日。

(16) 一九三二年一二月一四日下院における演説 *Documents on International Affairs, 1932*, p. 128.

(17) 「ヨーロッパ安定化のための外交論議」*Diplomatic Discussions Directed Towards a European Settlement*, Cmd. 5143, p. 78.

(18) Toynbee, *Survey of International Affairs, 1936*, p. 319 における引用。このような口実は、特別に現代的というわけでなく、しばしば正当とされてきている。近くは一九〇八年においても、高名なイギリスの歴史家が、固有名を変えるだけでまさにヒットラーの態度にあてはまるピットの言葉を用いている――「不当な条約による人為的な諸制約を斥けるために〃神と自然とから〃としてイギリスの主張を彼が支持し、〃国家的不名誉と引換えに結んだ契約〃としてパルドの協約を彼が否定したこと、これらは、新しいイギリスの言葉にならない感情を声に出したものであった」と(*Quarterly Review*, October 1908, p. 325)。その論文の少しあとには、つぎのように述べられている、「彼自身の鋭い洞察力と政治理想との錬金術によって、彼はイギリスに、帝国主義的膨脹の理想に基づく国家的発展と国家的目的の考えをあたえて、国家は、すべてのものを犠牲にするか、存立するための自身の権利と実力とを信じることをよすかであると悟らしめた」(*ibid.* pp. 334-5)と。この筆者が明らかにこれらの言葉を賛辞としているのが読みとれるのは興味のあることである。

(19)　一九一九年以後一部のドイツの論者たちは、条約が「諸国家の自然法」と衝突するなら国際法上の効力をもたない、と主張した。その文献はフェアドロスによって批評されている。Verdross, *American Journal of International Law*, xxxi. (October 1937), pp. 571 sqq. しかしこの見解は、他のどこでもほとんど支持されなかった。一九三四年に、常設国際司法裁判所の判決に際して、ドイツ人裁判官は個人の意見として、この裁判所は「良き道義に反する内容の協約を適用することはないであろう」との見解を表明している(*Permanent Court of International Justice*, Series A/B No. 63, p. 150)。しかし、国際司法裁判所として、この裁判所は、けっして、ここに述べられたようなことを行っているとは思われない。

(20)　レンナー『私権に関する法律制度とその社会的機能』Renner, *Die Rechtsinstitute des Privatrechts und ihre soziale Funktion*, p. 55.

第十二章　国際紛争の司法的解決

法は、法的権利を支え守ることのほかに、これらの権利にかかわる紛争を解決するための機関を設ける。国家の裁判所の管轄権は強制力をもつから裁判所に召喚された者は出廷しなければならないのであり、そうしないと裁判欠席ということで敗訴する。裁判所の判決はすべての関係者に拘束力をもつ。

国際法の場合は、紛争解決のための機関が設けられてはいるが、強制力をもつ裁判管轄権はなんら認められていない。一九世紀の末にいたるまで、国際紛争に適用された司法的手続きは、特定の紛争を一人または数人の仲裁裁判官に付託する、その件だけの特別の合意という形をとっていた。その仲裁者選任の方法は、この合意によって定められ、仲裁者の決定は拘束力をもつことが前以って承認されていた。一八九九年のハーグ条約〔一八九九年の第一ハーグ平和会議で締結された国際紛争平和的処理条約〕のもとに、常設仲裁裁判所がハーグ市に設けられた。しかし、これは裁判所というものではなく、常備されている名簿であって、その中から仲裁を求める国家は、適当な仲裁者を選択することになっていた。国際連盟規約のもとに設立された常設国際司法裁判所は、実際このようなものとして設けられた法廷であった。しかも、その裁判管轄権の行使は、当事国の同意がある場合にかぎられていた。この同意が、特定の紛争についてだけの特別の合意の形で表明されるにせよ、一定の部類に入るすべての紛争をこの裁判所に付託するという当事国間の一般的合意において表明されるにせよ、当事国の同意が条件であった。このことは国際裁判所自体がその判決の一つの中で明示して「いかなる国家も、その同意なしには、他国との紛争を、仲介にも仲裁にも、また他のいかなる種類の平和的処理方法にも、委ねることを強制されない」(1)と述べている。

第一節　裁判に付しうる紛争と裁判に付しえない紛争

国内法においては、すべての紛争が理論的には裁判に付託しうる。なぜなら、争点にかかわる法規定が存在しない場合でも裁判所は、原告に、この訴えは提起できないと答えることになるからである。もっとも、原告は、この応対では満足できないであろうから政治的な行為による埋め合せを求めることになるかもしれない。しかし、このことは、彼が法的な答えを求めないということを意味するだけであって、法の側があたえるべき答えを持たないということではなく、またその答えが法的な拘束力を持たないというのでもない。ところが、国際法の場合は、すべての紛争が裁判に付託しうるわけではない。というのは、国際的な法廷は、紛争の当事国がその法廷に裁判管轄権をあたえ、その判決を拘束力のあるものとすることに合意していないかぎり裁判の権限はないわけだからである。当事国が彼らの間で裁判に付しうるものとすることに合意する種類の紛争を定めている多くの条約が現に存在する。一九一四年以前のある種の条約では、一定の限られた特殊な部類にはいる紛争が裁判に付しうると認められ、また別の条約では、裁判に付しうる紛争の定義が消極的な幾分融通のきく形をとっていた。それらでの条約当事国は、自国の「重大な利益」「独立」「国家的名誉」などに影響することのない紛争なら仲裁裁判に付託しようというのであった。裁判に付しうる紛争の定義に最も近づいているものは、連盟規約の第一三条の中にみられ、常設仲裁裁判所規程第三六条に再述されているが、そこでは、「一般ニ仲裁裁判又ハ司法的解決ニ付シ得ル事項ニ属スルモノナルコトヲ声明ス」とされた紛争の諸種類があげられていた。さいごに、一九一九年以後に結ばれた個別裁判条約、とくにロカルノにおいて協定されたもの〔ドイツは、ベルギー、フランス、ポーランド、チェコ＝スロヴァキアと個別的に仲裁裁判条約を結ぶ〕は、「当事国それぞれの権利に関する」関係諸国間の紛争と呼ばれるものを、裁判に付しうるものと認めたのであった。

連盟規約、常設国際司法裁判所規程およびロカルノ条約の仲裁裁判諸条約などの規定方式は、国際紛争の裁判についてのつぎの考え方に強い影響を与えた。国際紛争が、その事実によって裁判に付託しうるものと、その事実によって裁判に付託しえないものとに、客観的な判断基準によって分類され得るという考えである。だが、このような分類は、一個の幻想にもとづくものである。上述の諸条約の規定は、裁判に付しうる紛争について客観的な定義を何らあたえていない。それらの規定の仕方は、当事国の間で裁判に付しうると認めることに合意する一定種類の紛争を、ただ示しているだけである。連盟規約および常設国際司法裁判所規程のとっている規定の形は、実際に定義というものではなくて諸事例をあげているだけで、それも網羅的であることを意図するのではなく、また(「一般に」という条件づけが示すように)権威的に指示するものでもない。(2) ロカルノ方式は、裁判に付しうる紛争とそうでない紛争との区別を、法的権利の衝突と利益の衝突との区別と同一視することによって、前者の区別に客観的な性質をあたえようとするものである。この方式はほとんど実際的価値をもっていない。それは単に、当事国に、彼らが法の争点とみなすことで合意する紛争はすべて、裁判に付しうるものと容認させようとするだけである。いずれの当事国も、法的権利以外の何か別の根拠に立つという単純なやり方で紛争を裁判にかけないことができるのである。こうして、イギリス政府の場合、もしこのような条約に拘束されていたとすれば、政府はおそらく合衆国との戦債協定における債務不履行を、つぎのような理由で裁判に付すことを拒否したことであろう。そこでの争点は、支払を要求しうる合衆国の法的権利にあるのではないのであるから、紛争は「それぞれの権利」にかかわることではない、というわけである。ラウターパハト教授が強く述べたように、司法的解決に付すべき紛争の「適合性」の客観的基準は全く存在しないのである。「紛争を司法的解決に付すことを不適切なこととしているのは、個々の紛争の性質ではなくて、法の適用によって紛争が解決されることを国家が欲していないということにある(3)」。われわれが当面している問題は、二重である。なにゆえ諸国家は一定種類の紛争のみを司法的解決に付託しようとするのか？　なにゆえ諸国家は、裁判に付託することを望む紛争の種類を明示的に定めることに困難を感じるのか？

この問題に対する答えは、政治に対する法の必然的な関係の中に求められなければならない。紛争の司法的解決は、法の存在を前提とし、法の拘束力が認められていることを前提とする。そして、その法を制定し、それを拘束力のあるものとする合意は、政治的事実である。それゆえ、司法的手続が適用される可能性は、明示のあるいは黙示の政治的合意にもとづくことになる。国際関係において政治的合意の成立は、国家の安全と存立に影響を与えないような諸分野に限られる傾向がつよい。したがって、紛争の司法的解決が有効であるのは、主としてこれらの分野においてである。過去において、仲裁裁判あるいは他の法的手続によって解決された国際紛争の大多数は、金銭上の要求か、さもなければ住民もまばらな遠隔の諸地域での国境にかかわる紛争であった。一九一四年以前に結ばれた仲裁裁判の諸条約において、「重大な利益」「独立」あるいは「国家的名誉」などに影響のある紛争を除外したのは、ほんとうは政治的合意の得られない問題を除外したということである。政治的不合意のおそれがある場合は仲裁裁判は実現不可能と認められていたのである。やがて述べることであるが、実際にはこれと同じ留保付きの事柄が、その後の仲裁裁判や司法的解決〔仲裁裁判のほかに常設国際司法裁判所が設立されると、この裁判を司法的解決という。両者を総称して国際裁判という〕を求めての諸合意においても維持され、現行の条約や現在の法的権利の不可侵性をおびやかす紛争を、これらの協定から除外するという形が保持された。

同じ事情から考えて、裁判に付しうるとされる紛争の定義が、なぜ、普遍的ないし持続的に妥当し得ないかの理由がわかる。それは、政治的合意というものが、所により、時によって変化する要因だからである。[4] 一九一七年以前には、個人の財産権が正当な権利であること、外国人でその財産がなんらかの理由のために在住する国家の政府によって没収された場合に補償を求める国際法上の権利があることについては、世界を通じての一般的な政治的諒解があった。この諒解が存在した間は、それにもとづいた要求は、仲裁裁判によって解決されることができた。ところが、ロシアにおけるソヴィエト社会体制の確立とともに、この諒解が同国には通用しなくなった。そして、ソヴィエト政府が一九二二年のジェノア会議で初めて重要な国際的舞台に登場したとき、同政府はソヴィエトに対する財産上の要求が仲裁裁判に付託されるべきだとの見解をあらかじめはねつける用意をしていた。ソ政府が会議に提出した覚書には、「この種の紛争の裁きにおいては、特殊な諸点での意見の相違も必ず、相容れない二つの所有形態の対立問題になるであろう……そのような事情のもとでは、当事国を超えた公平な仲裁者など問題にならない」と述べられていた。これに続くハーグ会議において、イギリス代表が、「全世界にわたって、唯一公平な裁判官を求めることは不可能であろうか」と痛ましくも問いかけたとき、リトヴィノフ氏はきっぱりとこれに答えて、「一つの世界ではなく、二つの世界があるのであり、ソヴィエト世界と非ソヴィエト世界とがあるという事実に直面することが必要である(5)」と述べた。「公平」ということは、二つの相争う見解の間に何らの共通の地盤も存しないところでは無意味な概念である。司法的手続きは、一般に承認された政治的前提条件が充足されていなければ機能し得ない。

国際的仲裁に対する障害は公平な裁判官を求めることがむつかしいことにある、という上述のイギリス代表の考えは、いままでにも語られたことであった。一九〇七年のハーグ会議でアメリカ代表は、「仲裁裁判の拡張に対する大きい障碍は、文明諸国が紛争を仲裁法廷の決定に付託することをいやがっていることにあるのではない。むしろ、選任された裁判廷が公平ではないであろうという憂慮が障害となっている」と言明している。ソルズベリー卿も同じような意味で引用されるが(6)、この意見は思い違いにもとづいている。国際裁判官の心に潜在する個人的偏見が、本当の障害ではない。実際のそれは、国家的関心事を「外国人」の裁決に委ねるということに対する、よくある毛嫌いであり、それも、外国人裁判官は当事国のいずれかに片寄ることになるという信念にもとづいてのことでなく、つぎのような事実にもとづいているのである。それは、司法的にせよ政治的にせよ他国の権威によって論議されるなど全く思いもよらない政治的性質の基本的な事柄が厳存するという事実である。ソヴィエト・ロシアにとっては私的所有の廃止、イギリスにとっては封鎖の権利、合衆国にとってはモンロー主義、これらが、そのような政治的基本のよく知られている実例である。しかし、これらの基本は、別に大問題であることを必要としない。パーマーストン〔第九章第一節参照〕が、一八五〇年のドン・パシフィコの事件〔Don Pacifico はジブラルタルに住んでいたポルトガル系ユダヤ人。イギリス臣民となり、アテネに質屋をいとなむ。金銭上のことからギリシア人が彼の家を襲った。彼はギリシアの裁判所でなく、英政府に保護を要請した。パーマーストンはこれをとりあげ、軍艦をアテネに向ける。この圧力により、英大使はギリシア政府よりドン・パシフィコの損害を賠償させた〕を、またムッソリーニが一九二三年のギリシアにおけるイタリアの一将軍殺戮をもって、彼らとしては司法的解決に付託するつもりのない政治的問題としてとりあつかっているのである。[7]

しかし、共通の政治的前提条件が欠けていることに、国際共同体における司法過程の発達を妨げている今一つのより一般的な意味が存在する。国内法は、国際法に比べてはるかに充実した精密な発達をとげたが、それでも十分に整備し自立しているわけではない。法を特定の事件に適用する場合、必ず司法上の自由裁量の要素が含まれることになる。なぜなら、立法者は、その法の下に起るすべての場合について、それに関連するあらゆる事態を予見することはできないからである。パウンド教授は「司法作用の過程には、何が正しいかについての関係裁判官当人の感覚による確定に全く委ねられる多くの段階が伏在する」[8]と述べている。このことは、こう言いかえた方がはるかに正しいかもしれない。有能な裁判官は、このような場合に「当人の何が正しいかの感覚」によってよりは、彼が奉仕する共同体において一般に認められている正しさの感覚に導かれるのである、と。しかし、「何が正しいかの感覚」が、個人的なものであれ一般的なそれであれ、多くの司法的決定に不可欠な成分であることを否定する人はほとんどいないであろう。憲法の解釈について合衆国の最高裁判所を動かす政治的前提条件の重要性、さらにアメリカの歴史においてこれらの前提条件が社会状態の変化に対応してどのように変っていったかということなどは、よく知られているところである。(9)この問題は、結局のところ、共同体の諸要請に対する個人の権利の関係という基本的な問題となる。すべての国家共同体は、この問題の実際的な解決を必ず見出してきている。国際共同体はまだそこまでいっていない。海洋の自由に関する論争が示しているのは、イギリスが、国際共同体全体の要請を想定して行われる国際法廷の裁定に、大英帝国の海上権についてのいかなる解釈もゆだねるような危険をあえてしたくないということである。さらに、他のいずれの大国にも同様の留保をすることになる国としての根幹の問題がそれぞれにあったのである。個々の構成員の特殊の利益に優先する全体としての共同体の一般的な福利という考えが、国際共同体については広く認められていないことが、国際道義の存否を決する問題であることはすでに述べたが、国際紛争に司法的解決を適用する考えの展開途上にも、この問題がまた立ちふさがっているのである。

それゆえ、われわれは国際紛争の裁判に付しうる性質についての問題の中に、法が政治社会の一機能であること、法の発展がその社会の発展にかかっていること、さらに法がその社会と共有する政治的前提条件によって制約されること、などの事実に関する今一つの説明を見出すわけである。そのことから、国際法の強化ということも、司法的解決に適合するとみなされる国際紛争の数と性質の拡張ということも、いずれも政治問題であって法律問題ではない、ということがわかる。一定の問題が法的手段で取り扱われるに適合していることを、誰かに決定させる法の原理は存在しない。その決定は政治的なそれであり、その性質は国際共同体の政治的発展によってか、あるいは関係諸国間の政治的関係の発展によって確定されると考えられる。同じように、国家共同体においてその評価が定まっている法の規定とか法の制度とかを類推して国際法に導入すべきか否かを誰かに決定させる法の原理も存在しない。唯一の有効な基準は、国際共同体の政治的発展の現時点が、上述のような規定や制度の導入を正当化するような段階であるかどうかである。司法的解決の機関は、政治の秩序が整っているところでのみ有効に機能し得るのであるが、現代の国際関係では司法機構の方が政治秩序よりもはるかに前を進んでいる。そのうえ国際紛争についての司法的解決を拡張する方向へ前進することは、すでにもう完成している機関をさらに完成化するなどということによってではなく、政治的協力を進展させることによってこそ行われ得るのである。イギリス連邦の各国は従来、相互の間の紛争に関する司法的解決のために、何らかの常設的拘束的な手続を定めることを固く拒否してきたが、この事実は、国際関係において、司法的機関の完成に過度の重要性をおこうとする人たちに対する警告として役立つはずのことであった。常設国際司法裁判所規程の任意条項に署名することにより、そして連邦内の紛争はこの条項から除外されることとしたために、イギリスと自治領とが、この点において、相互の間でもっているよりもはるかに広範囲な義務を、多くの外国に対して負うことになったのは奇態なパラドックスである。

第二節　「すべてを仲裁に」の考案

しかし、二つの大戦間の時期に国際関係の考察者たちの多くは、この関係についての司法的手続きの範囲を穏当な形で漸次に拡張してゆくことをめざした計画をはるかに超えて論考を進めていた。すべての国際紛争を仲裁による強制的解決にかける方向に一気にもってゆこうとする熱意が広く一般に持たれるように進めて行ったのである。それらによる拘束力のある仲裁という企画は、一九一四年以前から多くの機会に根をおろしたのであったが、不成功に終っていた。国際連盟規約は、常設国際司法裁判所の設置を規定し、仲裁裁判もしくは司法的解決に適合する紛争をそれに付託するよう促しはしたが、拘束力のある仲裁裁判の唱導にはほとんど力をいれていなかった。すべての紛争において、その処理手順の選択は、関係国の自由裁量にまかされていたのであった。したがって、「連盟理事会の審査〔"enquiry by the Council" 連盟規約第一二条第一項〕」という政治的手順の余地がつねに残されていた。連盟規約のこの政治的な面がまさにユートピア学派による攻撃の標的となったのである。国際的な「法の支配」を確立して将来の戦争を避ける道は、諸国家があらゆる種類の国際紛争をすべて国際的な仲裁法廷に付託し厳格な法あるいは衡平と常識とにもとづいて裁定する権限によって決定されることであるとする感情が成長し広範にゆきわたった。これが、「すべてを仲裁に《オール・イン・アービトレイション》」というよく知られた標語に要約される漠然とした考えであった。「すべてを仲裁に」という要求は、ジュネーヴ議定書《プロトコール》により、また「一般条約《ゼネラル・アクト》」によって、充たされたと考えられた。もし、イギリス政府がこの「議定書」を拒否しなかったなら〔この議定書は、多数国家が調印したが批准を得ず、確立するにいたらなかった〕、あるいはまた、「一般条約〔抽象的に一般条約というのと区別して一般議定書とも呼ばれる〕」が主要国家によって留保なしに受け容れられていたなら、あらゆる国際紛争についての拘束力のある仲裁にとって十分な手続きが存在することになり、戦争の重要な原因が除去されたはずであると広く信じられていた。

しかし、ここにおいて、つぎのような思考のいちじるしい混乱、混迷の連続にわれわれは当面することになる。それはこの時期を通じて国際紛争の平和的解決の問題を覆い包み込んで問題性を不明瞭にするものであった。国際連盟規約が、常設国際司法裁判所の設置後に加えた修正によって、「仲裁裁判 arbitration」とならんで「司法的解決 judicial settlement」を設けたが、この「仲裁裁判」は各事件のために特別に定められた裁判官ないし法廷の審判を意味し、「司法的解決」は正規に構成された裁判所の審判である。そして、両者の間には、これ以外の区別がめざされていたと考える理由はない。ところが、裁判に付しうる紛争とそうでない紛争との間に客観的な差異を見出そうとする見当違いの試みが行われ、それがさらに、「司法的解決」は法文にしたがって「裁判に付しうる」紛争を解決することを意味し、「仲裁裁判」は法の明文には盛りこめない「裁判に付しえない」紛争を衡平の立場から解決することを意味するものとして、これらの裁判の間にも、紛争の間と同じまちがった区別を立てる結果に導いた。この考え方は、ジュネーヴ議定書に、その跡かたを残している。この議定書についての総会の報告によれば、「仲裁者は必ずしも法律家であることを必要としない」のであり、たとえ仲裁者が常設国際司法裁判所から法のなんらかの点について助言的意見を得たとしても、その意見は「彼ら仲裁者を法的に拘束するものではない[10]」とされている。しかし、「司法的解決」と「仲裁裁判」との区別は、前述の「一般条約」においてはじめて十分に明らかになった。その文書では、「紛争当事国が彼ら相互の権利に関して争う」紛争は、「司法的解決」を求めて常設国際司法裁判所に付託すべきこととされた。その他の紛争はすべて「仲裁裁判」を求めて仲裁法廷に付託されるべきものとされた。それに反対の合意規約が存在しない場合、仲裁法廷は、その判決の言い渡しにおいて、常設国際司法裁判所で適用されるのと同じ法規を適用すべきであるとされた。しかし、「そのような紛争に適用できる法規が存在しないかぎりで、仲裁法廷は衡平と善とにもとづいて ex aequo et bono 決定すべきである」とされている。しかし、法規にかかわるこのような指示は理解しがたいところがある。もし紛争が法的権利にかかわるものであるなら、それは仲裁法廷でなくて常設国際司法裁判所に付託されるはずであろう。もし紛争が法的権利にかかわるものでないなら、その紛争は、法規の適用によっては解決されえないはずである。国際紛争とされるもののなかに、いわば真空に起るような、およそ現在の法的権利によっても国際法上のいかなる規則によっても影響を受けないような紛争があるとするのは全くの神話である。

ところが、さらに重大な混乱がなお控えているのである。現行の法的権利にもとづいているとする要求から起される「法的」紛争と、現行の法的権利を改変しようとする要求から起る「政治的」紛争との、十分に根拠のある区別は国内問題においても国際問題においてもよく知られているはずである。ところが、その差違は、紛争の性質にかかることではない。そのちがいは、原告がその改善・救済を求めているのは、法的手続によってか政治的手順によってかという問題にかかっているのである。国家においては、前者に属する要求は裁判所によってとりあつかわれ、後者の種類の要求は政治的行為によってとりあげられる。自己の苦情・不満が裁判所によって救済され得ない個人も、立法を通じて同じ不平のための救済を求めることができよう。だが国際的には、この区別が国内的ほどにははっきり立てられない。国際裁判所は、すべての「法的」紛争を解決しうる権限があるとはされていないのであり、他方すべての「政治的」紛争を解決するための一般に認められている機関も存在しない。このような状況のなかでは、他国に対して要求を行う国家は、その要求が法的権利にもとづいているのか、それともこれらの法的権利を改変しようという要請になることなのか、それを明らかにすべき義務はないのであり、また必ずしも実際にそれを明らかにしている事実もない。しかし、その区別は、実際上は時に不明瞭ではあるが、たしかに実在するのである。国内的にせよ、国際的にせよ、「政治的」紛争は、一般的に言えば、「法的」紛争よりは重大であり、かつ、より危険でもある。革命と戦争とは、現行の法的権利にかかわる紛争からよりも法的権利を変革しようという要望から起きる可能性が多大である。賢明な政治家や賢慮の政治研究者は、政治的紛争に多大の注意をむけることになろう。

それゆえ、ジュネーヴ議定書が「生起するあらゆる紛争の平和的解決のための組織」[11]を構成するとされ、一般条約が「いかなる性質のものであれ、すべての国際紛争を解決する包括的な方法」[12]を提示すると公式に表明された時、その条項は、政治的紛争すなわち現行の法的権利を改変しようという要求から起る紛争を裁判によって解決するためにつくられたのだと、多くの人びとによって結論づけられたとしてももっともなことであり、実際にそう受けとられたのが事実であった。しかし、より仔細に観察するなら、この結論を正しいとするわけにはゆかなかったはずである。ジュネーヴ議定書に関する連盟総会の議事録中の目立たない一節に、「実力で条約や国際的決定を改変することをめざす紛争、条約署名国の現在の領土の保全をおびやかす紛争」には、この法的手続を適用できないことが説明されていたのである。事実、その報告者はつぎのように付加している、「これらのケースが拘束力のある仲裁にかけられないことは、きわめて明白なので、そのようなケースを特定条項の対象とすることは全く必要のないことである」と。一般条約の方はこれほど率直ではない。それは、当事国「それぞれの権利」に関する争いではない紛争に対して拘束力のある仲裁を強行しようとするものである。それは、上述のような紛争を衡平と善とにもとづいて裁定する権限を仲裁法廷にあたえようとするのである。しかしこの権限付与は、「その紛争に適用される(法的)規則が存在しないかぎりで」のみ適用される。そして、この制限は、ジュネーヴ議定書に関する報告における留保と同じ効果をもつものである。政治的紛争の核心をなすのは、関係法規が適用できることは認められるもののこれを適用すべきでないという要求なのである。その国家の現在の国境とか主権に対する現行条約上の制約とか財政的協約による現在の義務が、耐えがたいものであるという主張から紛争が起る場合、この紛争を仲裁法廷に付託しても無益である。この法廷は、「紛争に適用できる(法的)規則」を適用することを第一の義務とするからである。法的権利は実在しているのであり、それが争われているのではない。その法的権利を変革しようとする要求から、この場合の紛争は起きているのである。政治的紛争は、法規を適用する裁判所によって法の枠内で解決されるはずはないのである。ジュネーヴ議定書と一般条約とは、あらゆる国際紛争の平和的解決をもたらすことを意図するものであるが、事実は、国際紛争中の最も重要で危険な部類のものを置き去りにしているのである。

ジュネーヴ議定書および一般条約の虚構よりも包括的であった「すべてを仲裁に」の諸考案は、ついに公の場に持ち出されず検討されることもなかった。諸国家の政府のなかには、現在の政治的秩序を脅やかすことのない紛争のための仲裁は受け入れる用意のあった国もあった。——これは、より以前の仲裁裁判諸条約にいわれた重大な利益・独立・国家の名誉という制限とあまりかわらない限定をとる仲裁だからである。しかし、いかなる政府も、その法的権利を改変する権力を国際的法廷に委ねることは好まなかった。ところが、理論家のなかには、実際政治家以上に、この難題を軽くいなして、現在の権利に手を入れるだけでなく、新しい権利をつくり出すことをも、いわゆる仲裁裁判に委ねるつもりになっていた人たちもいた。〈The New Commonwealth Society〉と称するイギリスのある組織は、「条約の改正にかかわりをもつ紛争を含む政治的紛争を、衡平と良識とにもとづいて決定」する仲裁裁判を設ける考案を練りあげ、衡平裁判による「諸国家間の事態にかかわる立法の間接的な方法」を確立しようとした。[14] このような案件は、国際的な「利益の衝突は国際的な法的組織の不完全さに……もとづく」[15]というラウターパハト教授の信念から必然的に出てくるものである。国際的な利益の衝突の解決は、将来、諸国家の権利を解釈する司法的機能のみならず、それらの権利を改変する立法的機能をもいとなみ、世界統治の最高機関の地位に立つことになる裁判所によって行われるはずである。そうなれば、いま一人の高名な国際法学者の抱く「国際正義の行われることにその重心をおく国際法共同体」[16]の夢が実現されることになろう。

これらの理論は、一つの重要な優れた価値を含んでいる。それらは、ジュネーヴ議定書および一般条約に含まれていた誤謬——現行の権利の是認・解釈および執行を基盤とする国際法秩序が国際紛争の平和的解決のための適切な条件であるとすることの誤謬——を認識している。しかし、これらの理論も、この誤謬はかわしながら、なお一層大きい誤謬に陥っているのである。法秩序という条件が現行の権利を改変するために整備されなければならないということを認めながら、これらの理論は、この条件の本質的に政治的な機能を強いて法的な鋳型に押し込み、この機能のはたらきを法廷に委ねるとするのである。すべての法体系が立っている政治的基盤を認めることに背を向けて、これらの理論は、政治を法に解消するのである。この言わば司法的とも言える薄明の中で、裁判官が立法者となり、政治問題が衡平と常識とにもとづいて公平な法廷とされるものによって解決され、法と政治との区別は消滅してゆくことになる。

国際問題がきわめてむつかしいのは、もちろん、思い切って雄大な救済法の処方箋をつくる責任があるためである。しかし、問題がむつかしいのが事実だからといって、きわめて高度に組織化された国家共同体においても実行の可能性も達成の望みも考えられないような解決策を提示することで事がすむわけではない。あらゆる種類の国際紛争についての拘束力をもつ仲裁が、ラウターパハト教授によれば、「平和の維持のための正常な機関に不可欠のもの」[17]である。ところが、法的権利にもとづかない主張についての拘束力のある仲裁裁判というのは、文明諸国ではほとんど行われていないのであり、国内平和の最長記録を享受している諸国家においてとりわけそうである。国内政治における「利益の衝突」を、その国の法的機構の不完全さのせいにしたり、徴兵制の必要とか資力調査の廃止とか労働組合の法的地位とか鉱山の国有化などに関する紛争について、衡平と常識とにもとづく公平な裁定を求め国家の仲裁法廷に付託することなど、われわれとしては考えられないことである。国際問題がむつかしいというのは、われわれが、衡平と常識との原理が深くしみ込んだ一団の公正な人たちを見出し得なかったことをいうのではなくて、公正、衡平および常識が、国際問題の決定に必要とされる主要な性質ではないのであり、ともかく唯一の性質ではないということにある。国際問題は政治的争点の問題であって、民主主義国家におけるように多数決投票の形をとるにせよ、権威主義国家におけるように独裁者ないし一政党の意志という形をとるにせよ、力が侵入するのをゆるす手順によって解決される性質の問題である。民主主義国家においても、権威主義国家においても、このような問題が「公平な」法廷などというものによって決定されることはないのである。

第三節 「政治的」紛争に司法的手続をとる見当違い

つぎに、なぜ法的問題と政治的問題とのこの区別を堅持してゆくことが必要であるのか。法的問題は現行の法的権利にもとづいて司法的手続によって解決するのをよしとする問題であり、政治的問題は現行の法的権利を改変する要求にかかわっているために政治的手順によるしか解決しえない問題である。この区別を保持することが、理論的には明確に思考するために、実際的には良い統治のために必要であるのはなぜか。

第一の答は、こうである。司法的手続は、力の要因を排することで政治的手順とは根本的にちがっている。紛争が裁判所に付託される場合、その前提は、当事者間の力の差違は全くかかわりがないということである。法は、法的権利の差違以外に差違を認めない。他方、政治においては、これとは反対の前提がとられる。政治では、力があらゆる紛争における核心の要因である。イギリスの農業者とイギリスの工業者との間の利益衝突の解決は、ともかくある点では、彼らそれぞれの投票力の強さと彼らが政府をひき寄せうるそれぞれの「引力」とにかかることである。合衆国とニカラグアとの利益衝突の解決は、大部分が(というのは、他の諸要因に対する力の割合は国内政治の場合よりも国際政治において高いからである)、両国の相対的な力の強さにかかっている。

利益の衝突を処理しうるのは、力の要因を考慮にいれる機関によってのみである。もしこの政治的機能が、司法裁判所の構成と手続とに全く類似の構成と手続とをとる裁決機関に委ねられるなら、何の得るところもなく、法本来の機能そのものの価値を低め信頼を失わせることになる。バーナード・ショウ氏が批判したように、裁判官の機能と立法者のそれとは「相互に排他的」であって、前者はあらゆる利害関係を無視しなければならないのであり、後者はあらゆる利害関係を考慮にいれなければならないのである。(18)

第二の答もひとしく基本的なことである。裁判所の厳格な司法手続さえも政治的基本前提を必ず受け継ぎ背負っている。これは、特定のケースへの法の適用がつねに司法的自由裁量の要素を含むことを免れないことからも、また、その自由裁量ということが全く気ままなそれであってはならないとするなら、これらの政治的基本前提から裁量上のひらめきを受けることにならなければならないことからも、われわれがよく承知していることである。裁判が、法的権利の問題についてではなくて、法的権利は考慮の外に置き衡平ないし常識にもとづいての要求に対して決定を求められる場合、政治的前提であるものを明確にする必要は一段と明らかになる。そのような場合、司法的な自由裁量は、法によって曖昧なままにされている諸点についてのみ行われるのでなく無限の領野にわたることになる。そして、この場合の裁決は、それらが個人の意見の単なる表明であるべきでないなら、全体としての共同体あるいはその共同体を代表する人たちに共有されて十分に確立している考えに基礎づけられていなければならない。国家共同体においてはこのような考え方が存在することが、時に、政治的問題においてさえ仲裁を活用することを可能としているのである。そして、同じ可能性が国際的分野において全く起らないとは言えないのである。しかし一般的に言って、国際社会に、その広大な全範囲にわたって共通の見解が持たれることはまずないということが、衡平と善とにもとづく国際的仲裁にとっての基本的な障害である。エジプトにおけるイギリスの利権、パナマの運河地帯における合衆国の利権、ダンチヒの将来、あるいは、ブルガリアの国境周辺などにかかわる紛争を、法にもとづいてではなく、衡平と常識とにもとづく裁定を求めて国際仲裁裁判に付託するということは、今のところ実行の不可能なことであろう。それは、これらの問題の解決が力の問題を含んでいるからというだけではなくて、さらに、衡平と常識とが、これらの問題に関していったい何を意味するのかについて、きわめて漠然とした形にせよ政治的合意らしいものは存在しないからである。国際仲裁裁判が、厳密な法にもとづいてではなく、別の根拠に立って当事国間の争点を裁定する権限を、これら当事国によってあたえられたことは稀にあったが、その場合にもその仲裁裁判は、そのような根拠にしたがって裁量を行うことをこの上なくしぶったのである。それは、ラウターパハト教授が推測するように、「法は、正義とか衡平などというルーズな概念よりは公正である」[19]からというのではなく、およそ責任のある裁判としてなんらかの重大な問題にあたり、国際関係において何が「衡平である」のか、何が「公正である」のかについて権威のある表明を行うことを自らはあえてしたくないからである。国際仲裁裁判は、それが国際法と法的権利という比較的確かな地盤をひとたび離れると、衡平とか常識とか共同体の福利などという折り合いのつく概念の中に拠点を見出すということができないのである。ジンマーン教授が言うように、国際仲裁裁判は、「空間に叫ぶカツラとガウンとの勢揃い」[20]にとどまるのである。

しかし、難問は依然としてのこる。政治的争点は、国内のそれも国際的なそれも法的権利の争点よりはるかに厄介である。現行の権利の定期的な修正あるいはむしろ不断の修正は、組織化された社会に最も必要なことの一つである。そして、戦争以外の手段で、国際社会に改変をもたらすことは、現下の国際政治の最も重大な問題である。その第一歩として、仲裁裁判および司法的手続という袋小路から抜け出なければならないのであって、この行きづまりにあっては、国際政治の問題について何らの解決もみつかるはずはないのである。この第一歩をふみ切れば、われわれは解放されて、他のおそらくはもっと期待のもてるアヴェニューを通って問題の解決に近づくことができる。

(1)　「常設国際司法裁判所」Series 2, No. 5, p. 27.

(2)　「条約の解釈に関する」紛争は、司法的解決に付託するを「一般に適当とする」と連盟規約によって認められた紛争の第一の部類に属する〔規約第一三条第二項によれば「一般ニ仲裁裁判又ハ司法的解決ニ付シ得ル事項ニ属スルモノナルコトヲ声明ス」〕。この条項の起草者たちが、規約の解釈に関する紛争を常設国際司法裁判所に付託すべきとする項目を規約に入れる提案をうけつけなかったのは、注目すべきことである(ミラー『連盟規約の草案』Miller, *The Drafting of the Covenant*, ii. pp. 349, 516)。具体的な場合における態度は、抽象的な規則の空虚な例示よりはしばしば重要な意味をもっている。

(3)　ラウターパハト『国際社会における法の機能』Lauterpacht, *The Function of Law in the International Community*, p. 369 and *passim*. ラウターパハト教授が、国際紛争の裁判付託性を制限する要因として諸国家が不本意とする態度を指摘するまでの分析をすすめたのはすぐれた論究であったが、そこまでで十分として、この「不本意とする態度」を、まさにユートピアン流に、国家の頑迷さとか国際法学者の注目するに値しないことなどとしているのは残念である。

(4) イギリス政府は仲裁裁判についての一九二八年の覚書の中で(*League of Nations : Official Journal*, pp. 694-704)、一般的な仲裁諸条約をつぎのような理由で批評した。どの国の場合においても、「ある国家に対しては進んで受諾するような義務を、別の国家に対しては、あえて受諾することがないこともある」と。

(5) タラクーチオ『ソヴィエト同盟と国際法』Taracouzio, *The Soviet Union and International Law*, p. 296 における引用。

(6) 「ハーグ平和会議議事録」(Engl. transl., Carnegie Endowment), *Conference of 1907*, ii. p. 316.

(7) 後者に関して、ギルバート・マレイ教授は、国際連盟総会において南アフリカを代表して、つぎのように遺憾の意を表明した。司法的問題(すなわちイタリアに対する補償)が政治的機関の前に持ち出されていたのであり、政治的理由にもとづいて決定された、と(*League of Nations : Fourth Assembly*, pp. 139 *sqq.*)――これは一定の争点が、ただその事実だけで司法問題であるとする誤りで、ラウターパハト教授によって鋭く摘発された誤謬のきわめてよい事例である。

(8) ロスコ・パウンド『法と道徳』Roscoe Pound, *Law and Morals* (2nd ed.), p. 62.

(9) ラスキ教授は数年前につぎのように論じている、「合衆国にいる外国人は、最高裁判所の空席への推挙指名をめぐっていかに熱烈な運動が展開されているかをみてこの上なく深い驚きを感じざるを得ない」と(デュギー『近代国家における法』の英訳への序文 Duguit, *Law in the Modern State*, xxiii)。このいぶかりは、最高裁判所の政治的性格がよりよく理解されてきたことから、うすらいでいった。

(10) *League of Nations : Fifth Assembly*, First Committee, p. 486.

（11）同上、四九七頁。
（12）「一般条約に関する覚書」*Memorandum on the General Act*, Cmd. 3803, p. 4.
（13）*League of Nations : Fifth Assembly*, p. 194.
（14）デイヴィス卿『実力』Lord Davies, *Force*, pp. 73, 81.
（15）ラウターパハト『国際社会における法の機能』二五〇頁。
（16）ケルゼン『法的手続と国際秩序』Kelsen, *The Legal Process and International Order*, p. 30.
（17）ラウターパハト『国際社会における法の機能』四三八頁。
（18）ショウ『ジョン・ブルの他の島』G. B. Shaw, *John Bull's Other Island*, Preface.
（19）ラウターパハト『国際社会における法の機能』二五二頁。
（20）ジンマーン『国際連盟と法の支配』Zimmern, *The League of Nations and the Rule of Law*, p. 125. この言葉は、タフトの国際仲裁裁判所に対して言われたものである。それは、より適切に〈New Commonwealth Society〉の唱道する衡平裁判所にあてはまる。

第十三章　平和的変革

政治的変革が必要なことは、どの時代のどのような見解の思索者にとっても別に異とするほどのことではない。「変革を行う手段をもたない国家は、その存在を保持する手段をももたないということである」とは、バークのよく知られている言葉である。[1] 一八五三年、マルクスは東方問題〔バルカン半島における民族問題〕に関して、つぎのように鋭く論じている。「無力という事実が……現状の維持というただ一つの命題に姿をあらわす。偶然からと環境のせいとで生れた事態が根強く維持されなければならないとする現在の一般的な確信は、いわば破産の証明ともいうものであり、指導的諸国家が進歩と文明との原因を促進する力を全く持たないことを告白していることにほかならない」[2]と。また、ギルバート・マレイ教授は、ちがった形で同じ点をついている。「戦争は、単なる不正とか愚かさから起きるとはかぎらない。それは、ただの成長と運動とから生じることが時にはある。人類が立ち止まるということは、まずないのである」[3]と。

この見解から、つぎのようなことが考えられよう。「侵略」戦争と「防衛」戦争という道義的な区別を立てようとするのは間違っているということである。もし、変革が必要で望ましいなら、現状を維持するための実力の行使や行使の脅しは、道義的には、現状を改変するための実力の行使や行使の脅しよりも、とがめられることになろう。一七七六年に実力をもって現状を攻撃したアメリカ植民者たちの行為とか、一九一六年から一九二〇年へかけて実力をもって現状を攻撃したアイルランド人の行為が、実力によって現状を防いだイギリス人の行為よりも、道義的に劣るなどと信じるものは現在ほとんどいない。道義的判断の基準というのは、戦争の「侵略的」性質とか「防衛的」性質にあるのではなくて、一方では求められ他方では抵抗されている変革の特質にもとめられなければならない。「反逆がなかったなら、人類は沈滞したであろうし、不正は癒しがたいものとなったであろう[4]」。真剣に思考する人で、革命を起こすことはつねに無条件に悪いことだと主張するものは少ない。しかし、戦争も革命もそれ自体は望ましくないことに、すべての人は同意するであろう。「平和的変革」の問題は、国内政治にあっては、必要で望ましい変革を革命によらないでいかにして成しとげるかということであり、国際政治においては、そのような変革を戦争によらないでいかに実現するか、ということである。

変革に対するいわば有効需要はいずれも、他のあらゆる有効な政治的実力と同様に、力と道義とから合成されているのである。そこで、平和的変革の目標は、単に力の見地からだけでも、また道義の観点からのみでも示すことはできない。したがって、およそ変革のめざすのは何かと設問して、変革は「正当な」不満を癒すことによって「正義」を確立することにあるとか、変革をしなければ革命か戦争を起こすと思われる実力の要求を満たすことによって「平和」を維持することにあるとか、そのいずれであるべきかなどを問題にするのは、学究的課題としてなら別であるが、むしろ無益なことである。ただ、上述のような二つの目標は合致するものであるとか、両者いずれかの犠牲が要求されることはないなどと考えることも危険である。国内的にせよ国際的にせよ政治的変革の問題の解決はすべて、道義と力との妥協ないし折衷を基盤としなければならないことである。

第一節　政治的変革における力の役割

政治的変革に不可欠な役割を力が果していることは、よほど皮相的な観察者でないかぎり看過されないであろう。歴史上の「修正主義者」の陣営としては、フランスにおけるドレフュス派ほど、道義的考慮の上に確固として立っていたものは少ない。しかし、ドレフュスの判決に対する抗議も、それが有力な政治的組織によってとりあげられ、彼らが政治上の反対派に対する武器としてそれを用いなかったなら、けっして効果をあげることはなかったであろう。アルバニアとニカラグアの不満も、それらの道義的根拠はともかくとして、いずれかの大国が利害関係から後楯とならないかぎり、けっして効果をおさめることはないであろう。

過去百年間における社会立法の発達を、労働階級の正当な不満がしだいに現実化してきた事実によることとするのはまちがいでない。しかし、そのような結果も、ストライキや革命という形での実力をつねに行使するか行使すると迫ることがなかったなら、達成されなかったであろう。ジョン・ストレイチー氏はつぎのように論じている、「たしかに政府は、実力にはけっして屈しないとわれわれにつねづね言っている。しかし歴史がわれわれに語っているのは、政府が実力以外にはけっして屈することがないということである(5)」と。一八四九年にダニエル・ウェブスター〔Daniel Webster 1782-1852 アメリカの政治家。国務長官、上院議員、大統領候補ともなる。連邦主義者。当時南部十一州の連邦からの離脱の企てがあった〕は叫んだ、「平和的離脱！　卿よ、貴下の目も余の目も、そんな奇蹟を見る運命にはけっしてないのだ(6)」と。ヒットラーは『わが闘争』の有名な一節でいう、「失われた領土の奪回は、厳かに神へ祈願することによっても国際連盟につつましく期待してもだめであって、武力を通してこそ達せられることである(7)」と。自由主義がなおまだ一つの政治的な力であった時代に、グラッドストーンは、「政治的危機において、この国の人びとに対して、暴力を憎み秩序を愛する心を忘れないで、忍耐につとめることを説く以外に、何の配慮も向けられなかったとすれば、この国の自由はけっして得られなかったであろう(8)」と論じたが、ヒットラーはこのグラッドストーンの言葉に敬意を表してそれを典拠としたのかもしれない。およそ支配階層はみずから進んでその地位を放棄することはしない、と言われている。国際連盟規約第一九条〔連盟総会ハ適用不能トナリタル条約ノ再審議又ハ継続ノ結果世界ノ平和ヲ危殆ナラシムベキ国際状態ノ審議ヲ随時連盟国ニ慫慂スルコトヲ得――第一〇条の現状維持の立場さらには条約不可侵性の原則に対する救済の道を開く意味をもつとされる。セシル卿の発案〕は、国際的な不満が世界の世論を代表する団体から全員一致で提示される「慫慂 advice」――第一九条の用語――の力で正当とされて、自発的に改善されてゆくであろうという誤った考えの痛ましさをとどめている孤影である。

しかし、政治的変革の基本問題――力と道義との折衷――は、国内政治においてと国際政治においてとで基本は同じであるが、変革の手筈は国際共同体が組織化されていない性質のために複雑な問題となる。国内分野での変革の手続から類推して国際分野のそれにあてはめることは注意しなければならない。すでに述べたように、根源的に政治的問題であるものを解決するのに、司法的手続によることは国内的にも国際的にもだめである。だが、立法の類推はまだしも希望があるように一応は思われる。立法過程は、司法過程とはちがって、およそ政治的変革に内在している力の役割を認めている（立法の権能は、その意志を共同体全体に課す国家最高の権力だからである）。そして立法は、ドイツの一論者がこれを「法的革命」[9]と呼んでいるのだが、国家における政治的変革をもたらす最も明白な正規の方法である。ラウターパハト教授は「国際法ないし国際社会の有効な制度としての平和的変革とは、どのようなことか」と設問し、つぎのように答えている、「それは、権限をもつ国際機関が定めた法の形をとる変革を認めるという法的義務を、諸国家が受け入れることである」[10]と。

国際法が慣行に依拠すること、そして国際立法ないし国際立法機関というものが現在の時点では存在しないことについては、すでに述べた。連盟規約第一九条の文面は、一九一九年当時において主要国家が「権限をもつ国際機関が定めた法の形をとる変革を認めるという法的義務を受け入れる」ことから、いかにかけはなれていたかを示すものであった。このことは、他の方法でやってもうまくゆくはずのものではない。立法過程が、司法過程と同様に、政治秩序の存在を前提とすることは考えればわかることである。議会、国家委員会、独裁者個人のいずれにせよ、その命令が共同体の成員全体を拘束する法をつくりだす最高機関として確立されるのは、およそ政治社会の根底に実在している同意と強制との組み合せによってはじめて可能となることである。そのような条件が、国際共同体においては充足されていないのである。国際連盟の総会は、その決議が全員一致を必要とするのであり、国際的協定を結ぶ権限をあたえられた会議ではあったが、国際的立法を可決する立法機関ではなかった。イーデン氏が総会のある会期中にそっけなく言ったように、「総会に、関係当事国の希望に反した変革を課すだけの力をあたえることなど……明らかに実現不可能なことであろう」[11]。難点は、国際的立法のための機関が欠けていることにあるのではない。諸国家それぞれに特に同意を得ることなく拘束力をもつ指令を発しうる立法的権威が確立されるには、十分に統合された国際政治秩序が条件となるが、それが存在しないことが難点である。もし、ラウターパハト教授の、平和的変革と国際的立法との同一視をわれわれが受け入れるなら、彼の言葉でつぎのように結論するしかないだろう、「平和的変革の国際的体制は……それが全人類を包括する政治的組織化の一環をなすのでなければ、非現実的なものとなるおそれがある[12]」

と。国際的立法の条件は、世界が超＝国家的存在性をおびることである。

しかし、平和的変革のなんらかの国際的体制が超国家的存在の到来をまたなければならないというようながっかりさせる結論を、われわれは納得しなければならないのだろうか。立法の類推は、単に人を落胆させるだけにとどまらず、人を誤らせるものであることがわかるであろう。国家内における改革手段としての立法の与える恩典が、現在ほとんど普遍的に信じられているのは、主として過去五十年をかけて育てられてきたことである。一九世紀の末まで多くの知識人は、国家を必要悪とみなし、立法を本当に必要な場合をのぞいては頼ってならない遺憾な方策とした(13)。国家共同体の内では「社会」と「国家」との一九世紀的思想に一般的な区別が、現代国家の社会的機能の発達につれて、その意義をほとんど失っている。しかし、国際分野でわれわれは、対応する「国家」をもたない「社会」に当面している。したがって、われわれは、立法など明白な形での国家を間に入れずに、社会の仕組みのなかで平和裡に実現できる変革についての考え――このような変革の考えはおそらくわれわれの時代以外のいかなる時代にも逆説的とは思われなかったであろうが、この考え方に、なにか助けを求めることができるかもしれない。今日も、立法の役割を誇張することはよくあることである。しかしやはり、社会の仕組みのなかで、そしてその社会内部の諸勢力の均衡において、たいていの変革が立法行為によらないで実現されていることは今も真実であろう(たしかに百年前にそれが真実であったように)。国際的な立法機関が存在しないことから、平和的変革のいかなる国際的手順もあり得ないとする結論に走ることは、悲観的にすぎるというものであろう。

それゆえ、変革の問題を国際社会の場合に深刻なものにしている手に負えない関係について、それに最も近似した類例を国家共同体の中に求めるなら、その衝突が立法手続では過去に解決されたことがなく、今なおそうである団体間の関係に見出されるであろう。これらの団体のうち、本論の目的にとって、最も重要で最も有益なのは、資本と労働とをそれぞれ代表する団体である。ここに、われわれは、「持つもの」と「持たないもの」、「満たされているもの」と「満たされていないもの」との間と同じ衝突を再び見るのである。同じことは一方の側あるいは双方の側に、紛争を解決するために「すべてを仲裁に」の原理を受け入れることをしぶる態度とか、立法手続が適用できないことあるいは適切でないことについての認識とか、満たされている団体による「法と秩序と」に対する訴えとか、さらには不満足団体がその要求を通すために暴力を行使ないし行使すると脅すことなど、すべて同じ姿勢・行動がみられる。しばしば言われることであるが、諸国家が自国の事件に裁判官となることを主張するかぎり平和的変革の国際的手続が存在するはずはないのである。ここにあげた資本と労働との場合には、双方が自らにかかわる事件の裁判官であることを共に主張しているような紛争でありながら、ここでは、平和的変革の秩序ある手順に向って少なくともいくぶんかの前進がみられる種類の紛争である。

実力は、つねに資本と労働との関係において決定的な要因であった。産業革命の当初にあっては、労働者の側に起こった組織化による自助・自救の試みはことごとく弾圧された。この有無を言わせない抑圧は、イギリスでは一八二五年における団結法〔Combination Act イギリスにおいて、労働組合運動をすべて犯罪として取扱った一七九九年の Unlawful Combination of Workmen Act が一八〇〇年に改訂されたが団結行為は普通法のもとにおける陰謀とされた〕の廃止によって終りを告げるが、ロシアでは一九〇五年まで続いている。これら二つの年代の期間に、すべての重要工業国の労働者たちは、組織的ストライキという武器を用いる権利の確認をとりつけた。ストライキは、使用者から労働者への譲歩を引き出す有効な手段であることを示しただけでなく、実力の主要な武器――革命の、それと分かるシンボルとなるにいたった(14)。近時、実力の要素は、使用者と労働者との間の関係から再び除かれるにいたったが、これはソヴィエト・ロシア(15)、イタリア、ドイツなどの権威主義政治によることであって、ストライキを禁止する立法と、その禁止を強行する強力で仮借のない執行力とを通じて行われている。民主主義国家は、時に応じてストライキを禁止する態度をとったが、そこでの禁止は労働者によっていつも抵抗され、長い期間にわたって強行されたことはほとんどなかった(16)。理論的には、実力は同じように、強力で権威のある超＝国家的存在によって国際紛争の解決からは排除されるかもしれない。しかし、このような結果は、望ましいものであるとないとにかかわらず、実際の場合に考慮される事柄ではない。したがって、われわれは国際的な局面にとって、よりよい類推を求めて、資本と労働との関係が国家権力の圧力によって左右されていない国家とか時代について考察することになる。一九世紀のおわりと二〇世紀のはじめのころには、たいていの国家で「持たない人たち」は、一連のストライキと交渉とをつづけることによって、彼らの地位を着実に向上させたのであり、「持てるもの」はあるいは正義感により、あるいは拒否した場合の革命を危惧して、問題を実力のテストにかけるよりは、むしろ譲歩の方をとったのであった。このような過程は、実際には双方の側に、紛争を種々な形の調停や仲裁に付託することを進んで行う気風をおこさせ、結局は「平和的変革」の正規の体制というようなものをつくり出すことになった。多くの国において、このような体制は、多年の間に際立った成果をあげることになったが、ストライキという武器に頼る最後の権利は捨てられていない。もし、これを国際関係に類推することができるなら、われわれはつぎのような希望をもつことができよう。ひとたび、不満足国家が、平和的交渉(もちろん最初は実力で脅して進められるが)によって不満を和らげることができると悟ったとき、「平和的変革」の一定の手順がしだいに確立されていって、不満足国家の信頼を得るにいたるであろう。そして、そのような体制が承認されるとなると、調停は当然のことと考えられるようになり、実力による脅しは形式的には捨てられないとしても一歩一歩後退してゆくはずという希望がもたれる。この類推が事実に当てはまるかどうか、それとも、この希望が全くユートピア的であるのかどうか、それは、経験に照らすしかなく直ちには解決されえない問題である。しかし、この類推は平和的変革についての、不完全ではあれなんらかの国際的手順を設立する見通しを少なくともあたえる唯一の進路であると考えられ、このことはある程度の確信をもって述べておくことができよう。

しかし、このような手順の内に含まれている意味が、明確に認識されなければならない。革命や戦争にいたるおそれがあるほどの大きい社会的ないし政治的変革の問題で、当事者の一方の利益を害さずに、あるいは表面上害するかにみえることもなく解決され得るものはほとんどない。変革の犠牲となる当事国は自国に黙従を強いる抑圧手段が存在しなくても従うことになろうというのが、不運をたどる連盟規約第一九条の描いた奇妙な幻想の一つであった。この幻想は捨て去られることになろう。そこに考えられるような自己犠牲は、実際にはほとんど期待できなかったのである。政治家、労働組合指導者、会社支配人などは、その利益を代表している人たちとの関係では受託者である。そして、それらの人たちを犠牲にしてなされた大幅の譲歩を正当化するため、彼は一般に、自己が不可抗力に屈したと弁明する立場をとらざるを得ない。変革が立法によって実現されるとき、その強制は国家の強制である。しかし、変革が交渉の手順をとって実行される場合、そこでの不可抗力は強者の側のそれでしかあり得ない。罷業者の要求に譲歩する使用者は、抗することができないことを言い訳にする。うまくゆかないストライキを中止することになる労働組合指導者は、組合の力が弱すぎて継続できないということを口実とする。それゆえ「実力の脅威に譲る」ことは、時に非難の言葉として用いられるが、この過程の普通の一段階である。

対比は、あまり先までおし進めるべきものではない。実力の果している役割は、最も先進の民主国家においてさえ、実際には、たいていの心情的な民主主義者が認めるのを気にする程度をこえて絶え間なく人目をひく形で行われている。イギリスほどの秩序ある国家においても、今世紀中、アルスター人〔Ulster はアイルランド北部の州。宗教、政治問題で紛争を起す〕、アイルランド民族主義者、婦人参政権論者、共産主義者、ファシスト、さらに組織労働者らによって政治的目的を達成するために実力が行使されたり脅迫に用いられた。しかし、この国家の内部においては、あまりに性急な実力に訴える行為に対しては抑制のはたらきがあった。第一に、立法的過程が存在することであって、これは変革に代る方法を提供する。投票箱に対する信頼は、多くの国家の労働者が革命的な政策に走るのを思い止まらせている。第二に、この国家は、紛争の争点に関して当事者の間に立って公平に均衡をはかる姿勢をとる(それはしばしば不完全な観を呈しはするが)。これらの抑制のために、民主国家においては、あらゆる階層の人たちの心に、実力のあらわな行使や脅威に対してある種の道義的不信を持たせて、実力以外の手段によって変革をもたらす試みがなされるのを待つことになるのである。

国際政治においては、このような抑制は二つとも存在しない。それゆえ、実力を行使ないし脅威に用いることが、重要な政治的変革をもたらす普通の一般に認められる方法となるのである。そして、それは、変革によってその利益が損なわれる「保守的」諸国からは、道義的に非難すべき行為とみなされるのである。一九世紀における「平和的変革」の最も広範な手術は、ベルリン会議によって行われたものであったが、それはサン・ステファノにおいてロシアがトルコに課した条約を修正したのであった。しかし、この修正も、イギリスおよびオーストリア＝ハンガリーがロシアに対して宣戦の布告を暗示することで脅かしてはじめて行われたことであった。[17] 一九二三年のローザンヌ条約は、一九二〇年におけるセヴールで結ばれたトルコとの条約の改訂であるが、それは実力の行使ないしは行使の脅しによって強行されたものであった。それは、ロイド・ジョージによって、「みじめで卑屈な恥ずべき降伏」であるとして非難された。そして、この意見は当時広く支持されたのであった。[18] 一九三八年九月のミュンヘン協定により行われたチェコ＝スロヴァキア国境の改訂は、これもまた、実力行使の脅しによって生れたものであった。この場合、力に代るいかなる方法も役に立たなかったというベネシュ氏の明確な証言がある。かれはその五年前〔一九三八年当時から数えて〕につぎのように公式に表明した、「いかなる国家も、その国境を改訂することをなにびとからも強制されることはあり得ない。チェコ＝スロヴァキアの場合、そのようなことをあえて試みるものは、軍隊を動員しなければならないだろう」[19] と。今一つ興味ある実例を加えよう。一九二〇年に、ポーランドがヴィルナを併合したとき、リトアニアは国境を閉ざし、ポーランドとのあらゆる交通を遮断した。この隔離がリトアニアになんらかの利益をあたえたかは疑問である。しかし、リトアニアの政治家としては、その時の彼らが不可抗力を抗弁とする状況になかったとするなら、つぎに国境を再開して自国の面目を失わせることについて弁明できなかったにちがいない。一九三八年の三月に、ポーランドは軍隊を動員し、リトアニアに最後通牒をつきつけた。国境は、直ちに再び開かれ、そして通常の関係になった。平和的変革の手術は一般に有益であると認められたものの、それは戦争の脅威のもとにでなければ成果をあげ得なかったのである。普通には暗々裡にせよ公然とにせよ、戦争の脅威は、国際的分野における重大な政治的変革の必要条件と思われるのである。[20]

この原理は、実際的には多くの場合に実現されているだけでなく、国際連盟規約の起草者および解説者らからも理論的に広く是認されている。国際連盟という機構は、戦争の危険があることによって機能するという仕組みになっていた。第一一条は、「戦争又ハ戦争ノ脅威」にかかわり、「国際ノ平和ヲ攪乱セムトスル虞アル……一切ノ事態」にかかわる規定であった。そして、第一九条は、「適用不能トナリタル条約」(けっして満足には説明されたことがない言葉づかい)と「継続ノ結果世界ノ平和ヲ危殆ナラシムベキ国際状態」とに対処するものである。そのうえ、平和的変革を促進する上に最も効力のある条項であり、この目的のため[21]にかつて持ち出された唯一の条項は、第一九条ではなくして、第一五条〔紛争解決手続〕であった。この条項のもとで勧告は、関係当事国の同意なくしてなされることができ、そして戦争になれば、制裁によって支えられることになった。ところが、この条項が適用される唯一の条件は、「国交断絶ニ至ルノ虞アル紛争」であった。規約が認める「不満」〔第一三条(裁判)「紛争カ外交手段ニ依リテ満足ナル解決ヲ得ルコト能ハザルトキハ……」〕というのは、大まかに言って、戦争の危険を生み出すほどの力をもつ国家の抱く不満であった。一九三二年にフィンランドが、第一次大戦中、同国船の徴発から起された対英要求を連盟理事会に持ち出したとき、イギリス政府は、紛争は「国交断絶ニ至ル虞アル」ものではけっしてないから、理事会に付すべき理由はないと特に強調した。同じ年、イギリス政府は、アングロ＝イラニアン石油会社にかかわる事態から生じたイランとの紛争を、第一五条のもとに理事会に持ち出した。両国紛争の核心は、イギリスが国交断絶の危険をつくり出すだけの強さを持っていたが、フィンランドはそうではなかったという点である。[22]一九二一年、第一九条〔平和的調整〕がボリヴィアによってはじめて援用されたとき、ボリヴィアが不満とした諸状態は平和を危うくすることなく長い間つづいて来ているのだから連盟に持ち出す理由がないということが強力に主張された。つまり、平和的変革の手順がふまれるためには、ボリヴィアはチリに対して宣戦するとおどすだけの強さを持つことが必要であったということになる。規約の採っている主義は、このように、平和的変革は、戦争の脅威とかその可能性が存在しない場合、国際政治において重要視されるほどの効果をあげ得ない、という経験の教えるところを確認したものであった。

ここで、いままでに到達した結論を要約しよう。司法的手続は、国内政治においておよび一層強い理由で国際政治において、平和的変革の問題を解決するに適さない。というのは、紛争の当事国を平等にとりあつかうことにおいて司法的手続きは、変革に対する要求には不可欠な要因である力の要素を認めることができないからである。立法的手続は、力の役割を受け入れることで、国内政治における変革への要求に対応する上によく適合しているが、国際的な変革に対する要求には適用され得ないのである。というのは、立法手続は、その共同体の全構成員それぞれの特別の同意を得なくても拘束力をもつ法令をつくりうる立法権能の存在を前提とするからである。なお交渉の手続というものが残っているが、これは、国家内における変革に対するある種の要求に適用されるのであり、この手続だけは国際的変革に対する要求に適用が可能である。というのは、諸国家は(労働組合や使用者連合と同様に)提示された解決策を受諾するか拒否するかの決定権を強く要求するからである。しかし、立法手続のもとでの変革は国家権力によって強行されるが、交渉手続のもとでは変革は不満を訴える側の力によってのみ強行されてしまう。力は、実行されようと脅しに用いられようと暗に保持されているだけであろうと、国際的変革における核心の要因である。そして、変革は一般的に言って、力に訴え得るものの利益に役立つか、あるいは、自らのために力に訴え得るものに役立つだけになろう。「実力の脅威に譲る」ことが、平和的変革の過程に常にみられる一段階である。

このことは、国際関係の平和的変革の一部面である。そして、それは国際政治に関する最近の論述にも看過されている面であるからして、ここでは念をいれて強調しているのである。われわれは、単にこの観点から考察されただけでも平和的変革の価値を低くみてはならない。もし、賃銀の増額や労働時間の短縮に対する要求を使用者が抗し得ず労働者が貫き得ないような関係であるなら、それは、使用者と労働者とを共になかば破滅させる長く辛いストライキの結果として譲歩されるか拒否されるかの結果になるよりは、むしろ、平和的交渉の結果としてそうなる方が望ましい(その要求が正しいか正しくないかという問題からは全くはなれてである)。もし一八七七年におけるヨーロッパの指導的国家間の力の関係が、サン・ステファノ条約によってブルガリアに割り当てられた領土の大部分を、同国が失わねばならないことを不可避としたのであったのなら、この結果は、一方のイギリスおよびオーストリア＝ハンガリーと他方のロシアとの間の戦争によってもたらされるよりも、むしろベルリンでの円卓会議によってもたらされる方が望ましかったのである。領土の分割その他の政治的諸勢力の均衡状態に変革が望ましいとされる事柄の在りようを再調整することを、戦争に訴えるなどというのでなく、それに代る平和的な仕方によることが考えられる。それは多少とも機械的な考え方に立つ方式になるかもしれない。だからといって、この方式の果す働きや効果をはじめから否定するのは、皮相的な見せかけの言動ということになろう。平和的変更はそのような機能を果すのである。立法によるにせよ他の方法によるにせよ、国家共同体において行われ健全と認められる多くの変革は、このこと以外に基盤をもっていないのである。

第二節　政治的変革における道義の役割

それにしても、つぎのことは明白である。人びとの思想を占めている平和的変革の今一つの面があること、それは、力だけの視点から平和的変革を論じることができないからで、これは他の政治的手順についてと同様である。変革に対する要求が争われるとき、たいていの人びとの心をまずわずらわす問題は、それが正しいかどうかということである。その正しさについてのわれわれの考えは、われわれ自身の利害関係によって着色されがちであり、それだけで決定されることもあるのが事実である。たしかに、その利害関係が強くかかわるものでなくても、避けがたい解決策とか、あるいは回避によほどの努力を必要とする解決策とかには、それを正しいとみなすための理由を何か発見しようという気持になるものである。また他の政治問題におけるのと同様にこの場合にも、力がわれわれの道義的見解を決定する上に一役果すのであり、われわれは、力以外の事柄に差違がないかぎり、弱者や少数者の望む解決策よりも、強者や多数の人が欲する解決策の方を、より正しいものとみなす気持に傾くのも事実である。しかし、これらの事柄をすべて考慮したうえで、問題処理の道義性を考慮する見解——力を考慮するだけでは全然決定されない見解——が、道義に心を動かされる人びとの態度に影響を及ぼすことになろう。バートランド・ラッセル氏は言う、「秩序ある統治が、一般の同意を得ることであるなら、トラシュマコス〔Thrasymachus プラトン『国家』第一巻に出るソフィスト。法は権力階級のために制定されたもの、正義は人に行わせるに善きもの、自己が行うは損なことと主張する〕の説とはちがったなんらかの理論に合意するよう人類の多数を説得する途が見出されなければならない[23]」と。そこで、もし、平和的変革の秩序ある手順が、国際関係において確立されるべきなら、その手順の働きを力だけにもとづかせるのでなく、あらゆる政治生活の基盤である力と道義との前述した難渋な妥協ないし折衷の上に何とか基礎づける途をみつけ出さなければならないのである。資本と労働との間の紛争において平和的な交渉の手続が確立するのは、一定の時期にわたって、それぞれの立場の強さ弱さについて双方の側に的確な認識がもたれることのほか、両者の相互関係において何が正しいか何が理であるかについての、ある程度の共通の感覚、互恵の精神、さらに潜在的な自己犠牲の精神さえが生まれ育ち、それらが前提となるのである。この状態になれば両者が認め合う正義を拠点にして、それぞれの要求事項を討議する基盤が、たとえ不完全なものではあっても実在することになるのである。平和的変革の国際的手順を敷く道程の途上に現実の障害となっているのは、諸国家間にこの共通の感覚がまだ成育していないことであって、世界立法府が欠けているとか、諸国家が自国の事件において裁判官であることを主張するなどということにあるのではない。

　この共通感覚は、国際的変革に対する諸要求とのかかわりで、どの程度までのはたらきを示すであろうか。ある程度のはたらきをすることは明らかである。変革に対する諸要求の二つの具体的な場合を分析のために選び出すと、一つは準＝国際的ともいうべき分野からのものであり、いま一つは国際的分野からのものである。

一九世紀においてアイルランドの自治に対する要求は、イギリスの多数の人々の間に支持を得たのであったが、それは力についての考慮にもとづくことではなかった。「被圧迫民族」の民族自決の権利についての認識——国際道義の信条としての共通の認識——に立ち、そのためには自利を犠牲にすることもあるという心構えにもとづいた支持であった。イギリスとアイルランドとの間の共通感覚の蓄積は、単なる二外国家間に存在する共通の感覚よりも、かなり多大であった。それにもかかわらず、変革に対する要求は、イギリスの軍事力が他の方面に転換されたことからイギリスの力が後退を余儀なくされるまでは、効果をあげるにはいたらなかった。結局一九二一年になって妥協に到達したが、もし、これが一九一六年に行われていたなら、それは平和的変革の他の国際的実例と同様に、戦争の脅威のもとに達成された平和的変革のまぎれもない実例となっていたであろう。しかし、その一九二一年においてさえ、解決は、単に力にもとづいてだけでは達せられなかったのであり、とくに、それでは持続するものではあり得なかったのである。イギリス＝アイルランド条約は、「実力の脅威に譲る」ということの隠れもない事例であった。この条約は、成功した反逆の主謀者たちと結ばれたものであった。しかし、それは、この条約に必要であった道義的基盤を、両国間の相互関係において何が正しいか何が理であるかについての共通の基準を受け入れたこと、および和解のためには犠牲をはらうという両者の（とくに強者の側の）心構えとの中にもっていた。そして、このことが、締結当時一般に拡がっていた悲観的な予測につつまれていた合意を一転見事に成功させることになったのである。

第二の事例は、二つの大戦間の期間にドイツとの平和的解決に到達することができなかったことである。イギリスおよびドイツにおける（そしてたいていの国家における）政治的意見の大多数が長年合致していたのは、正しいことと不正なこととの基準を、ヴェルサイユ条約の中に照合することで適切に判断できるということであった。そして、この条約の諸条項について正しい正しくないとする意見では、完全な一致とまではゆかなかったが、意外なほどかなりの合致がみられたのであった。不幸なことに、ドイツは、一九一八年以後の十五年間は、政治的変革に必要な原動力であると思われた力を全くといってよいほど備えていなかった。そして、この力の不備のために、ヴェルサイユ条約の諸部分について修正がされるべきであるという意見の広範な合致が（低音階で示されたことは別として）、効果を実現するのを妨げてしまった。その力を回復した時期のドイツは、国際政治における道義の役割について全く冷笑的な態度をとるようになっていた。たとえ、その要求が正義にもとづく諸理由で行われつづけていたとしても、ドイツはますますあからさまに、むき出しの実力の形で要求を表現した。この事実が現状派諸国の意見に反作用し、これらの諸国はヴェルサイユ条約の不公正な点を前に是認したことをしだいに忘れるようになり、問題をもっぱら力の争点として考える傾向をたどるにいたった。[24] ヴェルサイユ条約の軍事的諸条項の否認、ラインラント奪回、あるいはオーストリアの併合などというような行為に、現状派諸国家が難なく黙従したのは、それが最小の抵抗線であったという事実によることではけっしてなくて、これらの変革がそれ自体として理のあることで正しいのだという意見の合致にもとづくことでもあった。[25] ただこれらいずれの事態にも公式の非難や抗議は向けられはしたが、そのようなことでは、それらの国家が抵抗する努力をなし得ないか、したくないために黙従しているだけであるという印象をどうしても与えることになった。ヴェルサイユ条約の長年認められてきた不公正な諸点をつぎつぎに除いてゆくことが、ドイツとヴェルサイユ諸国との間の和解の原因とはならないで、むしろ一層仲違いさせる原因となり、以前は存在していた、共通感覚の限りのある蓄えを増大するどころか消滅させてしまったのである。

イギリスについてにせよ、その他の諸国についてにせよ、その現在ないし将来の対外政策を論じることは本書の範囲外のことである。しかし、現状の防衛というのは、持続して実行できる政策ではない。それは、かたくなな保守主義がついには革命になるのと同じに、最後は戦争に通じるのは確かであろう。「侵略に対する抵抗」は、国家政策の一時の方策として、いかに必要であろうと、けっして解決策とはならない。なぜなら、変革を妨げるために戦う準備をととのえるのは、変革を強行するために戦う用意をするのと同様に道義的ではないからである。平和的変革の諸方法を確立することは、それゆえ、国際道義と国際政治との基本問題である。われわれは、世界立法府とか世界法廷というような言葉で示される平和的変革手続の構想を、全くユートピア的で混乱し間のびした計画として捨て札にすることはできる。また、力の要素を除去して、何が正しいか何が理のあることかについての共通感覚に、平和的変革の交渉過程を基礎づけようとする願望を、正しい意味におけるユートピア的なもの(すなわち、全面的には達成され得ないが、目標とされるべき理想を宣言することでユートピア本来の機能を遂行している)と説明することもできる。しかし、われわれは、平和的変革を、変革される力関係への調整とみるリアリストの見解をも心に留めておくことにしたい。そして、力を最も有効に発揮することができる当事者は、平和的変革の諸操作を成功に導いて勝者として現われるのが普通であるから、われわれとしては、みずからをできるかぎり力のあるものにすべく最善をつくすことになろう。実際に平和的変革は、正しいことについての共通感覚というユートピアンの考えと、諸力の変革される均衡状態への機械的な調整というリアリストの考えとの間の妥協ないし折衷を通じてはじめて達成され得ることをわれわれは知るのである。このことに、対外政策を成功させるためには、力を働かすことと力に譲ることとの対極の間を振動する外交が展開されなければならない理由がある。

(1)　バーク『フランス革命の考察』Burke, *Reflexions on the Revolution in France* (Everyman ed.), p. 19.

(2)　マルクス＝エンゲルス、全集(ロシア版)第九巻三七二頁。

(3) ギルバート・マレイ『国際連盟と民主主義の理念』Gilbert Murray, *The League of Nations and the Democratic Idea*, p. 16.
(4) ラッセル『権力』B. Russell, *Power*, p. 263.
(5) ストレイチー『ファシズムの脅威』J. Strachey, *The Menace of Fascism*, p. 228.
(6) トゥルスロー・アダムズ『アメリカの叙事詩』二三九頁における引用。
(7) ヒットラー『わが闘争』七〇八頁。
(8) ペシック゠ローレンス『変化する世界におけるわが任務』E. Pethic-Lawrence, *My Part in a Changing World*, p. 269 に引用されたもの。
(9) バーベル『確信と正義』九頁。
(10) マニング『平和的変革』*Peaceful Change*, ed. C. A. W. Manning, p. 141.
(11) *League of Nations : Seventeenth Assembly*, p. 46.
(12) マニング、前掲書、一六四頁。
(13) ラウターパハト教授の「法により直接に規定された諸利益の範囲が文明の成長とともに拡張してゆく」という論評(『国際社会における法の機能』三九二頁)は、今日では自明の理であるが、多くの一九世紀型の思考者たちには逆説と思えたことであろう。
(14) これは、「一日ストライキ」のもつ意義である。それはある種の国家においては一般的なことであったし、また、それ自体は無益なことであったが労働者が国家権力を打倒するほどの力をもつことを示そうという意図がそこにはあったのである。「一日ストライキ」が成功したか失敗したかは、この点で、力の判断基準であった。その結果は、双方の側に極端な手段によらないで妥当な結論を引き出すことができるようにしたのである。
(15)　この立場は、ソヴィエト・ロシアにおいて使用者が普通は国家の委託あるいは機関であるという事実によっては、実質的に影響されるものではない。
(16)　イギリスでは、軍需工場におけるストライキが第一次大戦中は軍需品法 Munitions of War Acts によって禁止された。しかし、ストライキは起こったのであり、この法律が強行されたことはあったとしてもごく稀で、大戦とともに廃止された。一九二七年の労働争議法 Trade Disputes Act のもとでは、政治的ストライキは、非合法とされたが、そのような事態はこの法律の通過後まだ起こっていないようである。他の国の状態は「アメリカ産業民主主義連盟」発行のパンフレットに要約されている(「ストライキを不法とすべきか」*Shall Strikes be Outlawed ?* by Joel Seidman)。これは、つぎのような結論を下している、「労働者の罷業権は公正な待遇をうけるための労働者にとって最も確実な保障である、と労働者たちは感じている。そして自発的な集団交渉の方法をとってゆくことに、満足すべき産業関係への最大の希望が存するのである」と。
(17)　一九一四年までの平和的変革の歴史を調べた一論者は、「ヨーロッパには既成事実で向かうことがつねに最も賢明である」という結論を述べている (Cruttwell, *History of Peaceful Change*, p. 3)。
(18)　ロイド・ジョージ『平和条約の真相』D. Lloyd George, *The Truth About the Peace Treaties*, ii. p. 1351.
(19)　タイムズ、一九三三年四月二六日、*Politica*, December 1938, p. 363 におけるマニング教授による引用。
(20)　武力の脅威のもとに行われた変革は「平和的変革」ではないとする人たちが、彼らの用語を好きなように定義するのは、もちろん自由である。しかし、注意すべきは、このように限定された定義は、立法過程ないし司法過程を経て行われた変革でも、それらの強行が要求されるなら、この変革もひとしく平和的変革から除外することになることである。チェコ＝スロヴァキアの領土が、一九三八年の九月ドイツに移譲されたが、もしそれが連盟総会の決議か衡平裁判所の判決によるもので、連盟の軍隊ないし国際警察隊の動員によって強制されたとしても、この変革は、このことのために、「平和的」という形容より何かもっとよいタイトルがつけられるということにはならなかったであろう。武力も、それらと同じ方式で用いられたことであろう。

(21)　規約第一五条のもとに満洲の紛争をとりあつかった特別総会は、満洲における現状の実質的な変更を調査したリットン委員会の勧告を是認した。日本の軍事行動が、これらの勧告が行われるもとをなす実力であったが、しかしこの勧告が日本を満足させるに足りないことを立証した実力でもあったことは、言い加える必要がほとんどない。

(22)　フィンランド問題に関して、マダリアガ氏はつぎのような見解を表明した、「怒気荒い当事国の声が傾聴されて、冷静な当事国のは傾聴されない。なぜなら、後者の場合には国交断絶などという問題はおよそ起きないだろうから、という。このような説が立つようでは理事会、総会、さらには国際連盟にとってきわめて危険である」と。(*League of Nations: Official Journal*, November 1934, p. 1458)。しかし、フィンランドのケースの弱点は、フィンランドが冷静であったということよりも、むしろフィンランドが弱かったことにあった。

(23)　ラッセル『権力』一〇〇頁。

(24)　この反作用がナチ・ドイツの国内政策によって強化されたことは、もちろんである。

(25)　一九三六年三月七日、八日のイギリスの諸新聞をよく読めば、大英帝国において、いかに広範な人びとがラインラントの奪回を大目に見ただけでなく結構なこととさえしたかがわかる。その後は、新聞の論調が、どちらかといえば批判的な政府の態度に明らかに影響されて、好意的でなくなっていった。

結論

第十四章　新しい国際秩序への展望

第一節　旧い秩序の終わり

危機の時代は、歴史の過程ではめずらしくない。しかし、一九一九年から一九三九年への二十年間にわたる危機には独自の特質がみられた。前半の十年に夢みられた期待が、後半十年のわびしい諦めへ変転し、現実に向けてはさして考慮をはらうこともしなかったユートピアから、そのような思考の要素をすべて厳しく排除するリアリティへ急降下していった。一九二〇年代に現われた蜃気楼は、ここに述べるように、呼び戻すことのできない一世紀むかしの面影を伝える映像であった。それは、領土と市場とが不断に拡大されていった黄金時代を思い浮かべさせた。その時期は、自信にみちたイギリスがそれほどの重荷ともしなかった主導権によって世界の治安が保たれた黄金時代であり、共同開発および開拓の地域がますます拡張されてゆくことによって、それまで起きていた衝突が調和され統合されて現出した「西欧」文明の最盛期であった。そこでは、あるものにとって福利であることがすべてのものにとっても福利であり、経済的に正しいことは道義的に悪いことであるはずはないという気楽な説が唱えられるような黄金時代でもあった。このような時代の面影を引いていたのが二〇年代の幻想であった。このユートピアに、かつては内容をあたえた現実態は、一九世紀のおわらないうちに、すでに衰滅していた。一九一九年のユートピアは、実質のない空虚なものであった。それは、現在の実態にいかなる根ももはや下ろしていないので、将来への影響力を持つはずはなかったのである。

このユートピアが演じた第一のそして最も目立った悲劇は、その見苦しい崩れ方であり、さらに、この挫折が伴った絶望感であった。第二次大戦の前に一論者がこう述べている、「ヨーロッパの大衆は、この社会に存在するものを支配しているのは、理性と感性とではなく、人を惑わし狂わす魔性の力であることをはじめて悟った(1)」と。イギリスにとっての福利がまたユーゴスラヴィアにとっても福利であり、ドイツにとって福利であることはポーランドにとっても福利であるので、国際的な衝突は単に誤解によるのであって回避できるものであり、あるいは単に悪意にもとづくのであって癒すことができるものである——このように言い張って、国際関係を理性的に説明できるとすることはもはや不可能であった。百年以上もの間、衝突の現実は、西欧文明圏の政治の思索者たちによって神かくしよろしく人びとの視野の外に拉し去られていた。一九三〇年代の人びとは、衝撃をうけ混迷の末、もとの自然の世界に立ち帰った。一八、一九世紀においては文明人と非文明人との間の仕打ちでしかなかった残虐行為が、文明人相互の間で行われるようになった。この危機に対する全体主義の関係は、明らかに、原因としての関係ではなく、結果のそれであった。全体主義は、病気ではなくて一つの徴候であった。危機におそわれたところはどこでも、この徴候の形跡を見出すことができたのである。

ユートピアの虚脱によって演じられた第二の悲劇は、第一の悲劇を引きついでいるもので、それをさらに切実化しており、より名状しがたい性質のものであった。一九世紀の後半に入ると、すでに利益の調和は、当時比重を増大してきた利益の衝突に押され脅かされていたが、世界の理性はダーウィニズムの投薬がよく利いて救われていた。衝突の現実はたしかに認められたが、しかし、衝突は強者の勝利に終るのであり、強者の勝利は進歩の条件であったから、不適者の犠牲において理性の面目が救われたことになるのである。一九一九年以後は、国際関係を理性的にし道義的なものにするという、この時代おくれの考え方を公然と堅持したのはファシストとナチスだけであった。しかし、西欧諸国も、これまた等しくあやしげな致命的臨機の処置に頼っただけであった。利益調和の破綻に打ちのめされ、それがダーウィニズムに逸脱していったことのショックもあって、これらの国家は、強者の権利の上にではなく、持てるものの権利を基礎に、新しい国際道義を打ち立てようとした。制度化されたユートピアのすべてがそうであったように、このユートピアも既得権の道具となり、現状の防壁に歪めて引き込まれるにいたった。国際道義を、安全保障・法と秩序・その他、特権グループの伝来のスローガンと同一視しようとした満足国家の政治家や政論家と、このように構想される国際道義についてその妥当性を冷酷に否認する不満足国家の政治家や政論家とが、いずれおとらず、この悲惨事に対して責任を分かち合うものではないかということになると、これは議論の余地がある。国際関係を道義的なものにしようとするこれらの試みは、前者のそれと後者のそれも共に失敗せざるを得ないものであった。全体の福利を適者の福利と同一視し、不適者のふるい落しを矛盾を感じることなく考えるダーウィン的理論をわれわれは受け入れることはできない。また、自然的利益調和の理論も、かつて有していたような基盤を現実のなかには失っていて、特権階層の既得権を覆いかくすものとならざるを得なくなっており、われわれは受け容れることができない。これら二つの理論はともに、国際道義の基礎としては、主張しがたくなっているのである。これら理論の崩壊によって、国家の福利を世界共同体の福利と調和させる問題にすぐ間に合う解決策は、われわれに残されていない。こうして、国際道義が現在は変革の過程に立たされているのである。

われわれは、国際道義のよみがえりを、どのような方向に求めることができるのか。もとより、よみがえるなどという見通しはないとも考えられよう。また、退化と混沌との歴史上の一時期に世界は下降しつつあるので、そうなれば現在の社会形態がばらばらに割れ、そこから新しく相互に親近な諸形態が最後には現われてくると考えることもできよう。もし、そうであるなら、そこで持たれる経験は、束の間のことでもなく、苦痛のないものでもなさそうである。ユートピアへの近道としての世界革命を信じる人たちは、奇妙にも、歴史の教訓には耳目を閉ざしがちであるが、この種の信念の持ち主の数は近年になって減少してきているようである。全くの絶望に落ちこむよりも、世界革命を通って進む道があると考える方が筋の通っていることとされるわけでもない。われわれに課せられているのは、国際秩序の廃墟を実地踏査して、われわれが国際秩序の再建に希望が持てる何か新しい基盤があるかを発見することである。そして、他の政治問題の場合と同様に、この問題も、力と道義との二つの立場から考えられなければならないのである。

第二節　国家は力の単位として存続するか

新しい国際秩序における力の役割を考えるために、その力を構成する単位について、まず検討しなければならない。国際政治が現在行われている一般の形態は、国民国家を実際の単位として展開される事実に示される。将来の国際秩序の形態は、この国家という団体的単位《グループ・ユニット》の将来性と密接にかかわっている。

フランス革命は、今その終末に近づきつつある歴史上の時期の発端であったが、それは人間の権利についての問題を提起した。平等に対するその要求は、個人間の平等への要求であった。一九世紀に入ると、この要求は社会的集団間の平等に対する要求に変っていった。マルクスが、孤立の個人は人間の権利および人間の平等のための闘いにおいて実際的な単位ではありえないとしたのは正しかった。しかし彼が、究極の単位は社会的階級であると考え、そして国家的単位の結合性と包括性とを無視したのは誤っていた。一九世紀後期のヨーロッパの大物はディズレリー〔一八七四年政権担当。保守党首領。小英国主義の自由党に対して、帝国主義的立場をとる〕とビスマルクであるが、彼らは「二つの国家」を、社会奉仕国家、普通教育、帝国主義などの諸機能を通じて一つに合体させようと努力して、「労働者に祖国なし」という国家へのあざけりに反駁し、「国家的労働」「国家社会主義」、はては「国家共産主義」への道を開いた。一九一四年以前に、平等に対する要求はすでに西欧においては、階級間の平等の問題から国家間の平等のそれに移行しはじめていた。イタリアの論者たちは、イタリアを「プロレタリア」国家として述べ、この言葉を「非特権的」国家という意味で用いた。ドイツは、日の当る場所という形で平等を要求したが、ベルンハルディが言ったように「利益と権力との優位に立つ敵国の実力に挑み、これに打ち勝た」ねばならなかったのである。(2) フランスにおいては、社会党および元社会党の閣僚が、国家の統一のために産業上の平和を求め訴えたのである。感知できない程ではあったが、階級間の闘争は国家間の闘争ほどに重大ではないと、労働者自身にさえ思えるようになりつつあった。そして平等を求める闘争が、政治的力のいつも通りの法則にしたがって、支配を求める闘争と区別できないものとなった。

このことは、一九一九年以後に国際政治が圧倒的な重要性をもってきたことの基本的な理由である。特権階級と非特権階級との、現在の秩序の擁護派と革命派との、その間の衝突は、西欧の諸国家の社会内においては一九世紀に戦いぬかれたものであるが、二〇世紀には国際社会に移行するにいたった。国家は、以前にもまして、平等に対する人間の要求および支配に対する人間の野望が、そこへ集中される最高の単位となった。ヨーロッパの到る処に、国民政府や単独政党国家が出現した。そして、政党問題が存続したところでも、それらは、何か時勢おくれの嘆かわしいことのように考えられた——抹消すべしと呼号され、国家的統一の上の汚点とされたのであった。世界的動乱となる脅威を与えた不平等は、個人間の不平等ではなく、階級間の不平等でもなくて、国家間の不平等であった。「階級間の富と機会との不平等がしばしば革命となったように、国家間の不平等も、もしそれが平和的に調整されないなら、前者よりもはるかに重大な性質の爆発となるであろう」と、ムッソリーニは言った。[3]要求された新しい調和は、(自由放任主義の哲学者が考えたような)個人の間の調和ではなく、(マルクスが個人間の調和に実現の可能性を否定した場合に考えたような)階級間の調和でもなくして、国家間の調和であった。今日のわれわれは、国家を、人間社会の究極のグループ・ユニットとしてとりあつかうという誤謬——マルクスが社会的階級について犯した誤謬——を犯すことはない。われわれは、国家が政治的力の焦点として果して役立つ単位か、そのような単位として最善のものか最悪のものか、それらのことを論議するのにためらうことはない。しかし、いずれにせよ、何故そうなのか、何が国家にとって代ることになりそうかなどについて、われわれは設問しておかなければならない。この主題を熟考してゆくと、自然に二つの問い方になってゆく。

(a)世界における政治的な力の最も広範で最も包括的な諸単位は、どうしても領土的性質のものであるのか?

(b)もしそうであるなら、それらの単位として、現在の国民国家の形態をまず選ぶことになりそれを保持してゆくのか?

最も広範で最も包括的な力の諸単位が、必ず領土的なものでなければならないかの問題は、歴史上のどの時代にも当てはまるような教条的な答を受けつけるはずはない。現在、そのような単位は、明らかに領土的形態をとってはいる。これを到達点として過去の歴史は、時には後退することもあったが、その目標に向って徐々に進展してきたと読まれがちである。そして、政治権力は、最も原始的な社会においてさえ、領土の保有と全く分離されたものではなかったであろう。だが、中世期以前の歴史上多くの時代において、力は領土主権以外の地盤の上に、見かけは――そして一部は実際的にも――基礎づけられてきた。宗教的献身を基盤とする単位に代って実生活の場を地盤とする単位をもってすることで近代の国民国家の基礎をおいたのは、領土の属する人に宗教も属すの原理が受け入れられたということであった。近代史の前期には、国境は今日ほどに厳密に限界を画定されておらず、それらの性質も今日のように無情に強制される障壁としてのものではなかった。すでに述べたように、なんらかの国際的な権力形態を組織し維持することが、今日ほど明らかに不可能だと思われる時代はなかったのである。現代の軍事的および経済的技術が、権力と領土とを熔接して分かつことをできなくしたと思われる。政治的力が、領土ではなくて人種ないし信条あるいは階級を基礎として組織化されるような世界を想像することすら、現代人にとってはむつかしい。しかし、現在の政治的単位の境界線を超えたイデオロギーへの訴えが持続的に行われていることを無視することはできない。歴史上永続するものはほとんどないのである。そして、力の領土的単位がその少ないものの一つであるとするのは軽率であろう。しかし、これを捨てて、何か他の形態の組織された集団の力を採りあげるのはあまりに革命的である。そうだとすると現時期における国際政治に当てはめて、その新体制に適用されるものはほとんどないことになる。国際関係は、新しい構成の集団関係によってとって代られることになるのであろう。

将来の領土的諸単位は、それらの現在の形態をほぼ維持することになるのかどうかは、一段と当面の実際的重要性をもつ問題である。単位というものの最適度の規格の問題——工業ないし農業生産の単位にせよ、あるいは政治力および経済力の単位にせよ——は、現代の最も難かしくそして重要な問題の一つである。それだけに、この問題に関しては近い将来にめざましい展開がたしかにみられることになろう。政治的力の分野においては、二つの相反する傾向が観測されると思われる。

一つの方向には、統合への明らかに目立つ趨勢があり、そこにはたえず拡大する政治的および経済的な単位の形成がみられる。この趨勢は、一九世紀の後期に起り、情報組織および力の技術的手段の進歩につれて、大規模な資本主義および産業主義の発達とも緊密な関連をもっていたようである。第一次世界大戦は、この展開をはっきりと浮彫りにしたのであった。（ナウマンは、一九一五年刊行の有名な著書でつぎのように述べている。）主権――それは広範な歴史的重大事を決定する自由である――は、いまや地球上のきわめて少数の場所に集中されている。「一群の羊、一人の羊飼」というようになる時代はまだまだ遠いが、時代により多少の差はあれ数知れない羊飼が彼らの羊の群をヨーロッパという牧場で放し飼いに駆りたてた時代は過ぎた。大規模工業と超国家的組織との精神が、政治をのみこんだ。……このことは、中央集権化された軍事的技術と歩調を合わせている。(4)一九一八年の平穏なひとときは、ナショナリズムがたちまちその壊し役を再び始めたので、その期間が実は危険をはらんだ不面目な誤りの幕間であったことがわかった。少なくともヨーロッパでは、そのことが証明された。経済的単位の増大ということが、大戦後の時期の諸問題に加わって災害を生んだ。ナウマンは彼の『中央ヨーロッパ』で、ウッドロー・ウィルソンが彼の民族自決の原理でもってしたよりも、より確実性をもった予言を行っている。一九一八年の勝利者たちは、より広くさらに広くと大規模の単位が要求されていた時代に政治的経済的分解の原理を追求しつづけたため、中央ヨーロッパにおいて彼らは「平和を喪失」したのであった。集中化の過程はなおつづいた。自立経済が目標とみなされることが強くなるほど、それだけ単位は大きくならなければならなかった。合衆国は、アメリカ大陸に対するその地歩を強化した。イギリスは「スターリング＝ブロック」をつくり出して閉鎖的経済体制の基盤を築いた。ドイツは、「中欧」を再構成して、バルカンに圧力をかけた。ソヴィエト・ロシアはその広大な領土を拓いて工業および農業生産の引き締まった単位に発展した。日本は、自国の支配下に「東亜」の新しい単位をつくり出そうと試みた。これらの事態は、六ないし七つの高度に組織化された単位への政治力および経済力の集中化ということで、それらの単位の周囲には自らはこれという程の独立の動きをしない衛星的諸単位がとりまいて回っていたのである。

この趨勢に対して他方ではつぎのような徴候が現われていた。過去百年間における技術的、工業的および経済的な発達が、実力のある政治的単位の大きさをますます増大してゆくことを求めていたが、大きさにも規格というものがあり、それ以上大きくなれば分解せざるを得ない限度というものがあり、それらのことを実証する諸徴候があげられる。しかし、そのような規格にかかわる法則がなにか働くとしても、それを正確に定式化することは不可能である。そして、政治的および経済的な単位の大きさを規格づける諸条件を明らかにするためには、さらに長期の検討を必要とするであろう。しかし、この問題は、おそらくいかなる他の問題よりも、つぎの二、三世代にわたる世界史のコースを決定するものであると思われる。

ここで、一つの予言をある程度の確信をもって行うことができると思う。主権の概念は、現在におけるよりも将来において、より不鮮明で曖昧なものとすらなる可能性がある。この主権という言葉は、中世期体制の崩壊後に、ローマ皇帝が封建諸侯の上に立つ形式だけの地位さえ認めようとしなかった諸国家によって主張され行使された権能の独立性を表明するために考え出されたものであった。それは、便宜的なラベル程度のものでしかなかった。そして、政治的、法的、さらに経済的な主権の区別、あるいは外的主権と内的主権との区別がされはじめたとき、それは単一特定の現象を明示し特色づけるラベル本来の機能を果すものではなくなっていた。イギリスの自治領は「主権的」国家か否か、委任統治領の「主権」はなにものにあたえられるのか、などという問題の論議になると、ますます混乱がひどくなる。そのような論議は、それらの地域における当局者がいかなる権力を行使する権限を憲法上あたえられているかという問題の法的議論であり(この場合に「主権」という言葉を用いることはほとんど役に立たない)、あるいは、普通の型から多かれ少なかれ逸れている状態を説明するうえに「主権」というラベルを用いることが便宜であるかどうかという問題についての純粋な形式論である。主権概念の明らかにあやまった用い方となっているのは、たとえば、イギリスの植民地貿易やイギリスの植民地投資の価値についての算定において、エジプトとイラクとが主権国家であるという理由で除外された場合である。将来の力の諸単位が形式的な主権をそれほど考慮にとり入れるとは思われない。実力のある(しかし必ずしも名目上のではない)権能が単一の中心部から行使されるかぎり、各単位が幾つかの形式的に主権をもつ国家のグループから成るものであってはならないという理由もない。しかし将来の実力のあるグループ・ユニットが、国際法によって上述のような団体単位として公式に認められる単位でないことだけはおそらく言えるだろう。上述のような形式的諸単位を基盤に立つ国際秩序というものの考案が現実性のないことはおそらく証明されるだろう。

この点において、つぎのことをつけ加えておくことが適当であると思う。グループ・ユニットは、それらがいかなる形態をとるにせよ、政治的力の在り場として存続することは確かであろう。ナショナリズムは、国家共同体内の諸階層間の一見融和しがたい利益の衝突を融和させる力の一つである。ところが、これに対応する力として、諸国家間の現在の一見融和しがたい利益の衝突を融和させるために持ち出され得るものは存在しないのである。人びとが闘争のために集団を組織することがもはやないような仮想の世界を描くのは無益なことである。そして、その闘争が、より広範で、より包括的な分野に、さらにまた移されることもできない。しばしば観測されたように、国際共同体は、戦いの神に対抗して組織されることはできないのである。このことは、一九世紀の文明を支えた広大な諸状態の崩壊がわれわれに突きつけたディレンマのいま一つの面にほかならない。他のなにものかを犠牲にして、諸利益の調和と見えるものをつくり出すことは、もはやできないことである。衝突は、もはや神隠しよろしくつつみこむことはできなくなっている。

第三節　新しい国際秩序における力

力は、あらゆる政治的秩序に必要な要因である。歴史的にみて、過去において世界社会へ歩みを進めたのは、いつも、ある特定国家の優勢な力によることであった。一九世紀においては、イギリス艦隊が大きな戦争から免がれ守られる保障を与えただけでなく、公海の治安を保って、すべての国に平等に安全を保障した。ロンドンの金融市場は、実質的には世界全体のための単一通貨基準を立てた。イギリスの通商は、自由貿易の原理が広く受け入れられる態勢を確保した――実際は、不完全で脆弱な形においてではあったが。そして、英語は四大陸に共通の国際語 lingua franca となった。これらの条件は、イギリスの優越的地位の所産であるとともにその保障でもあったが、利害および感情を共通にする世界社会というイリュージョン――ある程度まではリアリティであるが――をつくり出した。国際秩序というものの生きた仮設が、優越した力によってつくり出されたのであるが、その仮設はそれをつくり出した力の凋落――相対的な凋落にせよ絶対的なそれにせよ――によって打ちくだかれた。イギリスの艦隊は、もはや戦争を防止できるほど強力ではなくなった。ロンドンの市場は、限られた地域をのぞいて単一通貨基準をおし通し得ないのであり、自由貿易は全く崩れてしまった。そして、たとえ英語がその優位を維持し増大しているとしても、これは、英語が他の重要な諸国と共に用いられる言葉であるという事実にもとづくことである。こうなると、国際秩序は、どのような力によって再建されることになるのか。

この問題は、それぞれの国家によって、それぞれ異なった形で、こたえられることになりそうである。現代のイギリス人はたいてい、一九世紀においてイギリスの圧倒的な優位を保持し得た諸条件が、もはや存在しなくなったことを承知している。しかし、彼らは、イギリスの優勢が全く消え去ったどころか、英語諸国民の支配力が、より高次のより有効な形をとってゆくことを夢みてみずからを慰めている。それは、イギリスの平和 pax Britannica が任務を新たにして、アングロ＝サクソンの平和 pax Anglo-Saxonica となり、そのもとでイギリスの自治領は母国と合衆国との中間に立ってアングロ＝アメリカ協力の織物の中に巧みに織りこまれてゆくというわけである。このロマンティックな考えは、一九世紀末にイギリスがすでに世界の支配力をしだいに重荷と意識しはじめた時、そして、セシル・ローズがアングロ＝アメリカの合同にもとづく世界帝国のビジョンを初めて記録にとどめた時にさかのぼるものである。ところが奇妙なことに、この考えを大戦の直前に最も具体的な形で表明したのは、ロンドン駐在のアメリカ大使であった。一九一三年、ウォルター・ハイネス・ペイジは、ウィルソン大統領がロンドンを訪問してアングロ＝アメリカ同盟を結ぶべきであると提案した。彼はつけ加えて言った、「私は考える。世界がだれに所属しているのかを、その世界が気づくことになる。そして——あとは平穏になるであろう(5)」と。一九二二年のワシントン海軍条約の締結は、世界を管理することにアメリカと対等に協力しようとするイギリスの多少とも意識的な努力であった。この希望は、二つの世界大戦間の時期にイギリスの政治家たちによって抱かれつづけたのであったが、これにはアメリカの人びとの感情が抑制と警戒との態度を自国にとらせた。

（一九三五年五月、アルバート・ホール において、ボールドウィン卿は語った。）わたくしがつねづね信じているのは、ヨーロッパ、東洋、いずれの地域をとわず、世界のどこに起きる戦争に対しても、最大の安全保障は、大英帝国とアメリカ合衆国との緊密な協力であるということである。両国海軍を合した実力、潜在的動員能力、合同封鎖による当面の経済的実力行使、さらに通商ないし融資の拒否などは、地球上のいかなる強国といえども対抗し得ない制裁となろう。この念願の目的が達成されるまでには百年を要するかもしれない。それは、決して実現されないかもしれない。しかし、われわれは時にはこの夢を抱くことであろう。わたくしは、将来に期待する。この力の結合こそ世界における平和と正義とのためであると、わたくしは思っている。そしてたとえ人びとが今のところはこのことを公然と唱え得ないとしても、いつの日いつの時か、われわれにつづく人びとがこの結合を見るであろう、そして世界の平和はわれわれの言葉・英語を話す人たちによって保証されるのを知るだろう。そのようにわたくしは考えざるを得ない。(6)

合衆国にかかわるあらゆる事柄について、イギリスにおける関心が非常に高まったことは、このような念願がイギリス人の心におろした根の深さを示している。

大西洋の向う側では、光景は必然的にむしろ正反対の展開を示していた。若い同族の協力を得ることによって、自らの力の回復を熱心にはかる老舗のすがたとは異なって、自らの力を信頼してはいるものの、その強さがどの程度の働きをなしうるか、それがまだわからないままの若い経験のない国家を、このアメリカの地にわれわれは見る。合衆国は、世紀の変り目までは、大国として認められようとする要求をはっきりさせることはなかった。しかし、やがて指導的アメリカ人たちが世界の支配力ということを感じはじめたのであった。

（一九一四年、独立記念日の演説で、ウッドロー・ウィルソンは述べた。）わたくしの夢はこうだ。年とともに、そして世界がアメリカを知れば知るほど、あらゆる自由の根底にはたらいている道義的霊感を、世界はアメリカのなかに探し求めることになるだろう、そして、アメリカが人権をあらゆる他の権利の上に置いていることをすべての国が知るとき、アメリカは輝かしい日を迎えるだろう、そして、アメリカの旗がアメリカの旗であるだけでなく、人類のそれとなることであろう——これがわたくしの夢である。(7)

この夢が予言であったことが立証されることになる。一九一八年、世界のリーダーシップは、連合諸国のほとんどすべての同意するところとして合衆国に提示された。当時、それが合衆国に拒絶されたという事実は、将来とも同国がリーダーシップをとらないということを示すものではない。歴史的先例の何かが考慮するに値するものなら、分割され弱くなったヨーロッパにむけられるアメリカの平和 pax Americana は、英語国民の対等な連合にもとづくアングロ＝サクソンの平和よりも容易に実現する可能性のあることであったであろう。しかし、われわれは、ここで推測の領域に入ることになり、慎重な配慮を求められる研究者としては、憶測とか可能性については細心の検討を要するのである。

優位に立つ国家の支配力に国際秩序をもとづかせようとする考えに必ずつきまとう欠陥がある。それは、そのような考えがすべて、世界の指導権をにぎる最強者の権利を是認することに結局はゆきつくことである。ローマの平和 pax Romana はローマ帝国主義の所産であり、イギリスの平和はイギリス帝国主義の所産である。ラテン・アメリカにおける合衆国の「善隣」政策は、「ヤンキー・インペリアリズム」に対立するものではなくて、その継続であり帰結である。というのも、自らの優位を堅持し「善隣」を存続させるという二つを共に行い得るのは、最強者のみだからである。そして理論的には、世界のリーダーシップを望む権利を他の諸国家に拒否する根拠など存在しないのである。

（『わが闘争』においてヒットラーは言う。）世界の平和主義者の考えが勝利を得るようにと心でほんとうに願っているものはみな、ドイツによる世界の征服に、あらゆる方法で献身しなければならない。……平和主義や人道主義の観念は、他のすべての人間に優る人間がまず世界を征服し世界を服従させることで世界の唯一の主人となるときにはじめて、それらはすぐれた観念であるとされよう。(8)日本の政策は、国際連盟総会において中国代表が評したように、極東において日本の平和pax Japonicaを確立することにあった。(9)イギリス人あるいはアメリカ人としては、そのような野望に抵抗する資格はあるが、しかし、ドイツ人や日本人に訴える根拠として普遍的な立場をとるのでは、この野望に抵抗することはできない。ドイツの平和あるいは日本の平和という考え、すなわち、ドイツないし日本によって支配せられる世界秩序の考えは、仮説としては不条理でも不遜でもない。このことは、イギリスの平和の考えがエリザベスの治下において、アメリカの平和の考えがワシントンやマジソンの時代において、そう思われなかったのと同じだからである。ニカラグアとかリトアニアとかの国が世界のリーダーシップをめざすことを、途方もないことと思われるとすれば、その唯一の理由は、どうもっともらしい予告を行っても、そのような野望をとげ得るだけの強力な国にはなれないと見られていることである。どのような政治的情勢にも決定的な要因となる力を無視することは、全くユートピア的である。それぞれ自国の利益を守り主張することに努めている諸国家による連合というものを考えて、その上に築かれる国際秩序の構想では、ユートピア的な考えと少しも変るところがない。新しい国際秩序は、つぎのような力の単位に基づいてのみ形成され得る。この単位は、それより小規模の諸単位相互の敵対関係に自らも引きこまれることなく、その優位性を堅持できるだけの結束力と強さとを保有するものでなければならない。どのような道義的争点がかかわっていようと、道義の見方からでは表わすことのできない力の問題が厳存するのである。

第四節　新しい国際秩序における道義

力の要素を無視することがユートピア的であるなら、およそ世界秩序における道義の要素を無視する現実主義も非現実的な姿勢のリアリズムである。国家内においては、どの政府も、その権威の基盤として力を必要とするが、同時にまた被治者の同意という道義的基礎をも必要とする。そのように国際秩序も、力だけにもとづくものではありえない。このことは、人類がつねにあからさまな力には必ず反抗するという素朴な理由によることである。国際秩序は、実質的に十分な一般の同意を前提とする。しかし事実は、道義が果すと思われる役割をわれわれが過大に評価するなら、期待をくじかれ失望せざるをえないことになろう。政治に宿命的な二元性からして、道義について考慮すべき事情と力についてのそれとは、つねにからみ合ってゆくことになる。弱者や少数者の苦情のもとが、強者や多数者の不満ほどに、直ちに配慮されるような政治秩序には、われわれはとうてい到達しないであろう。力は、みずからに都合のよい道義をつくり出すほどのことができる。強制は、同意を多量に産み出す根源でもある。しかし、すべてこれらのことを心の内に納めたままにしても、なお真実として残るのはつぎのことである。新しい国際秩序の形成および新しい国際的調和の成立は、寛容であり圧制的でなく、実際に選択できるもののなかから選び出すことができるものとして、一般に受けとめられ受け入れられる支配力にもとづいてはじめて可能であるということである。これらの諸条件をつくり出すことは、支配的国家ないし国家群の道義的任務である。ドイツないし日本の世界主導によりも、イギリスないしアメリカのそれに有利に活用されることができた有効な道義論はつぎのものであった。イギリスとアメリカとは、長い伝統と過去に厳しい教訓をもったこととのために、ドイツや日本より以上に、この道義的任務の最高の重要性を全体的によく会得しているということである。強制によらない方法で被治者の同意を求めることが望ましいとの信念が、ドイツや日本のその勢力圏に対する施政におけるよりも、イギリスとアメリカの施政において、より大きい役割を果していることは事実である。実力の行使が容易にできる人たちを取り扱う場合にも調停を活用するという信念は、ドイツや日本の対外政策においてよりも、イギリスやアメリカのそれにおいて大きな役割を過去に果してきている。このことが示している道義的優越性が、主として優越した力を長く確実に保有していたことから生まれたものであるとするのは、けっして事実を偽るものではない。もっとも、この考慮すべき事実は、その主張のドイツや日本への訴えにはよい効果をもつかもしれないが、イギリスやアメリカがこの主張を持ち出すと独善的とそしられることになるであろう。

しかし、このような力と道義についての問題を、一九世紀という背景のなかで論議するのは無益である。そうすることは、あたかもなにか偶然のめぐりあわせでもあって旧い諸条件を復活させ、旧い路線と思われるものの上に国際秩序を再構成することができるかのような議論になるからである。現代の世界での現実の国際的危機は、一九世紀の秩序を可能ならしめていた諸条件が挽回しがたく崩壊し去ったことにある。旧い秩序は復活されるはずはないのであり、人びとの見解も激変することを避けられない。国際的調停を求める人たちは、社会階級間の調停の過程をある程度成功に導いた諸条件を利用して研究することもよいであろう。その過程の基本的な条件は、闘争の現実を率直に認識することであり、それをあくどい煽動者の抱く幻想として片づけるべきではなく、また、僅かな善意と常識とがあれば保持できるような利益の自然的調和などという安易な仮設は捨て去ることである。さらに、道義的に望ましいことが、経済的に有利なことと同一視されてはならないのであり、経済的利益は、必要な場合、不平等を緩和することによって闘争を解決するために犠牲とされねばならないのである。

以上の諸条件のいずれも、国際社会ではまだ実現されていない。責任あるイギリスおよびアメリカの政治家たちは今なお一様に、現在はひどい独裁者たちにわがままにかき乱されているが、本来は善意と常識とで維持することができる世界の諸国家間の利益の自然的調和ということがあるかのように語っている。イギリスおよびアメリカの経済学者も、これまた一様に、イギリスないしアメリカにとって経済的によいことは、他の諸国にとっても経済的によいことであり、したがって道義的に望ましいことである、と考えている。国家間の闘争が、階級間の闘争と同様に、現実の犠牲なしには解決され得ないこと、とくにそれが特権団体によるおよび特権国家における消費の実質的のきりつめを確実に含む犠牲でなければならないことを、ほとんどの人びとはまだ認めたくないのである。新しい国際秩序の確立に対する障害はまだほかにもあるだろう。しかし、衝突の基本的性質およびこの衝突に対処するうえに必要な手段の根本的性質を認識できないことが障害の一つであることは確かである。

結局、国際的調停へ前進する望みが最もあるのは、経済再建への道をとることであると思われる。国家共同体の内にあっては、われわれは、必要であれば、だれもの願望の的である経済的利益をさえ放棄を求められることになる。ほとんどの国家において(そして合衆国においてすら)、近年は大規模な投資が行われているが、これは利益を得るという経済的な目的のためにではなくて、雇用をつくり出すという社会的な目的のためにである。しばらくの間は、この政策を嫌う正統派経済学者の意見が確実に強かったので、それが政策を制約して中途半端なものにした。ソヴィエト・ロシアにおいては、そのような先入観は最初から存在しなかったのであり、その他の全体主義国家においてもそのような見解は急速に消えていった。しかし、その他の国においては、再軍備と戦争とによって、はじめて失業に対する実質的な対策がなされたのであった。この教訓は見落されないものとなろう。

一九三〇—三三年の危機が繰り返されることは、どの国においても到底耐えられないことであろう。その理由は単純である。経済的には引き合わない軍備のための巨額の支出計画によって失業が救済され得ることを、労働者たちが学んだという、そのことである。このような経費は、経済的に引き合わない目的であっても、たとえば無料住宅とか無料自動車とか無料衣類などの設備というような目的に向けられたのであるなら、雇用の見地からもひとしく実際的な効果のあることであったであろう。この時期の間、どの国においても産業上の利潤を放棄するか制限する方向に急速に進みつつあった。全体主義諸国では、この進行は現在ほとんど完了している。イギリスでは、本質上公共的な奉仕施設で一定限度以上の利益をあげることは道義に反するという考えがずっととられてきたが、この考えが、今では軍需工業にまで拡がってきている。それが他の産業にまで拡大してゆくことは、まさに時間の問題であり、なんらかの重大局面でさらに速められることになろう。一九三九年の再軍備の危機は、たとえそれが戦争にならずに過ぎていったとしても、戦争そのものによってもたらされる革命的なものでないまでも、まさに革命的な変革をいたるところで社会的産業的構造上に引き起すことになろう。そして、この革命の核心は、政策の試金石としての経済的な実質利益の放棄にある。雇用の方が利益よりも重視され、社会的安定が消費の増大よりも、そして、平等な分配が最大生産量よりも、それぞれ重要なものとされることになる。

国際的には、この革命は、ある種の諸問題を複雑にするが、他の諸問題の解決をたすけることになる。力が国際関係を全面的に支配するかぎり、軍事的必要に他のあらゆる利益が従属することになり、それが危機を激化させ、そして戦争そのものの全体主義的性格の前ぶれとなる。しかし、力の問題が解決され、道義がその役割を回復すると、情勢に希望が現われる。国内的にも国際的にも、われわれが、一九三九年以前の世界にたち返ることができないのは、一九一九年において大戦前の世界にたち戻ることができなかったのと同じである。経済的利益が社会的目的に従属することの率直な容認と、経済的に良いことが必ずしも道義的に良いことではないという認識とが、国家的分野から国際的領野にまで拡がってゆかなければならない。国家経済から利潤追求の動機を除去してゆく傾向は、その除去の一部を対外政策からも行われることを容易にするはずである。一九一八年以後、イギリス政府もアメリカ政府も、困窮している諸国に「救済信用」をあたえたのであったが、このことから経済的な見返りを得るなどということは全く期待されていないのである。輸出振興のための対外借款は、多くの国家における戦後政策の一般的傾向であった。この政策のその後の展開は、主として、軍事的考慮に支配されてのことであった。しかし、もし力の危機が克服できるとするなら、その克服が他の諸目的へ拡張されてならない理由はないはずである。政治的理由から非生産的な産業を助成すること、経済政策の一目的としての利潤最大化に代えて妥当な雇用水準を確保しようとすること、社会的目的のために経済的利益を犠牲にする必要を認識することなど、これらのことが実際に行われるようになればなるほど、ますますこれらの社会的目的が国境によって限界を画され制約され得ないことが、だれにもよく理解されることになろう。イギリスの政策はオールダムやジャロウ〔ともにイギリスの工業都市〕の福祉と同様にリール〔フランスの工業都市〕やデュッセルドルフやロズ〔ポーランドの工業都市〕など、仏独ソの都市の福祉をも考慮しなければならないと悟られることが、むつかしいことではなくなるように思われる。国家政策についてのわれわれの見解が広くなることは、国際政策についてのわれわれの見方を拡げる助けとなるはずである。そして、前に述べた(第九章七節)ように、国際関係の分野で自己犠牲を誘発するために直接に訴えることが、つねに失敗するとはけっして確言できないことである。

これも、また、一つのユートピアではある。しかし、それは、世界連邦の未来像とか、より完璧な国際連盟というような青写真よりも、近年の進歩の線によりよく沿っているのである。そのような連邦とか連盟などという高雅な上部構造を考えるのは、まず、それを構築する地盤を掘り進めて調べ上げるまで待たなければならないことである。

(1) ドラッカー『経済人の終焉』P. Drucker, *The End of Economic Man*, p. 56.
(2) ベルンハルディ『ドイツと次の大戦』Bernhardi, *Germany and the Next War* (Engl. transl.), p. 81.
(3) タイムズ、一九三九年四月二一日。
(4) ナウマン『中央ヨーロッパ』F. Naumann, *Central Europe* (Engl. transl.), pp. 4-5.
(5) ベイカー『ウッドロー・ウィルソン』R. S. Baker, *Woodrow Wilson. Life and Letters*, v. p. 31.

（6）タイムズ、一九三五年五月二八日。

（7）ベイカー『ウッドロー・ウィルソンと世界の和解』R. S. Baker, *Woodrow Wilson and World Settlement*, i. p. 18.

（8）ヒットラー『わが闘争』三一五頁〔英訳書〕。

（9）*League of Nations : Eighteenth Assembly*, p. 49.

訳者あとがき

E. H. Carr, Twenty Years' Crisis 1919–1939 を「危機の二十年」として訳したのは一九五一年の夏で、それが岩波現代叢書の形で刊行されたのは翌年の一月でした。このたび、岩波文庫にということになったので、半世紀近くの経過を考え、新しく訳し直しました。

本書の内容は、第一次大戦の終りから第二次大戦の始まりまでの「二十年」にわたる国際関係の実態分析であり、その間の諸事実に著者が感じとった「危機」の実体の考察であります。

したがって、表題の「危機」というのは、単に抽象的な表現ではなく、かの「二十年」間の諸事態から生み出され世界を現実におおうにいたった具体的な性格をもつ危機事実であります。その事実を、著者は、ヨーロッパにおける思潮の底流に考察をむけ、その源流からの分析によって、「危機の内面」を明確にしてゆきます。

もとより国際的政治現象が主題であり、著者は、ヨーロッパ思潮の波濤にいくつかのキーワードを浮き沈みさせて解明しています。それらは、ユートピアニズムであり、リアリズムであり、力であり道義であります。しかし、危機の内面にかぎって言えば、思潮の底流をなしているのは、〈good〉で表現される観念の進展であり、その働きが「危機」の内在的な要因として重視されるのです。

著者は、産業革命によってヨーロッパの思想上の指導的地位がフランスからイギリスに移り、一九世紀のユートピアニズムはベンサムの〈the greatest happiness of the greatest number〉によって特徴づけられるとします。それを著者は、その後の社会経済的展開に対応させて、〈the greatest good of the greatest number〉と言いかえ、〈interest〉の濃度の強まった〈good〉――善→幸福→福利――の観念を核心とするこの原則が、「利益調和」の思潮に乗って国家的にも国際的にも活用される事実を明確にします。この〈good〉にあずかり得ない少数者あるいは弱小国家の取扱われ方が、「危機」を表立てることになってゆきます。

さらに、危機の内面の問題として重視されるのは〈community〉の観念であります。著者のばあい、〈society〉と同一視されている用語のようですが、本書ではほとんどの文脈で使用されているのは前者です。これは、当時の国際関係の実際が国際「共同体」としての性格を全く欠くものであったことが、著者にこの用語法を意識的にとらせたように考えられます。国際共同体とか世界共同体というのは、その存在を信じ考えての言動がとられる諸事実において「存在」を示すのであり、人びとが「心の奥底の思考の倉に、その真実性をしのびこませている」から存在するものであると著者は述べています。

そのような「共同体」性が、人類の在りようとして確立されることが念願されます。これもまたユートピアかもしれません。しかし、「願望は思考の父」という人間にかかわる事柄の研究についての著者の言葉があります。人類の一体性を共同体として実現する方向に人びとが意識的に歩みつづけることが、危機を内面から克服してゆく基本的な道程であると思われます。著者が引用しているイーデン英外相の述懐があります。「われわれがその中に在るのはヨーロッパの危機だなどと考えるのは全く無意味なことである。われわれがその中に在るのは〈人類の危機〉である。この危機の時代が歴史上の偉大な時期であるのは、この時代が担っている責務にあり、この時代の後世に与える結果にある」と。

このように、「危機」の焦点は〈crisis of humanity〉にしぼられてゆきます。「二十年」間の「危機」が教示しているのは「人類の危機」であったのであり、そして、それを分析している本書が今日のわれわれに訴えるのも「人類の危機」であります。

巻頭のベイコンの言葉は、最終頁の結びの文章と呼応しています。それは願望を実現するうえに思考がふみしめるべき順序と方法であり、人間の事柄には人間の心でとりくむ基本の姿勢とともに、著者が本書の内容を構成していった機軸であります。編集の山腰和子氏には大層ご苦労をかけました。

一九九五年　晩秋

訳　者

危機《きき》の二十年《にじゆうねん》　E. H. カー著

1996年1月16日　第1刷発行
2000年6月5日　第9刷発行

訳　者　井上《いのうえ》　茂《しげる》

発行者　大塚信一

発行所　株式会社　岩波書店
〒101-8002　東京都千代田区一ツ橋2-5-5

電　話　案内 03-5210-4000　営業部 03-5210-4111
文庫編集部 03-5210-4051
http://www.iwanami.co.jp/

印刷・精興社　製本・中永製本

ISBN 4-00-340221-9　　Printed in Japan

読書子に寄す

――岩波文庫発刊に際して――

岩波茂雄

真理は万人によって求められることを自ら欲し、芸術は万人によって愛されることを自ら望む。かつては民を愚昧ならしめるために学芸が最も狭き堂宇に閉鎖されたことがあった。今や知識と美とを特権階級の独占より奪い返すことはつねに進取的なる民衆の切実なる要求である。岩波文庫はこの要求に応じそれに励まされて生まれた。それは生命ある不朽の書を少数者の書斎と研究室とより解放して街頭にくまなく立たしめ民衆に伍せしめるであろう。近時大量生産予約出版の流行を見る。その広告宣伝の狂態はしばらくおくも、後代にのこすと誇称する全集がその編集に万全の用意をなしたるか。千古の典籍の翻訳企図に敬虔の態度を欠かざりしか。さらに分売を許さず読者を繫縛して数十冊を強うるがごとき、はたしてその揚言する学芸解放のゆえんなりや。吾人は天下の名士の声に和してこれを推挙するに躊躇するものである。このときにあたって、岩波書店は自己の責務のいよいよ重大なるを思い、従来の方針の徹底を期するため、すでに十数年以前より志して来た計画を慎重審議この際断然実行することにした。吾人は範をかのレクラム文庫にとり、古今東西にわたって文芸・哲学・社会科学・自然科学等種類のいかんを問わず、いやしくも万人の必読すべき真に古典的価値ある書をきわめて簡易なる形式において逐次刊行し、あらゆる人間に須要なる生活向上の資料、生活批判の原理を提供せんと欲する。この文庫は予約出版の方法を排したるがゆえに、読者は自己の欲する時に自己の欲する書物を各個に自由に選択することができる。携帯に便にして価格の低きを最主とするがゆえに、外観を顧みざるも内容に至っては厳選最も力を尽くし、従来の岩波出版物の特色をますます発揮せしめようとする。この計画たるや世間の一時の投機的なるものと異なり、永遠の事業として吾人は微力を傾倒し、あらゆる犠牲を忍んで今後永久に継続発展せしめ、もって文庫の使命を遺憾なく果たさしめることを期する。芸術を愛し知識を求むる士の自ら進んでこの挙に参加し、希望と忠言とを寄せられることは吾人の熱望するところである。その性質上経済的には最も困難多きこの事業にあえて当たらんとする吾人の志を諒として、その達成のため世の読書子とのうるわしき共同を期待する。

昭和二年七月

《ドイツ文学》

ニーベルンゲンの歌 全二冊　相良守峯訳
若きウェルテルの悩み　ゲーテ　竹山道雄訳
ヴィルヘルム・マイスターの修業時代 全三冊　ゲーテ　山崎章甫訳
ファウスト 全二冊　ゲーテ　相良守峯訳
イタリア紀行 全三冊　ゲーテ　相良守峯訳
詩と真実 全四冊　ゲーテ　山崎章甫訳
悲劇マリア・ストゥアルト　シラー　相良守峯訳
青い花　ノヴァーリス　青山隆夫訳
影をなくした男　シャミッソー　池内紀訳
完訳グリム童話集 全五冊　金田鬼一訳
ハイネ歌の本 全二冊　井上正蔵訳
メルヒェン集 盗賊の森の一夜　ハウフ　池田香代子訳
黒い蜘蛛　ゴットヘルフ　山崎章甫訳
旅の日のモーツァルト　メーリケ　宮下健三訳
みずうみ 他四篇　シュトルム　関泰祐訳
輪舞　シュニッツラー　中村政雄訳

夢小説・闇への逃走 他一篇　シュニッツラー　池内・武村訳
マルテの手記　リルケ　望月市恵訳
トニオ・クレエゲル　トオマス・マン　実吉捷郎訳
トオマス・マン短篇集　実吉捷郎訳
魔の山 全二冊　トーマス・マン　関・望月訳
講演集 ドイツとドイツ人 他五篇　トーマス・マン　青木順三訳
車輪の下　ヘルマン・ヘッセ　実吉捷郎訳
デミアン　ヘルマン・ヘッセ　実吉捷郎訳
マリー・アントワネット 全二冊　シュテファン・ツワイク　高橋・秋山訳
ジョゼフ・フーシェ　シュテファン・ツワイク　高橋・秋山訳
変身 他一篇　カフカ　山下肇訳
審判　カフカ　辻瑆訳
カフカ短篇集　池内紀編訳
カフカ寓話集　池内紀編訳
暴力批判論 他十篇 ―ベンヤミンの仕事1　ヴァルター・ベンヤミン　野村修編訳
三文オペラ　ブレヒト　千田是也訳
ドイツ名詩選　生野幸吉・檜山哲彦編

ドイツ炉辺ばなし集 ―カレンダーゲシヒテン　ヘーベル　木下康光編訳
増補ドイツ文学案内　手塚富雄・神品芳夫

《フランス文学》

ロランの歌　有永弘人訳
トリスタン・イズー物語　ベディエ編　佐藤輝夫訳
ガルガンチュワ物語　ラブレー　渡辺一夫訳
ラ・ロシュフコー箴言集　二宮フサ訳
ドン・ジュアン　モリエール　鈴木力衛訳
守銭奴　モリエール　鈴木力衛訳
完訳ペロー童話集　新倉朗子訳
カンディード　ヴォルテール　吉村正一郎訳
マノン・レスコー　アベ・プレヴォ　河盛好蔵訳
パリの夜 ―革命下の民衆　レチフ・ド・ラ・ブルトンヌ　植田祐次編訳
孤独な散歩者の夢想　ルソー　今野一雄訳
ルソー告白 全三冊　桑原武夫訳
新エロイーズ 全四冊　ルソー　安士正夫訳
美味礼讃 全二冊　ブリア-サヴァラン　関根・戸部訳

ノディエ幻想短篇集　篠田知和基編訳
赤と黒 全二冊　スタンダール　桑原・生島訳
パルムの僧院 全二冊　スタンダール　生島遼一訳
知られざる傑作 他五篇　バルザック　水野亮訳
ゴリオ爺さん 全二冊　バルザック　高山鉄男訳
レ・ミゼラブル 全四冊　ユーゴー　豊島与志雄訳
死刑囚最後の日　ユーゴー　豊島与志雄訳
モンテ・クリスト伯 全七冊　デュマ　山内義雄訳
三銃士 全二冊　デュマ　生島遼一訳
カルメン　メリメ　杉捷夫訳
愛の妖精（プチット・ファデット）　ジョルジュ・サンド　宮崎嶺雄訳
オランダ・ベルギー絵画紀行 全二冊　フロマンタン　高橋裕子訳
ボオドレール 悪の華　鈴木信太郎訳
ボヴァリー夫人 全二冊　フローベール　伊吹武彦訳
椿姫　デュマ・フィス　吉村正一郎訳
地底旅行　ジュール・ヴェルヌ　朝比奈弘治訳
風車小屋だより　ドーデー　桜田佐訳

テレーズ・ラカン 全二冊　エミール・ゾラ　小林正訳
制作 全二冊　エミール・ゾラ　清水正和訳
女の一生　モーパッサン　杉捷夫訳
脂肪の塊　モーパッサン　水野亮訳
地獄の季節　ランボオ　小林秀雄訳
にんじん　ルナアル　岸田国士訳
ぶどう畑のぶどう作り　ルナアル　岸田国士訳
博物誌　ルナール　辻昶訳
ジャン・クリストフ 全四冊　ロマン・ローラン　豊島与志雄訳
愛と死との戯れ　ロマン・ロラン　片山敏彦訳
魅せられたる魂 全五冊　ロマン・ロラン　宮本正清訳
ベートーヴェンの生涯　ロマン・ロラン　片山敏彦訳
ミレー　ロマン・ロラン　蛯原徳夫訳
シラノ・ド・ベルジュラック　ロスタン　辰野・鈴木訳
狭き門　アンドレ・ジイド　川口篤訳
法王庁の抜け穴　アンドレ・ジイド　石川淳訳
贋金つくり 全二冊　アンドレ・ジイド　川口篤訳

レオナルド・ダヴィンチの方法　ポール・ヴァレリー　山田九朗訳
グラン・モーヌ　アラン＝フルニエ　天沢退二郎訳
シェリ　コレット　工藤庸子訳
牝猫　コレット　工藤庸子訳
恐るべき子供たち　コクトー　鈴木力衛訳
シュルレアリスム宣言・溶ける魚　アンドレ・ブルトン　巖谷國士訳
人はすべて死す 全二冊　ボーヴォワール　川口・田中訳
短篇集 恋の罪　サド　植田祐次訳
フランス名詩選　安藤元雄・入沢康夫・渋沢孝輔編
増補 フランス文学案内　渡辺一夫　鈴木力衛

《ロシア文学》

完訳 クルイロフ寓話集　内海周平訳
釣魚雑筆　アクサーコフ　貝沼一郎訳
オネーギン　プーシキン　池田健太郎訳
スペードの女王・ベールキン物語　プーシキン　神西清訳
狂人日記 他二篇　ゴーゴリ　横田瑞穂訳
外套・鼻　ゴーゴリ　平井肇訳

初恋　ツルゲーネフ　米川正夫訳
ルーヂン　ツルゲーネフ　中村融訳
父と子　ツルゲーネフ　金子幸彦訳
猟人日記 全二冊　ツルゲーネフ　佐々木彰訳
二重人格　ドストエフスキー　小沼文彦訳
罪と罰 全三冊　ドストエフスキー　江川卓訳
未成年 全三冊　ドストエーフスキイ　米川正夫訳
カラマーゾフの兄弟 全四冊　ドストエーフスキイ　米川正夫訳
ソーニャ・コヴァレフスカヤ ―自伝と追想　野上弥生子訳
戦争と平和 全四冊　トルストイ　米川正夫訳
アンナ・カレーニナ 全三冊　トルストイ　中村融訳
民話集 人はなんで生きるか 他四篇　トルストイ　中村白葉訳
民話集 イワンのばか 他八篇　トルストイ　中村白葉訳
イワン・イリッチの死　トルストイ　米川正夫訳
光あるうちに光の中を歩め　トルストイ　米川正夫訳
あかい花 他四篇　ガルシン　神西清訳
可愛い女・犬を連れた奥さん 他一篇　チェーホフ　神西清訳

桜の園　チェーホフ　小野理子訳
文学と革命 全二冊　トロツキイ　桑野隆訳
シベリア民話集　斎藤君子編訳
アファナーシェフ ロシア民話集 全二冊　中村喜和編訳

《歴史・地理》

新訂 魏志倭人伝・後漢書倭伝・宋書倭国伝・隋書倭国伝 —中国正史日本伝1 石原道博編訳

新訂 旧唐書倭国日本伝・宋史日本伝・元史日本伝 —中国正史日本伝2 石原道博編訳

元朝秘史 全二冊 小澤重男訳

ヘロドトス 歴史 全三冊 松平千秋訳

ガリア戦記 カエサル 近山金次訳

タキトゥス ゲルマーニア 泉井久之助訳註

インディアスの破壊についての簡潔な報告 ラス・カサス 染田秀藤訳

インカの反乱 —被征服者の声 ティトゥ・クシ・ユパンギ 染田秀藤訳

西洋事物起原 全四冊（三月完結） ヨハン・ベックマン 特許庁内技術史研究会訳

ガレー船徒刑囚の回想 ジャン・マルテーユ 木崎喜代治訳

十八世紀パリ生活誌 —タブロー・ド・パリ 全二冊 メルシエ 原宏編訳

フランス大革命 全三冊 マチエ ねづまさし・市原豊太訳

ある出稼石工の回想 マルタン・ナド 喜安朗訳

崇高なる者 —一九世紀パリ民衆生活誌 ドニ・プロ 見富尚人訳

古代への情熱 シュリーマン 村田数之亮訳

ヨーロッパ文化と日本文化 ルイス・フロイス 岡田章雄訳注

一外交官の見た明治維新 全二冊 アーネスト・サトウ 坂田精一訳

歴史とは何ぞや ベルンハイム 坂口・小野訳

日本アルプスの登山と探検 ウェストン 青木枝朗訳

紫禁城の黄昏 R・F・ジョンストン 入江・春名訳

一七八九年—フランス革命序論 G・ルフェーブル 高橋・柴田・遅塚訳

大地と人類の進化 全二冊 フェーヴル 飯塚・田辺訳

東京に暮す —一九二八〜一九三六 キャサリン・サンソム 大久保美春訳

アリランの歌 —ある朝鮮人革命家の生涯 ニム・ウェールズ、キム・サン 松平いを子訳

クリオの顔 —歴史随想集 E・H・ノーマン 大窪愿二訳

武家の女性 山川菊栄

幕末維新懐古談 高村光雲

旧事諮問録 全二冊 旧事諮問会編 進士慶幹校注

明治維新史研究 羽仁五郎

人文地理学原理 全二冊 ブラーシュ 飯塚浩二訳

植物巡礼 —プラント・ハンターの回想 F・キングドン－ウォード 塚谷裕一訳

《自然科学》

アリストテレース 動物誌 全二冊 島崎三郎訳

光学 ニュートン 島尾永康訳

種の起原 全二冊 ダーウィン 八杉龍一訳

メンデル 雑種植物の研究 岩槻邦男・須原準平訳

実験医学序説 クロード・ベルナール 三浦岱栄訳

近代医学の建設者 メチニコフ 宮村定男訳

完訳ファーブル昆虫記 全十冊 山田吉彦・林達夫訳

確率の哲学的試論 ラプラス 内井惣七訳

ハッブル 銀河の世界 戎崎俊一訳

アインシュタイン 相対性理論 内山龍雄訳・解説

因果性と相補性 —ニールス・ボーア論文集1 山本義隆編訳

大陸と海洋の起源 —大陸移動説 全二冊 ヴェーゲナー 都城・紫藤訳

物質と光 ルイ・ドゥ・ブロイ 河野与一訳

《法律・政治》

人権宣言集 高木・末延・宮沢編

ユートピア　トマス・モア　平井正穂訳
君主論　マキアヴェッリ　河島英昭訳
市民政府論　ロック　鵜飼信成訳
教育に関する考察　ロック　服部知文訳
外交談判法　カリエール　坂野正高訳
人間不平等起原論　ルソー　本田・平岡訳
社会契約論　ルソー　桑原・前川訳
犯罪と刑罰　ベッカリーア　風早・五十嵐訳
ザ・フェデラリスト　A・ハミルトン、J・ジェイ、J・マディソン　斎藤・中野訳
リンカーン演説集　高木八尺　斎藤光訳
権利のための闘争　イェーリング　村上淳一訳
代議制統治論　J・S・ミル　水田洋訳
法における常識　ヴィノグラドフ　末延・伊藤訳
近代国家における自由　H・J・ラスキ　飯坂良明訳
危機の二十年 ―一九一九―一九三九　E・H・カー　井上茂訳

《音楽・美術》

ベートーヴェンの生涯　ロマン・ロラン　片山敏彦訳
音楽と音楽家　シューマン　吉田秀和訳
音楽美論　ハンスリック　渡辺護訳
ドビュッシー音楽論集 ―反好事家八分音符氏　平島正郎訳
音楽家訪問　アラン　杉本秀太郎訳
レオナルド・ダ・ヴィンチの手記　全二冊　杉浦明平訳
ヨーロッパのキリスト教美術 ―12世紀から18世紀まで　全二冊　エミール・マール　柳・荒木訳
ゴッホの手紙　全三冊　硲伊之助訳
葛飾北斎伝　飯島虚心　鈴木重三校注
美術の都　澤木四方吉
『パンチ』素描集 ―19世紀のロンドン　松村昌家編
河鍋暁斎戯画集　山口静一　及川茂編
ワーグマン日本素描集　清水勲編
ビゴー日本素描集　清水勲編
近代日本漫画百選　清水勲編

《哲学・教育》

- ソクラテスの弁明 クリトン　プラトン　久保勉訳
- ゴルギアス　プラトン　加来彰俊訳
- 饗宴　プラトン　久保勉訳
- テアイテトス　プラトン　田中美知太郎訳
- パイドロス　プラトン　藤沢令夫訳
- メノン　プラトン　藤沢令夫訳
- 国家 全二冊　プラトン　藤沢令夫訳
- プロタゴラス　プラトン　藤沢令夫訳
- パイドン —魂の不死について　プラトン　岩田靖夫訳
- クセノフォーン ソークラテースの思い出　佐々木理訳
- アリストテレス ニコマコス倫理学 全二冊　高田三郎訳
- アリストテレス 形而上学 全二冊　出隆訳
- アリストテレス 弁論術　戸塚七郎訳
- アリストテレス アテナイ人の国制　村川堅太郎訳
- エピクロス —教説と手紙　出隆 岩崎允胤訳
- アリストテレース詩学 ホラーティウス詩論　松本仁助 岡道男訳
- 物の本質について　ルクレーティウス　樋口勝彦訳
- 人生の短さについて 他二篇　セネカ　茂手木元蔵訳
- 饒舌について 他五篇　プルタルコス　柳沼重剛訳
- 愛をめぐる対話 他三篇　プルタルコス　柳沼重剛訳
- 自省録　マルクス・アウレーリウス　神谷美恵子訳
- 食卓の賢人たち　アテナイオス　柳沼重剛編訳
- 無限、宇宙および諸世界について　ブルーノ　清水純一訳
- 太陽の都　カンパネッラ　近藤恒一訳
- 方法序説　デカルト　谷川多佳子訳
- 哲学原理　デカルト　桂寿一訳
- スピノザ エチカ(倫理学) 全二冊　畠中尚志訳
- エミール 全三冊　ルソー　今野一雄訳
- 人間不平等起原論　ルソー　本田・平岡訳
- 社会契約論　ルソー　桑原・前川訳
- 孤独な散歩者の夢想　ルソー　今野一雄訳
- ラモーの甥　ディドロ　本田・平岡訳
- 道徳形而上学原論　カント　篠田英雄訳
- 啓蒙とは何か 他四篇　カント　篠田英雄訳
- 純粋理性批判 全三冊　カント　篠田英雄訳
- カント 実践理性批判　波多野・宮本 篠田訳
- 判断力批判 全二冊　カント　篠田英雄訳
- 永遠平和のために　カント　宇都宮芳明訳
- カント 道徳哲学　白井成允 小倉貞秀訳
- シュライエルマッハー 独白　木場深定訳
- 歴史哲学講義 全二冊　ヘーゲル　長谷川宏訳
- 自殺について 他四篇　ショウペンハウエル　斎藤信治訳
- 読書について 他二篇　ショウペンハウエル　斎藤忍随訳
- 知性について 他四篇　ショウペンハウエル　細谷貞雄訳
- キリスト教の本質 全二冊　フォイエルバッハ　船山信一訳
- 死に至る病　キェルケゴール　斎藤信治訳
- 西洋哲学史 全二冊　シュヴェーグラー　谷川・松村訳

幸福論 全三冊　ヒルティ　草間・大和訳
眠られぬ夜のために 全二冊　ヒルティ　草間・大和訳
悲劇の誕生　ニーチェ　秋山英夫訳
ツァラトゥストラはこう言った 全二冊　ニーチェ　氷上英廣訳
善悪の彼岸　ニーチェ　木場深定訳
道徳の系譜　ニーチェ　木場深定訳
この人を見よ　ニーチェ　手塚富雄訳
ケーベル博士随筆集　久保勉訳編
笑い　ベルクソン　林達夫訳
思想と動くもの　ベルクソン　河野与一訳
アラン幸福論　神谷幹夫訳
我と汝・対話　マルティン・ブーバー　植田重雄訳
日本の弓術　オイゲン・ヘリゲル　柴田治三郎訳
天才の心理学　E・クレッチュマー　内村祐之訳
存在と時間 全三冊　ハイデガー　桑木務訳
暴力批判論 他十篇 —ベンヤミンの仕事1　ヴァルター・ベンヤミン　野村修編訳

シンボル形式の哲学 全四冊　カッシーラー　生松・木田・村岡訳
人間 —シンボルを操るもの　カッシーラー　宮城音弥訳
隠者の夕暮 シュタンツだより　ペスタロッチー　長田新訳
学校と社会　デューイ　宮原誠一訳
民主主義と教育 全二冊　デューイ　松野安男訳
哲学の改造　デューイ　清水幾太郎・礼子訳
プラトン哲学　バーネット　出隆・宮崎幸三訳
ラッセル幸福論　安藤貞雄訳
ラッセル結婚論　安藤貞雄訳
ソクラテス以前以後　F・M・コーンフォード　山田道夫訳
言語 —ことばの研究序説　エドワード・サピア　安藤貞雄訳
比較言語学入門　高津春繁
日本語の系統　服部四郎
ハリネズミと狐 —『戦争と平和』の歴史哲学　バーリン　河合秀和訳

《東洋思想》

論語　金谷治訳注
易経 全二冊　高田真治・後藤基巳訳
大学・中庸　金谷治訳注
孟子 全二冊　小林勝人訳注
荘子 全四冊　金谷治訳注
列子 全二冊　小林勝人訳注
孫子 四月刊　金谷治訳注
韓非子 全四冊　金谷治訳注
史記列伝 全五冊　小川・今鷹・福島訳
千字文　小川環樹・木田章義注解
随園食単　袁枚　青木正児訳註
意識と本質 —精神的東洋を索めて　井筒俊彦
マヌの法典　田辺繁子訳
ウパデーシャ・サーハスリー —真実の自己の探求　シャンカラ　前田専学訳
カウティリヤ実利論 —古代インドの帝王学 全二冊　上村勝彦訳

《経済・社会》

人間の権利　トマス・ペイン　西川正身訳

- 経済学における諸定義　マルサス　玉野井芳郎訳
- 戦争論 全三冊　クラウゼヴィッツ　篠田英雄訳
- 自由論　J・S・ミル　塩尻・木村訳
- 経済学・哲学草稿　マルクス　城塚・田中訳
- 共産党宣言　マルクス エンゲルス　大内・向坂訳
- 賃労働と資本　マルクス　長谷部文雄訳
- 賃銀 価格および利潤　マルクス　長谷部文雄訳
- マルクス 資本論 全九冊　エンゲルス編　向坂逸郎訳
- マルクス ゴータ綱領批判　望月清司訳
- 空想より科学へ　エンゲルス　大内兵衛訳
- 帝国主義　レーニン　宇高基輔訳
- ローザ・ルクセンブルクの手紙　ルイーゼ・カウツキー編　川口・松井訳
- ローザ・ルクセンブルク 獄中からの手紙　秋元寿恵夫訳
- 文学と革命 全二冊　トロツキイ　桑野隆訳
- シュムペーター 経済発展の理論 全二冊　東畑・中山 塩野谷訳
- 産業革命　アシュトン　中川敬一郎訳

- 価値と資本 全二冊　ヒックス　安井・熊谷訳
- ユートピアだより　ウィリアム・モリス　松村達雄訳
- 有閑階級の理論　ヴェブレン　小原敬士訳
- プロテスタンティズムの倫理と資本主義の精神　マックス・ヴェーバー　大塚久雄訳
- 社会科学と社会政策にかかわる認識の「客観性」　マックス・ヴェーバー　富永・立野・折原訳
- 職業としての学問　マックス・ヴェーバー　尾高邦雄訳
- 職業としての政治　マックス・ヴェーバー　脇圭平訳
- 社会学の根本概念　マックス・ヴェーバー　清水幾太郎訳
- 古代ユダヤ教 全三冊　マックス・ヴェーバー　内田芳明訳
- 世論 全二冊　リップマン　掛川トミ子訳
- マッカーシズム　ロービア　宮地健次郎訳